高职高专物业管理专业系列教材

物业管理实训教程

全国房地产行业培训中心组织编写

汪 军　主编

高国权　主审

U0330292

中国建筑工业出版社

图书在版编目(CIP)数据

物业管理实训教程/汪军主编. —北京：中国建筑工业出版社，2004
(高职高专物业管理专业系列教材)
ISBN 978-7-112-06626-1

Ⅰ. 物… Ⅱ. 汪… Ⅲ. 物业管理—高等学校：技术学校—教材
Ⅳ. F293.33

中国版本图书馆 CIP 数据核字(2004)第 081395 号

为了使学生及时了解行业发展动态，锻炼学生的专业技能，达到理论联系实际这一目的不可缺少的教学环节，同时也为了使物业管理专业实践教学环节进行的合理、有序，使学生在学校有实践机会及真正掌握实践技能，按照物业管理专业人才培养目标及其能力点的要求，本书系统介绍了实践教学环节所涉及的内容、问题以及一些具有实践环节课程的实施方案和部分参考样本，并附设了相关的法律法规等内容，以供参考。

本书可作为高职高专物业管理专业的教材，也可作为物业管理行业培训教材。

*　　*　　*

责任编辑：吉万旺
责任设计：孙　梅
责任校对：李志瑛　王　莉

高职高专物业管理专业系列教材
物业管理实训教程
全国房地产行业培训中心组织编写
汪　军　主编
高国权　主审
*
中国建筑工业出版社出版、发行(北京西郊百万庄)
各地新华书店、建筑书店经销
北京富生印刷厂印刷
*
开本：787×1092毫米　1/16　印张：18¾　插页：1　字数：453千字
2004年9月第一版　　2012年8月第四次印刷
定价：32.00元
ISBN 978-7-112-06626-1
(21864)

《高职高专物业管理专业系列教材》编委会名单

（以姓氏笔画为序）

主　　任：肖　云

副 主 任：王　钊　杨德恩　张弘武　陶建民

委　　员：王　娜　刘　力　刘喜英　杨亦乔　吴锦群

　　　　　佟颖春　汪　军　张莉祥　张秀萍　段莉秋

参编单位：全国房地产行业培训中心

　　　　　天津工商职业技术学院

　　　　　天津市房管局职工大学

前　言

目前物业管理企业面临的主要问题是人才的缺乏,要有效地解决这一问题,除物业管理企业从社会上招聘相关人才之外,还必须在物业管理企业中进行全员教育、培训以及高校根据物业管理市场的需要对人才进行有目的的培养。但是物业管理从业人员仅仅接受过学校的理论课程教育是远远不够的。为此,培养优秀的物业管理专业人才,必须加强实践教学。物业管理专业实践教学环节主要包括认识学习、岗位操作实习、专业课程实际训练以及毕业设计与论文等形式。其中实习和实训是物业管理专业实践教学的主要方式,特别是实训,对物业管理专业人才的培养起到了很大的作用。实训是职业技能实际训练的简称,是指在学校能控制的状态下,按照人才培养目标与规律,对学生进行职业技术应用能力训练的教学过程。它不等于实验,也有别于学习,它包含实验中"学校能控制"和实习中"职业技术性"的两个长处,并形成自己的特色。

本书的出版,对于物业管理专业的在校学生、准备从事物业管理工作的人员和物业管理企业开展人才培训,能够起到全面提高实际操作技能的作用。

本书编写分工:汪军任主编,杨亦乔任副主编,全书结构的编排设置和基本思路也由汪军和杨亦乔负责。本书除第一部分由汪军老师和杨亦乔老师共同编写外,其余各部分内容的编者为:房地产开发经营实训课程实施方案由邱淑芬老师编写,物业管理法规实训课程实施方案由张莉祥老师编写,建筑工程概论实训课实施方案由段莉秋老师编写,建筑设备运行管理实训课实施方案由刘力老师编写,楼宇自动化实训课实施方案由于波老师编写,物业管理预算实训课实施方案和住宅小区物业管理预算(样本)由王永正老师编写,物业管理实务实训课实施方案、物业管理财务实训课实施方案、物业管理岗位认识实习、物业管理岗位操作实习、物业管理岗前培训、毕业实践环节、建立物业管理实训基地的协议参考样本、实训基地管理办法参考样本、实训教学基地指导教师资格审批表及登记表、物业管理专业毕业论文参考题目、毕业论文格式要求及参考样本、物业管理企业常用公文样本、住户手册、业主公约参考样本、天津市前期物业管理服务合同示范文本、天津市物业管理服务合同示范文本、房屋租赁合同示范文本以及附录一至附录十六由汪军老师编写与搜集,公共关系与社区文化实训课实施方案、公关礼仪实训课实施方案、物业管理公关专项活动策划方案参考样本(要点)、物业管理常用文明礼貌用语和学生求职信参考样本由何伟老师编写,实训教学基地教师的聘任条件及管理办法、住宅小区物业管理方案参考样本、物业管理项目招标书参考样本、物业管理项目投标书参考样本、调查报告参考样本、物业管理企业资质审批要件、物业管理企业内部管理制度、物业管理项目管理制度、物业管理入住阶段手续参考样本、物业管理业主办理装修手续参考样本、业主会成立流程图参考样本、客户意见调查表参考样本由杨亦乔老师编写与搜集,胡永华老师为文字的录入作了大量工作。

物业管理在我国是一个新兴的行业,在实践中还存在很多的问题,有待进一步研究探讨。本书的编写难免有不足、遗漏,甚至错误之处,敬请各位专家、同行及读者不吝赐教。

编者

2004 年 3 月

目　录

第一部分 物业管理实践教学环节
所涉及的问题及其管理

改革开放以来,物业管理这种高度集中的企业化、社会化、专业化的管理模式被引进国内,并随着实践的发展而不断发展。物业管理主要是对业主所有和居住的房屋、设施设备及其相关环境进行管理、养护、服务,并为全体业主或物业使用人提供多层次、全方位的服务活动。其目的是为了发挥物业的最大使用功能,使其保值增值,并为业主或物业使用人提供安全、舒适、和谐的居住环境和工作环境。

物业管理是一门实践性很强的科学,要求其从业人员要具有丰富的基础知识和广博的专业知识。不仅要掌握一定的专业技术和技能,而且要掌握相关的法律和法规、国家的重大决策、政策的相关条文以及具备各种管理能力。因此在物业管理人才的培养上,应重视实践教学环节,使学生不仅懂得物业管理的专业理论知识,而且具有相应的职业素养与能力。

物业管理专业培养学生的各种形式、措施,最终都要落实到教学体系及其教学过程中去。实践课程是物业管理专业不可缺少的重要教学环节,亦是应用型和技能型人才培养的重要途径。为了能够培养合格的高级复合应用型人才,一方面要加大对实践教学及设备建设的投入,让学生在校内进行必要的模拟实习训练,另一方面要大力发展稳定的校外实训基地,使学生能在真正的工作环境中学习和锻炼。因此,加强实践教学环节,建立实训基地并发挥其多种功能,是提高学生实践能力的主要方式,也是物业管理专业的重要特色之一。

一、物业管理专业人才的培养目标、规格及要求

（一）培养目标

物业管理专业适应社会主义市场经济与房地产业发展的需要,培养热爱社会主义祖国,坚持党的基本路线,坚持建设有中国特色社会主义的基本理论,具有事业心、责任感和良好的职业道德,德、智、体全面发展的,能从事物业管理工作的应用型高等职业专门人才。学生毕业后,应具备物业管理策划、管理和实际操作能力。

（二）知识要求

熟悉房地产经济理论,懂得房屋建筑及房地产法律知识,掌握房地产专业技能,了解本学科的发展方向及前沿动态,具有分析、调查和解决物业管理专业问题的能力,掌握一门外语,身体健康能从事物业管理业务工作。

（三）能力要求

物业管理专业培养的学生,在毕业时应具备下列能力:

1. 策划能力

主要包括招投标策划能力、制定物业管理方案能力、企业形象策划能力、制定标书能力和企业发展策划能力。招标策划能力主要应用于开发商或业主招聘物业管理公司和招聘专项服务公司;制定物业管理方案能力主要应用于物业管理公司在投标物业管理项目时,策划设计物业管理方案;企业形象策划能力主要是以物业管理企业经营管理理念为核心,通过一定的策划来显现物业管理企业特点、个性,以获取社会公众的认同,并反映物业管理企业的整体形象;制定标书能力主要应用于物业管理项目投标;企业发展策划能力主要是制定物业管理企业发展规划及方案。

2. 管理能力

主要包括建章建制能力、计划管理能力和应急能力。建章建制能力主要是健全岗位责任制和部门管理制度;计划管理能力主要是要具有制定工作计划,并组织实施的能力;应急能力主要是要具有及时处理危漏房屋以及房屋、设备设施的紧急维修、排险和火警匪警救护等突发事件的能力,且具有制定维修计划并组织实施的能力。

3. 公关能力

主要包括部门之间协调能力和对外交流能力。部门之间协调能力主要是协调部门之间的关系,增加企业凝聚力;对外交流能力包括对物业管理企业外部相关的各单位、团体、个人及与国外的相关企业、团体及各界人士的交流,因此物业管理专业学生必须掌握一门外语,有语言交流能力,且具备一定的谈判能力。

4. 市场分析能力

主要包括市场调查、市场分析、预测分析和决策能力。

市场调查主要是对物业管理市场进行现状分析并提供材料;市场分析是对物业管理市场进行现状分析,把握物业管理企业未来发展方向,寻找和发现更多的物业管理项目;预测分析是通过对物业管理市场现状分析和对市场上历史资料分析预测市场发展趋势,以便制定物业管理企业未来发展计划;决策能力可以放到策划能力中去,决策是行动的基础,管理的关键在于决策,决策能力可用于物业管理项目的选择和方案的选择。

5. 计算机应用能力

计算机应用能力主要包括计算机操作能力和应用软件的应用能力。

计算机是现代办公必需的手段,计算机应用能力是物业管理企业管理者必备的能力。管理者不仅要具有计算机操作能力,而且要具有应用软件的应用能力,掌握物业管理软件的使用方法。

6. 预算能力

预算能力主要包括物业设施设备运行、养护和维修预算的制定能力,同时还包括物业管理费用预算、招投标中标底和招投标书的制定能力。

7. 经济分析能力与财务分析能力

经济分析能力与财务分析能力主要用于物业管理项目选择、物业管理企业核算和决策分析等方面。

8. 房地产中介能力

房地产中介能力主要体现在房地产经纪和评估业务中。

9. 应用文写作能力

应用文写作能力主要是对物业管理中有关常用的各种应用文文体能独立进行撰写的能力。

10. 组织开展社区文化活动的能力

社区文化活动的开展是物业管理中精神文明建设的一个重要方面,组织开展社区文化活动的能力主要是在社区中策划、组织各种有意义的文化活动的能力。

（四）素质要求

在深化教育教学改革中,物业管理专业要以创新教育为先导,大力推进素质教育。在学生完成教学计划所列各项课程的同时,应适时组织学生开展各种文艺、体育活动,并组织学生深入社会开展各种活动,寓教于乐,丰富学生的课余生活,同时应开展第二课堂的建设,将提高学生的文化素质、思想素质结合起来,增强学生对社会的了解,同时培养学生的爱岗敬业精神和团队意识,为学员毕业后走入社会打下良好基础。

二、物业管理专业构建实践教学体系的依据

在物业管理专业人才的培养目标、规格及要求中,对其培养人才的综合职业能力的要求可以概括为:具有尽职尽责的职业道德和良好的行为规范;掌握与职业工作岗位群有关的专业理论和专业技能;具有在职业岗位相关领域内的活动能力;具有评价、吸收和利用国内外新技术的能力。这是构建物业管理专业实践教学体系的依据。

物业管理专业构建实践教学体系的主要目的是培养能够适应社会主义市场经济需要的高级应用型、技能型人才。其培养人才的主要特点是能够从事物业管理第一线的工作,既具有一定的专业理论知识,又具有较强实际操作能力的复合型技术人才。

基于上述培养人才的要求,在构建物业管理专业实践教学体系时,首先必须对物业管理所面临的职业岗位群进行深入细致的分析,明确培养的人才所应该具备的能力结构及其相应的知识点和技能点。在分析物业管理职业能力结构时,还应清楚物业管理职业能力的内涵已经由狭义的职业技能拓展到综合素质,不是单纯地满足上岗要求,而是要适应社会及物业管理的不断发展。

在物业管理企业中,既有技术性的工作岗位,也有经营、管理、服务等工作岗位。在物业管理专业教学过程中,结合物业管理企业的职业岗位群及其物业管理从业人员应该具备的知识和技能,在人才培养中,以物业管理综合职业能力的形成为核心,构建物业管理实践教学体系,实现物业管理专业的培养目标也就有了基本保障。

三、实践教学环节在物业管理专业人才培养中的地位及作用

在物业管理专业教学过程中,为了充分实现教学环节的基本要求,体现能力培养的中心地位,加强实践性教学环节的教学,构建实践教学课程体系是非常重要的一个环节。从我国经济发展来看,社会经济各方面如产业结构、经济结构、人才结构等都在发生着深刻变化。社会经济的发展,为高等职业教育提供了机会,同时也提出了挑战。高科技的迅速发展,触动了行业之间、职业之间、学科之间的交叉综合,各行各业的分工越来越细,要求从业者既有基础能力、专门能力,又要有社会能力。只有具备了这些能力,才能从容面对择业、从业、创业带来的压力,才能加强自身的适应性。这既是一个能力问题,又是一个素质结构问题。物业管理专业为高效率地培养人才,构建起实践教学课程体系,加快专业现代化建设,才能培养出能胜任物业管理不同工作岗位的高素质应用型人才。

（一）通过物业管理实训基地的建设,创设出一种职业情景,使学生职业岗位能力得到锻炼和培养

物业管理实践教学课程体系的建立,既包括科学合理的教学计划、教学大纲的制定,又包括实习、实训以及实训教学基地的建立等。而物业管理实训基地的建立既可在校内又可在校外。校外实训基地的建立,可紧紧依托行业,因为企业是全面提高人才综合素质的良好阵地。通过建立物业管理校外实训基地,开展校企联合办学,加强与产业的合作,对培养物

业管理高层次的实用性人才无疑是一种非常有效的方法。

在校外建立物业管理实训基地,可把学生放到物业管理服务的第一线中去,可以创设一种能够有效地促进教与学双向互动的社会交往情景和职业情景,在浓厚的职业氛围中锻炼和培养学生从事和胜任物业管理某一职业岗位的能力,使他们的理论知识在实践中升华、能力在实践中增长。

(二)通过校企结合,有利于学生逐步融入社会,增强学生对社会的适应能力

把课堂教学与实践教学、实践教学与市场需求紧密结合起来,在实践中对课堂知识进行再认识,通过反馈的信息发现教学中存在的不足,进而使之及时得到改进。使理论知识和技能技巧以实训的方式融入到具体的操作中去,极大的调动了学生学习的积极性和主动性。同时,使校企结合、产学联合的办学之路成为了可能,进一步增强了学校师生接触社会,接触实际的锻炼机会,改变了以往学生"以自我为中心"重理论而轻实践的观念,提高了学生的综合素质,培养了学生的创造能力,同时也是对课堂教学效果的全面检查。在促进学生的就业方面,能够更好地突出高等职业教育培养学生的技能优势,增强学生对社会的适应能力,有利于学生逐步融入社会,减少了就业的盲目性。

(三)通过物业管理实践教学,使学生学会与掌握一般的管理方法与技能

物业管理实践教学课程体系的建立,主要是要使学生在入校时通过认识实习对物业及物业管理有一定的感性认识;通过岗位操作实习及专业课程的实际训练掌握一定的物业管理专业技能。学生在实践教学中,通过一定的"个案",学会与掌握一般的管理方法和技能。当然,随着社会经济和物业管理的不断发展,学生在未来的工作岗位上所需要与使用的技能与方法也并非在学校的实践教学中能得到完全的锻炼与掌握,因此,学生学习能力和综合职业素质与技能的培养将越来越重要。

四、物业管理实践教学的准备

物业管理实践教学作为学生在校学习的重要教学环节,为了保证实践教学的顺利实施并取得应有的教学效果,必须在每次进行实践教学之前认真进行准备并做好学生的动员工作。

(一)按照教学计划的要求制定详细的实践教学大纲或方案

物业管理专业实践教学大纲或方案主要包括的内容有:

(1)实践教学的目的;

(2)实践教学的内容;

(3)实践教学的安排(包括教师、时间、基地及学员等的安排);

(4)实践教学的实施(包括实施步骤、要求及注意事项等);

(5)实践教学的考核(包括考核的方式、考核的标准、考核的方法等);

(6)其他。

在制定了详细的实践教学大纲或方案后,才能保证物业管理专业实践教学能够按部就班地进行。

(二)在实习、实训之前做好学生的动员工作

特别是在校外实训基地进行实习、实训,由于学生是在分散的情况下进行的,学生在实习、实训之前的动员工作非常重要,它可使学生充分认识到实践教学的意义及作用,了解实践教学的整体安排、要求与注意事项,同时也有利于实践教学的组织管理。

（三）学生应了解和掌握的知识及材料

学生在校外实训基地进行实习、实训，首先应了解即将进入的物业管理企业的情况，这对学生是有很大帮助的；其次应掌握有关的知识与材料，在物业管理实际操作中，有许多知识是在书本上学不到的或是与书本上的知识有一定差异，所以学生在实习、实训之前应掌握诸如机电设备、物业维修、给水排水、园林绿化等有关的知识与材料。

五、物业管理实训基地建设

实训基地的建设是物业管理专业实践教学中非常重要的一个环节。实训基地是物业管理实践教学过程实施的实践训练场所，直接影响到物业管理专业的教学质量和教学水平。建立的实训基地既可进行实习，又可进行实训。

实训基地包括校内实训基地和校外实训基地两部分。

（一）物业管理实训基地建设的基本原则

1. 校内实训基地建设的基本原则

校内实训基地有别于实验室、实习车间，是介于两者之间的一种人才培养空间，主要功能是实现课堂无法完成的技能操作，有目的、有计划、有组织地进行系统、规范并模拟物业管理实际岗位群的基本技能进行操作训练。校内实训基地的建设原则可概括为四个字，即真、高、开、通。真即真实的职业环境，尽可能贴近物业管理服务第一线，努力体现真实的职业环境，让学生在一个真实的职业环境下按照未来专业岗位群对基本技能的要求，得到实际操作训练和综合素质的培养。高即高技术含量，紧跟时代及物业管理发展前沿的综合性训练项目，体现物业管理行业的职业岗位要求，并使校内实训基地具有前瞻性、持久性。开即开放性好，在基地环境和总体设计上要具有社会开放性，不仅可以为校内学生提供基本技能实训场所，而且可以为社会提供全方位的服务，成为对外交流的窗口和对外服务的基地。通即通用性强，要充分利用校内有限资源，最大限度地节约资金，尽可能使所建设的实训基地适用性强，能进行多学科的综合实训，相关专业尽可能通用。

2. 校外实训基地建设的基本原则

在校内进行实训教学便于组织、管理，且易于操作，但同时也存在着校内实训基地设施设备不全、教师指导操作经验不足、与物业管理市场在一定程度上相脱节等局限性，不能让学生得到充分的实践锻炼。因此，在加强校内实训基地建设的同时，还应大力拓展校外实训基地，积极与有关的物业管理企业建立联系，通过互惠互利的原则，使双方在人才培养、设施设备支持、学生就业等各个领域开展合作，使之成为教学、培训等形式相结合的多功能实训基地。并随着物业管理实践教学的深化，逐步与物业管理企业建立深层次的合作关系，建立起产学结合、校企联合的新型教学体系。校外实训基地是学校按照物业管理专业人才培养目标的要求，紧紧依托物业管理行业，通过与相关物业管理企业签订实训基地协议，在互惠互利的基础上建立起相对稳定的实训基地。校外实训基地在培养物业管理专业学生综合职业素质、实践应用能力方面具有得天独厚的环境，可对学生直接进行现场培训与指导。校外实训基地建设的基本原则是：不求所有，但求所用，既要相对稳定，又要合作办学、产学结合。

（二）物业管理实训基地的建设

1. 校内实训基地的建设

在校内建立实训基地主要是要做到：第一，高起点、高标准，建立现代物业管理实训基地。确立让学生在"真实"的物业管理职业环境下得到职业技能和综合素养的训练，并使之成为教学、科研、培训等相结合的多功能实训基地。第二,实训基地要有一定的规模及设施设备,并保证有充足的资金。为满足物业管理专业实训教学的需要,应千方百计地筹集实训教学所需资金,并使教学、科研及学生实际操作训练有机地结合起来。

2. 校外实训基地的建设

建立校外实训基地,对合作办学的物业管理企业有一定要求。首先物业管理企业要有积极性,愿意和学校共育物业管理人才,如果物业管理企业没有积极性、主动性,建立校外实训教学基地就无从谈起。其次,物业管理企业的职业岗位要能满足对学生能力培养的要求。物业管理企业是否有满足学生顶岗实习、实训要求的岗位,是实训教学基地选择因素中的核心。对物业管理企业职业岗位的评估应考虑岗位的性质、人员素质、典型性及岗位的完整性等能否满足学生职业技能培养的要求。

在校外实训基地,实训教学方案是在物业管理企业正常生产的前提下实施的,同时,校外实训教学基地一经建立应具有相对稳定性,在选择校外实训教学基地的过程中,物业管理企业的发展前景也是需要考虑的因素。

物业管理专业可以同时建立多个校外实训基地。不同的物业管理企业有不同的适合物业管理专业教学要求的典型岗位,要使学生获得典型岗位的技能训练,有时需要建立多个实训基地。物业管理企业的经营服务情况是个动态概念,一旦某个实训教学基地不能正常进行实训教学,其他的实训教学基地就为实训教学方案的实施提供了回旋的余地。

在选择作为校外实训基地的物业管理企业时,应首先选择有人才需求的物业管理企业作为实训教学基地,这样做有利于充分调动物业管理企业育人的积极性。学生在将来工作的单位顶岗实习,有利于学生管理,便于解决学生毕业前找工作与维持正常教学秩序的矛盾,在一定程度上作为实训教学基地的物业管理企业就成为学生就业择业的首选目标。

建立校外实训基地还应考虑物业管理企业必要的生活条件。学生在物业管理企业进行实习、实训不是短期行为,满足学生需要的食宿和活动场所是实训教学基地必不可少的条件。

在校外建立实训基地主要是要做到:第一,依托物业管理行业,建立校外实训基地。校外实训基地的建立主要通过专业教师联系,校企双方达成一致后签订协议。所联系的物业管理企业应考虑实训方便并具有实力和特色,在联系、实训、交往的过程中,循序渐进的与物业管理企业建立感情,并逐步开展各项合作,最后挂牌成为学校实训基地。校外实训基地无偿或优惠提供实训环境条件、实训设备及实训材料,有效解决了校内实训所面临的实训场所、环境及资金问题,且由物业管理企业聘请的兼职教师与学校的指导教师共同参与、联合指导学生的理论、技能学习,缓解了校内实训教学安排上的压力,实现了实训条件的社会沟通,使学生置身于现实工作场景中,并可建立模拟就业系统,企业接受或帮助推荐学生就业,实行预就业制。第二,合作办学。学校可以充分利用物业管理企业这个校外实训基地的真实环境、先进的设施设备以及具有丰富实践经验的实训指导教师等优质资源,解决了校内实训基地建设上的诸多问题。虽然校外实训基地不为高等职业教育院校所有,但高等职业教育院校却能充分对其加以利用,因而实现了"双赢"的局面。学生的接触面扩大了,学生的眼界开阔了,可充分调动学生的学习热情,使技能培养更能接近当今时代发展前沿。

六、物业管理实训基地的功能

物业管理实训基地的功能包括两个方面,即基本功能与综合功能。

（一）实训基地的基本功能

基本功能是建立实训基地必须达到的功能。它主要包括以下内容：

1. 完成实践教学任务

知识是能力的基础，在物业管理工作中人的知识与能力是相辅相成的，二者缺一不可。然而能力与知识二者并不等同，掌握了知识并不表示就具有了相应的能力，这就需要有一个知识向能力转化的过程。实训基地为理论与实践的结合提供了训练的场所，可使学生从书本上学到的理论知识通过在实训基地的训练尽快转化为能力。

2. 丰富学生的专业知识

物业管理应用型人才需掌握的知识与能力，不可能完全通过课堂教学的形式进行传授，并使学生完全掌握，尤其是专业知识和应用能力，即使一个学生各门课程的成绩都非常优秀，也并非一定意味着他在实际工作中就能干得非常出色，这些专业知识和应用能力需要在各种实践性环节中获取。在实训基地可对学生进行综合职业技能训练，并为学生提供学以致用的时间和空间，可以拓宽与丰富学生的专业知识面。

3. 提供职业岗位的实践环境

职业岗位知识与能力是物业管理应用型人才必须掌握的基本知识与能力。在实践教学中为了加强学生独立观察、分析和处理问题能力的培养，实训基地提供了一个现场模拟训练或真实训练的实践环境，在这个环境中让学生自己动手进行设计和操作，熟悉并掌握物业管理行业的主要基本技能、专业技术等，不仅可以使学生加深对课堂教学所学知识的理解，而且可使学生掌握一定的职业岗位知识与能力。

4. 培养创新精神和创新能力

培养学生的创新精神和创新能力是物业管理专业在人才培养中应注重的一个问题，学生具有创新精神和创新能力，主要是使学生具备以"创新"能力为核心的综合实践能力。学生要具有创新能力，首先要培养学生的创新精神。创新精神的培养可通过多种方式进行，其中在实训基地进行的一系列模拟训练，既可激发学生的创新意识，培养学生的创新精神，又可使学生的实践及创新能力得到提高，从而激发学生的创造、创新思维，并使学生创新的欲望最终转化为能力。

5. 提高职业素质和综合能力

学生到实训基地进行实践锻炼，可对学生爱岗敬业的情操、团结协作的精神、遵纪守法的习惯和综合能力素质等方面进行职业素质的养成教育，为他们今后走上工作岗位及其发展奠定基础。同时，通过开设不同的实训课程，让学生在物业管理实际工作中运用已经学过的专业知识和经过训练所获得的专业经验以及掌握的一些专业技能，通过群体协作来完成训练项目，使学生不仅能取得实际工作经验，并能培养学生团队协作精神、群体沟通技巧、组织管理能力和领导艺术才能等综合素质与能力。

（二）实训基地的综合功能

面对我国入世后教育所面临的机遇与挑战，从发展与需要出发并根据物业管理专业的特点，实训基地的功能不应仅仅局限在基本功能上，而应该能够进一步拓展其功能，为物业管理专业人才培养、职业技能培训、科技成果转化等提供强有力的支持。

1. 实训、培训、咨询全方位的服务功能

开拓实训、培训、咨询全方位的服务功能，融职业技术教育、职业技能培训和科技与社会服务功能为一体,实现教学、培训、服务一条龙。市场竞争归根结底是人才与技术的竞争,要将科学技术迅速转化为生产力,就必须提高物业管理企业的员工素质和技术水平。物业管理的实际训练,可提高学生对新技术、新方法的应用能力,以增强其就业竞争力和市场适应力。随着物业管理企业对职工岗前培训和在职培训的需求量大幅增长,也迫切需要高校为其提供咨询和服务。所以,物业管理实训基地应充分发挥这方面的优势,积极开展职业教育实训、职业技术培训和各种专业咨询等,为物业管理企业发展提供多功能、全方位的服务。

2. 职业技术技能的培训、鉴定与考核功能

物业管理实训基地的建设应能代表物业管理行业发展的先进水平,应具备相应条件成为物业管理职业岗位培训、职业资格鉴定与考核的基地。根据物业管理职业岗位群或专业技术领域对知识和能力的要求,制订相应的培训大纲和设置培训项目,并按照政府劳动和社会保障部门及职业技能鉴定机构对大学生职业技能鉴定的具体要求,设置物业管理培训模块,建立试题库,供物业管理职业技术技能培训、鉴定与考核选择。通过对物业管理专业学生职业技能的培训与考核,使其在校期间就能积累"工作经验",提前与社会接轨,可缩短就业上岗后的适应期,以尽快适应物业管理不同工作岗位的要求。

3. 应用课题的研究功能

在开展产学结合、校企合作以及让学生参加生产实践的过程中,将物业管理实训基地建成应用课题的研究基地。物业管理企业是高职院校物业管理专业办学的强大后盾,而高职院校是物业管理企业发展的重要源泉,物业管理企业可通过各种形式参与实训基地的建设,而实训基地则可为物业管理企业提供各种类型的服务,校企双方优势互补、资源共享。物业管理实训基地可以在运作过程中注重理论与实践相结合,教学与生产服务相结合,开发与应用相结合,物业管理企业和高校合作,利用物业管理企业和高校双方的优势,联合承接物业管理活动中的应用课题,为物业管理企业解决现实中的实际问题。

七、物业管理实训基地的模式及运行

(一)物业管理实训基地的模式

1. 实训基地管理形式可多样化

物业管理实训基地管理形式要实现多样化,就要改变实训基地建设在学校内部的单一模式。对于有些实习、实训项目,实训基地适合建在学校中,但要结合社会、经济及科学技术的发展不断加强投入与建设。对于有些专业性非常强的实习、实训项目,实训基地的建设可利用物业管理企业在职工培训方面的现有条件,根据高职院校物业管理专业学生培养和物业管理企业职工培训的共同需要,校企合作进行共同建设,并成为物业管理专业的校外实训基地。对有些通用性很强的实习、实训项目,实训基地可以在政府与物业管理行业、企业的支持下,建立面向地区的实训中心以及中外合作培训基地等,充分发挥资源共享的优势。

2. 实训基地建设投资主体可多元化

开辟政府、学校、物业管理企业多元化的投资渠道,充分发挥政府、高校与物业管理企业三方面的优势,多种渠道、多种方式筹集资金,资源共享,共同投资和建设物业管理实训基地。物业管理实训基地的建设应创新建设理念,积极探索学校自筹资金和物业管理企业进行投资等多渠道筹集资金的形式,共同投资建设实训基地。同时还应充分发挥社会各界对物业管理人才培养的积极性,努力扩大资金来源的渠道。

(二)物业管理实训基地的运行

建立生产、教学、科研三结合的物业管理实训基地运行机制,加强三者之间的联系,以物业管理企业经营服务促进教学,将教学融入经济建设和物业管理企业发展,是知识经济时代和信息技术社会对物业管理实训基地可持续发展的重要保障。高职院校物业管理专业应与物业管理企业协作共建实训基地,优势互补、资源共享。充分利用实训基地的先进条件,为学生实习、实训和物业管理行业、企业员工培训以及物业管理应用课题研究等创造有利条件,形成教学、科研、生产经营与服务发展的良性循环。

八、物业管理实践教学的教材建设

为了搞好物业管理实践教学环节的教学,实习、实训教材的建设也是一个不容忽视的问题。在建立物业管理实践教学课程体系的同时,高等职业教育院校物业管理专业应组织教师编写相应的实习、实训教材及指导书。实习、实训教材及指导书应具有很强的针对性、实用性,符合高职学生的认知结构,且能够反映物业管理企业各个工作岗位的技能与要求,同时要把国内外最新知识、最新技术成果、经营管理经验与方法等内容充分体现到教材和新的课程体系中,使学生在学习物业管理专业理论知识的同时,不仅能够掌握物业管理企业各个工作岗位的技能与要求,而且能够了解国内外最新的物业管理行业发展动态,最终达到专业理论水平和综合职业技能水平协调发展。

九、将职业道德教育融入物业管理实践教育过程中

物业管理专业的学生在实习、实训中应该能够受到现代企业精神的熏陶和严格的职业素质教育。在校内进行实习、实训,要求校内实训基地企业化,即按照物业管理企业的管理模式组织实训;在校外进行实习、实训,要求校外实训基地学校化,即按照学校的管理方式对学生进行实习、实训内容与任务的分配。凡是参加物业管理实习、实训的师生在条件允许的情况下,应统一着装,挂牌上岗,实习、实训要严格遵守《物业管理企业员工守则》,要求学生做到工作环境一尘不染,工作态度一丝不苟,以培养学生良好的敬业精神。指导教师在实习、实训中不仅要注意对学生职业能力与技能的考核,而且要有意识地树立学生的职业意识与职业道德,使学生尽快形成职业道德观念,并激发学生的职业兴趣,使其在高等职业教育院校的学习能够为其今后的工作打下坚实的基础。

十、物业管理实践教学环节的指导教师

物业管理实习、实训课程的指导教师应是"双师型"教师。现今高等职业教育院校师资队伍在一定程度上缺少专业带头人和"双师型"教师,物业管理专业也不例外。因而物业管理实践教学环节指导教师的培养这一问题显得非常重要。

（一）"双师型"教师的含义及应具备的条件

教育部在总结一些地方和学校的研究成果和实践的基础上,在《高职高专教育教学工作优秀学校评价体系》(征求意见稿)和《高职高专教育教学工作合格学校评价体系》(征求意见稿)中指出"双师型教师"是符合以下条件的教师:

(1) 具有两年以上基层生产、建设、服务、管理第一线本专业实际工作经历,能指导本专业实践教学,且具有讲师(或以上)的教师职称;

(2) 具有本专业实际工作的中级及其以上职称;

(3) 主持(或主要参与)两项(及以上)应用性项目研究,研究成果已被社会企事业单位实际应用,具有良好的经济或社会效益。

（二）物业管理专业建立"双师型"师资队伍的必要性及意义

物业管理专业建立"双师型"师资队伍的必要性及意义主要有以下几个方面：

（1）物业管理专业建立"双师型"师资队伍是提高教育教学质量的关键。

教育部文件多次指出："双师型的教师队伍建设是提高高职高专教育教学质量的关键。"当前在职业教育中普遍存在着专业理论教师不能指导实践教学、实践指导教师基础理论薄弱不能讲授专业理论课程的现象。专业理论教师和实践指导教师相分离影响了教育教学质量的提高和合格人才的培养。物业管理的实践性很强，物业管理专业要培养具有必要理论知识和较强实践能力的高素质应用型人才，就迫切需要一支"双师型"的教师队伍。因此，建立一支"双师型"教师队伍，有利于制订理论与实践相结合的教学计划，有利于编写理论与实践相结合的教材，有利于理论联系实际的教学，有利于产学研相结合，有利于克服学生重理论轻实践的陈腐观念，树立重实践的观念和勇于实践的精神。

（2）物业管理专业建立"双师型"师资队伍是社会经济迅速发展和生产力水平逐步提高的要求。

现今我国社会经济及其科学技术迅猛发展，生产力水平提高很快，科技含量高的高新技术装备在物业管理中的应用越来越广泛，如智能化的大厦，各种先进的设施设备一应俱全。作为一名合格的物业管理工作者，应熟悉此类先进的设施设备，不仅要对其有所了解，更要掌握必要的此类先进的设施设备的相关知识，这就要求必须具备较高的理论水平和掌握新的科技知识。这就对教师提出了一定的要求，要求授课教师应是"一体化"的教师，既能讲授专业理论，又能指导技能训练。专业教师和实践教师分离的状况已无法适应一些课程的教学要求。

（三）物业管理专业"双师型"教师的来源和培养途径

（1）积极从社会上引进具有"双师型"素质的物业管理专业技术人员和管理人员到高职院校物业管理专业任教，充实教师队伍。

广泛吸引和鼓励物业管理企业符合条件的工程技术人员、管理人员和有特殊技能的人员，到高职院校物业管理专业担任专、兼职教师，不仅有利于学生学到最新的专业知识和技能，提高教学质量；而且有利于降低办学成本，提高办学效益。高等职业教育院校要从感情上、待遇上、事业的发展上等多方面吸引他们，并积极创造相应条件，使他们到高等职业教育院校物业管理专业任教。对于兼职教师，要建立人才库，加强管理，调动他们教书育人的积极性以充分发挥他们的作用。

（2）吸收高等职业技术师范学院毕业的研究生充实物业管理专业教师队伍。

在高等职业技术师范学院毕业的研究生中，有很多人取得了高级或中级职业资格证书，且重视实践，初步具有"双师型"教师素质，这些研究生在高等职业教育院校教学任教，都能很快适应教学工作。在教学工作岗位上再继续对他们进行培养和培训，并把他们派到物业管理企业进行实际锻炼，他们会较快的成为高水平的"双师型"一体化教师。

（3）加强对在职教师的培养和培训。

对于理论课程教师，在不断提高他们学历层次和理论水平的同时，要让他们到物业管理服务第一线考察锻炼一定时间，或到实习、实训基地进行锻炼（或工作）一定时间，提高他们的实践能力和动手能力，使他们逐步成为"双师型"的教师。对于实践指导教师，在不断提高他们的实践能力和动手能力的同时，要加强对他们的理论培训，努力提高他们的学历层次和理论水平，使他们也逐步成为"双师型"的教师。高等职业教育院校要积极鼓励教师参与物业管理职业技能培训并取得相关技能考核等级证书,并逐步减少专职的专业理论教师和专职的实践指导教师人数;要有计划地选派一些优秀的中青年骨干教师到国内外一些大学进修和培训,以提高他们的"双师"素质。

高等职业教育院校物业管理专业要把"双师型"教师队伍建设列入重要议事日程,给予高度重视,要制定"双师型"师资队伍建设的规划,提出明确的培养"双师型"师资队伍的目标、任务、实施方案和措施。同时要提高"双师型"教师特别是既能讲授专业理论课又能指导技能训练的"双师型"教师的待遇,以激励教师向"双师型"方向发展。

十一、物业管理实践教学环节的管理

(一)实践教学环节的管理

物业管理实践教学环节的管理主要是要按照下列要求进行:

(1)实践教学环节应根据教学计划和教学大纲的要求,由学校教务管理部门负责安排落实。

(2)实践教学环节的组织与实施,可根据不同实践教学内容,采取统一组织实施、分散组织实施、分组组织实施等多种形式加以落实,且必须在教学计划和教学大纲规定的时间内完成。

(3)实践教学环节的管理与检查,由学校教学主管部门完成。教学主管部门可以对实践教学内容进行普查或抽查,内容主要包括:实践教学的部署与安排、组织与实施、是否落实以及完成质量等方面。

(4)实践教学环节的考核与验收,要按照教学大纲要求进行。由实践教学指导教师及教务管理人员共同负责与落实。

(二)实训基地的管理

对物业管理实训基地进行管理,主要体现在以下方面:

(1)要建章立制,使实训基地管理科学化、规范化。

为了保证实习、实训的教学效果,实习、实训教学应组织制定并建立健全设施设备的使用与维护、耗材的使用、实训场地安全和卫生等一系列管理规章制度,严格操作规程。各项管理规章制度要执行到位,才能保证实习、实训教学正常有序,并达到预期的教学效果。

(2)学校成立实习、实训管理中心,采用集中管理模式。

学校在校内组建的实训基地归属实习、实训管理中心管理,在校外建立的校企联合实训基地由实习、实训管理中心和物业管理企业共同进行管理。实习、实训管理中心根据教学计划及实践教学大纲或方案统筹安排实习、实训教学,这样可使教学资源得以充分利用,实现了资源优化配置与共享。

(三)实训基地的条件

1. 人员配置与职责

(1)校外实训基地必须设置专职教学管理人员,以完成实习、实训指导教师的资格申报、初审及聘任等各个环节的工作,并负责实训基地使用申请的审批、与教务管理部门的工作联系及承担相关的管理事宜。

(2)实训基地的教学工作由具有"双师型"资格条件的专、兼职指导教师共同承担。校内实习、实训教学必须设有专职指导教师,且要符合相应条件;校外实习、实训教学的指导教师及聘请的兼职指导教师必须符合指导教师资格。指导教师的主要工作是对实习、实训教

学工作提出专业技术要求,进行专业实习、实训教学的具体指导,并提供教学质量保证。

2. 设施设备和规模

(1)实训基地必须具备教学大纲所规定的、完整的、符合物业管理专业课程实践教学需要的、较为先进的教学环境、教学条件以及相应的仪器和设施设备。

(2)实训基地应具备一定规模。能够一次接待一定数量的学生进行实习、实训。

十二、突出物业管理综合职业能力要求,形成有特色的考核评价标准

考核评价管理是实践教学实施过程中的一个重要组成部分,良好的教学管理可以提高实践教学的水平,同时又是实现实践教学效果的有力保证。

首先,要重视实践教学的考核评价工作。在实践教学实施的同时,学校要制订并建立一套合理的实践技能考核指标和评价体系。由系、教研室主管领导负责组织、协调,由实习、实训指导教师负责在教学中具体实施。在实习、实训教学的考核上,应注重过程考核和综合能力测评相结合,以提高学生的综合职业技能素养和综合分析问题、解决问题的能力为依据,确保实践教学的质量。

其次,严格按照实践教学大纲和具体实习、实训项目的考核标准进行考核。在考核中应突出体现"高标准、严训练、强技能"的特点,把对学生的职业技能的训练与职业素质的训导有机地结合起来,全面提高学生的职业素养。

学生实习、实训结束后,可选择实习、实训项目中具体的表现形式,如图纸样稿、方案策划说明、调查报告以及其他形式等,组织汇报展览,按照实习、实训项目的考核标准并结合物业管理企业(实习、实训基地)对参加实习、实训同学表现进行总体评价,确定每个学生实习、实训课程的教学成绩。

第二部分　物业管理专业主要实践教学环节及实习、实训课程实施方案

一、房地产开发经营实训课程实施方案

（一）开设实训课程的目的

房地产开发经营是物业管理专业的主要专业课。要求学员通过一定学时的理论学习和实训，掌握房地产开发经营的基本理论和方法，掌握房地产开发企业在项目开发中实际操作的技能。重点是使学生熟练掌握房地产市场调研的方法和手段，提高学生的动手能力，提高学生发现问题解决问题的创新能力。理论课的学习只能使学生从书本上学习知识和方法，而实训课程教学环节是对学生所学到的知识、方法的综合运用，是一个检验的过程。学生可以通过学习—实践—再学习这个过程不断丰富自己的知识，提高理论联系实际的能力，以便将来更好地服务于房地产行业。

（二）实训课程的内容

1. 该实训课程包括三个实训环节

（1）课堂讲解，为深入到物业管理企业打下基础。

（2）深入到房地产开发企业进行调查研究。

（3）撰写调查报告。

在此主要介绍调查报告的要求，调查研究的方法、手段、途径，最终目的是将所学知识运用到实践中去，达到学以致用，提高综合运用能力的目的。

2. 调查报告参考内容

（1）物业管理企业早期介入到房地产开发企业建设的不同阶段中发现哪些问题？提出哪些建设性意见？早期介入对于开发企业有哪些积极作用？

（2）房地产开发企业可行性研究的主要内容包括哪些？对于不同类型和不同规模的房地产开发项目采用哪些市场分析方式？市场分析的内容有哪些？

（3）房地产市场营销的形式有哪些？影响销售的因素有哪些？选择物业代理商要考虑哪些因素？对不同类型的物业采用什么样的宣传手段？

学生可结合房地产开发企业的具体情况，确定调查内容及调查题目。

（三）实训课程的安排及课时分配

房地产开发经营实训课程总课时为40学时（表2-1）。要求在开设该课程的学期期末停课一周，集中进行实践。任课教师、班主任负责，资料阅览室及图书馆的人员要大力配合。学员可以到实训基地及相关的房地产开发企业进行调研，教师要配合学员做好调研的准备工作（划分调研小组、开介绍信等）。

（四）实训课程的实施

此实训课程的重点是进行调研，写出调查报告。要求学员端正调研态度，切实深入到房

地产开发企业收集整理资料,严禁抄袭。

课 时 分 配 表 表 2-1

序 号	内 容 安 排	课 时 量
1	讲授实训课程的目的、要求。讲授关于调查报告编写要求	2 学时
2	学员分组、选题、制定计划	6 学时
3	深入实际调研	16 学时
4	查阅整理资料	4 学时
5	撰写调查报告	8 学时
6	分组宣读报告、评定成绩	4 学时
合 计		40 学时

1. 调研的途径

可以到实训基地、房地产开发企业、政府职能部门、社会信息咨询机构,可以访问消费者、潜在消费者,可以查询各类宣传资料,还可以装扮成购房者直接向销售人员搜集一些资料。

2. 调研的方法

可以面对面采访,电话访谈、问卷调查,可以直接到售房现场进行观察、做记录、录音,可以和销售人员、管理人员、经理人员、业主开座谈会,还可以通过参加展销会等其他途径。

3. 调查报告的要求

(1) 主题要新颖,调查要具有针对性、真实性,重点要突出。

(2) 要理论联系实际,综合运用所学知识。

(3) 调查报告字数不能少于 2500 字,书写要工整(可以打印)。

(五) 实训课程的考核

学员成绩最终以优、良、中、及格、不及格五档反应。其中,调查报告占 90%,实训课程的出勤及表现占 10%。

考核评分标准见表 2-2。

评 分 标 准 表 2-2

标 准 ＼ 成 绩	优 秀 (90 分以上)	良 好 (80~89 分)	中 等 (70~79 分)	及 格 (60~69 分)	不 及 格 (59 分以下)
基础知识综合运用方面满分 50 分	能全面完成实践任务,正确灵活综合运用专业基础知识,理论扎实,观点正确	能较好完成实践任务,能综合运用基础知识,掌握基础理论知识,观点正确	能完成实践任务,掌握基础知识及理论一般,观点正确	能基本完成实践任务,掌握基础知识及理论一般,观点正确	不能按要求完成实践任务,基础知识不扎实,观点不正确或有错误
理论联系实际及创新能力满分 20 分	能很好的理论联系实际,具有针对性、真实性,分析问题、解决问题能有独到的见解和创新,具有一定实用价值	能较好的理论联系实际,具有针对性、真实性,分析问题、解决问题能力较好	能理论联系实际,真实性较强,分析问题、解决问题的能力一般	基本上能联系实际,内容一般,分析问题、解决问题能力一般	不能联系实际,无针对性,不符合实际,分析问题、解决问题能力差

成绩 标准	优秀 (90分以上)	良好 (80~89分)	中等 (70~79分)	及格 (60~69分)	不及格 (59分以下)
符合调查报告 要求满分20分	主题新颖,重点突出,文理通顺,结构完整,层次清楚,文笔流畅,书写工整	重点突出,报告质量较好,构思合理,文理通顺	报告质量尚可,构思合理,文理通顺	报告质量平常,基本合格	主题不明,无逻辑性,层次不清楚,有明显的抄袭行为,字数不符合要求
实践与调研态度表现满分10分	认真深入进行调研,数据真实可靠,动手能力强,表现突出	深入实际调查,态度较认真,数据真实可靠,动手能力尚可	能深入实际调查,态度较好,动手能力一般	能进行调查,态度一般	不调查,态度差,数据不真实,综合能力差

二、物业管理法规实训课程实施方案

（一）实训教学目的

物业管理法规是一门应用性学科,不仅要求学生掌握扎实的法律理论知识,而且要求学生能够运用这些知识来解决实际问题。法律规范往往比较原则和抽象,而其规范的现实内容却是纷繁复杂、丰富多彩的。如何在短暂的教学过程中将理论与实践结合起来,是该学科教学亟待解决的问题,实训教学是解决这一问题的有效途径。通过实训教学强化了物业管理专业的职业技能的特点,开展实训教学不仅可以活跃课堂气氛,吸引学生积极参加教学活动,而且通过实训课程各环节加深学生对抽象的法学概念、范畴的理解,不断提高学生解决实际问题的能力,真正做到理论联系实际,达到学以致用的目的。

（二）实训教学内容

1. 本实训课程的教学内容主要包括的实训教学环节如下:

（1）物业管理法律关系;

（2）物业管理服务合同的法律规定;

（3）物业管理组织及其管理规范企业的法律规定;

（4）业主与业主会的法律要求;

（5）物业管理的法律责任及物业管理纠纷的防范与处理。

2. 实训教学各环节的能力点

（1）物业管理法律关系

该环节主要是涉及物业管理法律关系在物业管理法规体系中的意义,强调物业管理的法律手段。该部分要求学生掌握物业管理法律关系的概念及其构成。建筑物区分所有权,物业相邻关系原则,物业自治管理和政府管理。要求学生能够分析在物业管理过程中的法律关系,运用法律原理来确认物业管理纠纷中当事人的权利义务。为今后学习和应用打下良好的基础。

（2）物业管理委托合同的法律规定

物业管理委托合同是物业管理法规的核心内容,也是本实训课程的重点,因此要求学生在掌握物业管理合同的基本原则、内容和履行,物业管理合同的违约、变更和终止。要求学生在掌握基本法律规定基础上能够独立地拟订合同,并能正确分析合同的效力,同时能配合物业公司制定、完善各种物业管理过程中的相关协议。

（3）物业管理的法律规定

物业管理企业是物业管理法律关系中的非常重要的主体之一，掌握物业管理企业资质、职责范围、法律责任及其法律地位是物业管理管理过程中不可缺少的一部分，因此要求学生在掌握物业管理企业法律规定的同时，能够配合物业公司完善公司各项管理制度，从而使物业公司职能得到充分发挥。

（4）业主与业主会的法律要求

业主与业主会在物业管理过程中除了要履行与物业公司签订的物业管理委托合同以外主要体现是自治管理。因此，在这一部分要求学生掌握业主及业主会的运作，明确业主及业主会的权利、义务。通过物业公司收集案例并到法院与审判人员座谈，把理论与实践有机地结合起来，以便在今后的物业管理工作中能够更好地把握物业公司、业主、业主会之间的关系。

（5）物业管理纠纷法律责任及物业管理纠纷的防范与处理

物业管理法律责任是解决物业管理纠纷的前提，物业管理纠纷处理的是否得当直接关系到物业公司的声誉与形象。要求学生掌握物业管理法律责任的构成，能够运用物业管理法律责任的构成条件分析物业管理案例。通过组织模拟法庭来锻炼学生独立分析，解决问题的能力，从而达到学以致用的目的。

（三）实训课程实施安排

（1）学校选派一名具有"双师"资格的专业指导教师，配合各个实训基地的指导教师，共同负责指导实训教学。

（2）实训教学安排在不同的实训基地进行，主要有物业管理公司和人民法院。

（3）根据教学计划和教学大纲的要求，将学生进行分组，并安排到不同的实训基地，学生在规定时间内完成实训教学内容后，各个组在不同的实训基地之间进行互换，直到所有的学生完成全部实训项目为止。

（四）实训课程要求

（1）到物业公司的学生，在教师的指导下，完成实训课题并尽可能给予物业公司法律帮助；

（2）到人民法院的学生，旁听审案或与审判人员座谈，在教师的指导下，完成实训课题；

（3）学生要遵守实训基地的各项规章制度，按期完成所有的实训内容。

（五）具体实施方案

（1）向学生布置实训内容；

（2）将学生分为若干个组，并安排到物业公司或人民法院等实训基地；

（3）实训结束后总结、交流学习心得，可采用模拟法庭或者学员答辩形式进行。

（六）实训考核办法及成绩比例

1. 考核办法

学生实训结束后要独立写出实训报告（不少于 2500 字），并结合实训基地对学生的综合评价、学生的出勤情况等进行考核。

2. 成绩比例

学生的出勤情况占成绩比例的 20%，实训基地对学生的综合评价占成绩比例的 20%，实训报告占成绩比例的60%。

（七）课时分配（表2-3）

表 2-3

序　号	内　容	课 时 分 配
一	布 置 课 题	2
二	到物业公司实训	18
三	到法院旁听	16
四	总结交流学习心得	4
总　计		40

三、建筑工程概论实训课程实施方案

（一）实训课程的目的

一是因为该课程属于专业基础课,实践环节较强;二是使学生理论联系实际,能够将书本上的理论基础知识灵活、正确地运用到实际当中去,提高学生的动手操作能力,并通过实训教学环节促进学生巩固所学过的理论基础知识,从而培养出既有深厚扎实的理论基础知识功底,又具有实际动手操作能力的人才,在学生毕业后走向社会、走向工作岗位时,能够很快地融入到社会中担当起相应的工作,避免高分低能现象的出现。

（二）实训课程的内容

1. 抄绘建筑施工图

（1）建筑平面图,见附图1所示;

（2）建筑立面图,见附图2所示;

（3）建筑剖面图,见附图3所示;

（4）外墙身大样详图,见附图4所示。

通过抄绘建筑施工图这一环节,使学生初步掌握建筑施工图的绘制方法,增强绘图技能,从而提高学生实际动手能力以及更进一步巩固提高识读房屋建筑工程图的能力。使学生达到既能读懂房屋建筑工程图,又能绘制出最基本的房屋建筑施工图。

2. 参观建筑工地

组织学生到施工现场参观学习,主要观看民用建筑中常见的房屋建筑结构类型,如墙承重结构房屋建筑、框架承重结构房屋建筑、半框架承重结构房屋建筑等。

通过实地参观各种类型结构的建筑物,使学生的学习从认识上升为感知,具有对房屋建筑的感性认识,让立体的房屋建筑的形状、结构形式、构造组成在脑子里形成,从而建立起空间概念,为更好地学习该门课程打下基础。

3. 测量房屋建筑

组织学生对地面上已有的建筑物进行实地测量,画出平面图,并计算出其建筑面积、使用面积、结构面积等,见附图5所示。

通过该实训环节的教学,使学生增强测绘的技能及更进一步提高绘图的能力,经过实践环节后,又回归到理论上来,为今后从事房屋建筑的管理工作奠定基础。

（三）实训课程实施安排

1. 时间安排

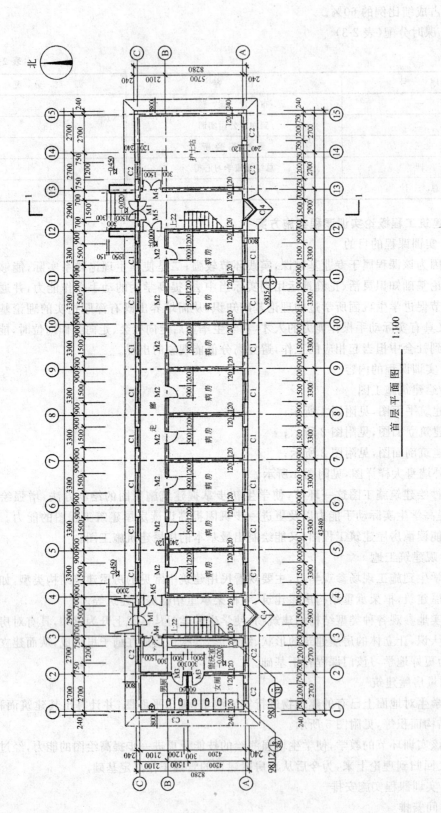

附图1 建筑平面图

首层平面图 1:100

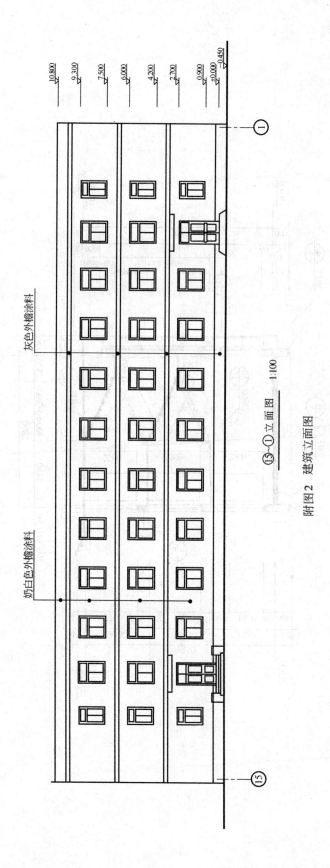

①~⑮立面图　1:100

附图2　建筑立面图

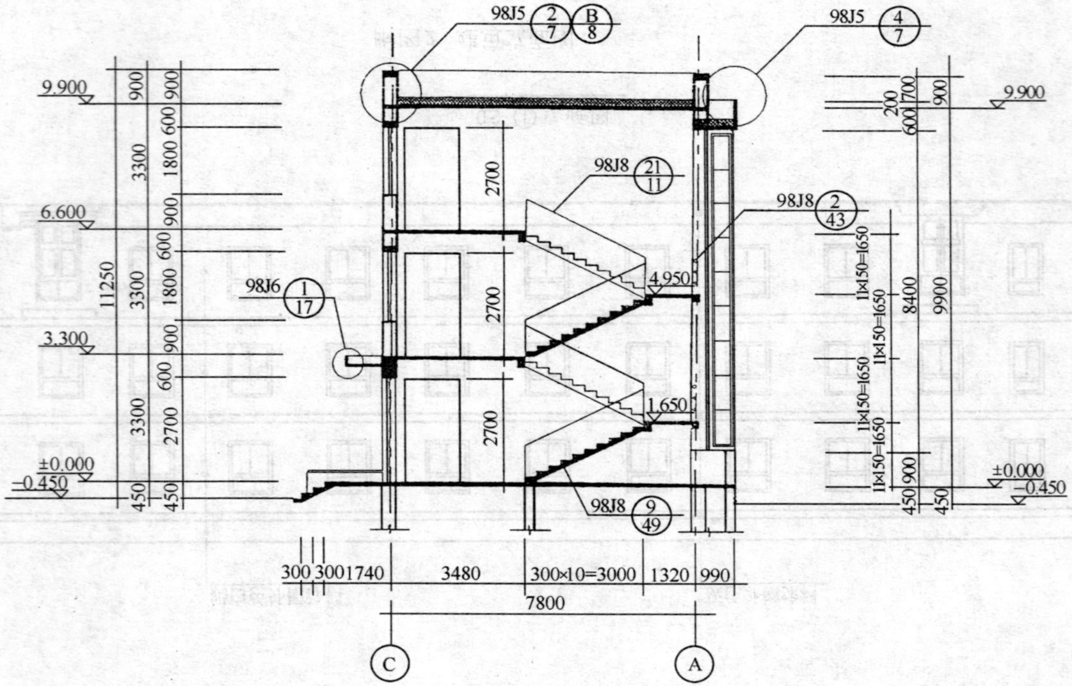

1—1 剖 面 图

附图3 建筑剖面图

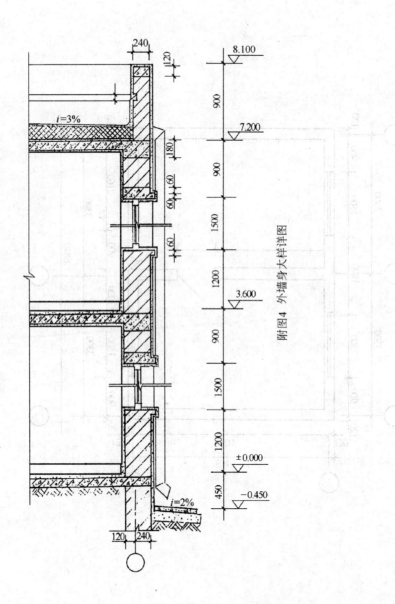

附图 4 外墙身大样详图

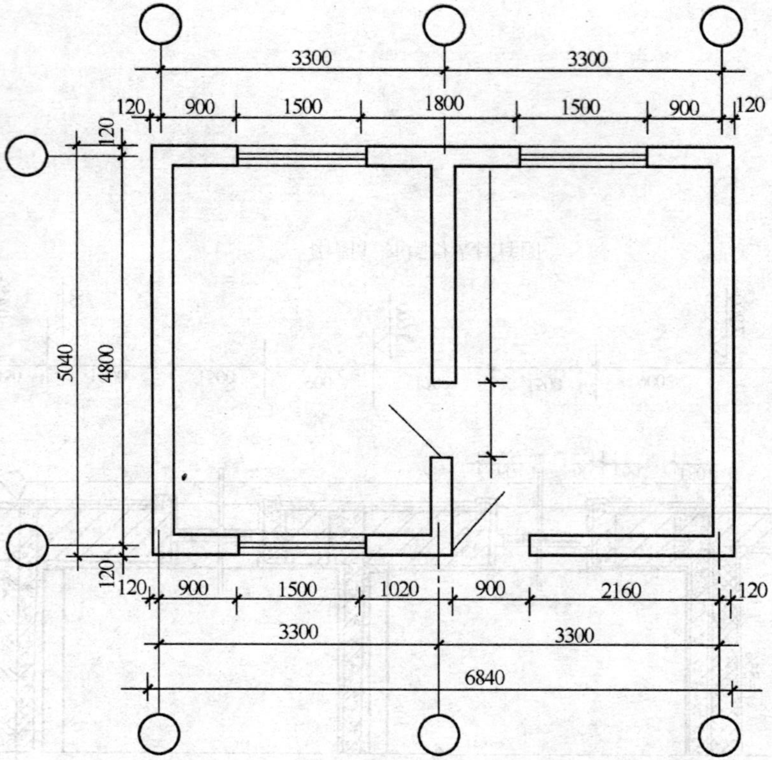

建筑面积：6.84×5.04=34.47m²

使用面积：(3.30−0.12×2)×(4.80−0.12×2)×2=3.06×4.56×2=27.91m²

结构面积：34.47−27.91=6.56m²

附图5　房屋平面图

22

（1）抄绘房屋建筑施工图安排在第一学期末进行。

（2）参观建筑工地安排在第二学期适当时间进行。

（3）测量房屋建筑安排在第二学期末进行。

2. 教师的安排

任课教师参与各实训环节的教学，并进行指导。

3. 实训基地的安排

（1）抄绘房屋建筑施工图在学校内进行。

（2）参观建筑工地在相关的实训基地进行。

（3）测量房屋建筑可在本学校或相关的实训基地进行。

（四）实训课程的实施

1. 抄绘房屋建筑施工图环节

该环节一般按以下步骤进行：

（1）布置任务，指导教师讲解有关绘图的基本要求；

（2）熟悉绘图工具的使用方法；

（3）熟悉所画图纸的基本内容；

（4）绘制建筑施工图；

（5）经检查无误后交图。

要求：每位学生要完成建筑平、立、剖面图及外墙身大样详图各一张，共计四张图纸。

2. 参观建筑工地环节

该环节一般按以下步骤进行：

（1）实习动员，讲解一些参观现场注意事项的要求，主要是安全性的问题，发放安全帽；

（2）组织学生进入建筑工地参观相应的房屋建筑，指导教师或施工现场有关技术人员进行讲解；

（3）学生撰写参观实习报告；

（4）整理上交参观实习报告。

要求：每位学生要写出一份参观实习报告。

3. 测量房屋建筑环节

该环节一般按以下步骤进行：

（1）实习动员，指导教师讲解相关实习要领；

（2）熟悉有关测量仪器；

（3）分组进行房屋建筑的测量，并画出草图；

（4）对草图进行检查整理；

（5）经检查无误后，按要求绘制出标准图纸；

（6）计算出所测房屋建筑的建筑面积、使用面积、结构面积；

（7）检查无误后交图。

要求：每位学生要完成一张房屋建筑平面图及计算各种面积的过程、结果。

（五）实训考核办法及成绩比例

1. 考核方法

实训课的成绩是一项综合成绩,一般根据以下几个方面的情况进行考核:

(1)学生参加实训课的出勤情况;

(2)学生参加实训课的表现情况;

(3)实训成果的质量水平情况。

根据以上三个方面的成绩进行综合,给出最后实训课的总成绩。

2. 综合成绩

上述三个方面所占成绩的比例及实训课成绩评定见表2-4。

实训课成绩评定表 表2-4

班 级		日 期		教师签字	
实训环节内容					
学生姓名	出勤20%	表现30%	成果50%		综合成绩

3. 对学生所完成的成果的要求

(1)抄绘的房屋建筑施工图应图面干净,画出的图样应符合制图标准的要求;

(2)撰写的参观实习报告应书写工整,语言通顺,论述正确;

(3)测量房屋建筑应准确,画出的图纸图面应清晰,符合要求,计算准确。

(六)课时分配

该实训环节共计80学时,课时分配见表2-5。

实训环节课时分配表 表2-5

序 号	实训环节内容		学 时 数	备 注
1	抄绘房屋建筑施工图		40	
2	参观建筑工地		24	
3	测量房屋建筑	熟 悉 仪 器	4	
		测 量 画 图	12	
4	总 计		80	

四、建筑设备运行管理实训课程实施方案

(一)实训课程的目的

通过该实训课程的教学,达到以下目的:

(1)使学生掌握水、暖、电三方面的基本知识,能够对建筑的设备路线布置有全面了解。

(2)理论和实践相结合,提高设备实际管理能力,能解决工作中出现的一般问题。

(二)实训课程的内容

1. 抄绘水、暖、电的平面图和系统图(2号图纸4张)。

(1)室内给排水施工图

室内给排水施工图应包括的内容有:

1)室内给水系统 由入户管、水表节点、管道系统、给水附件、升压贮水设备、消防设备等组成,其布置形式采用下分式(下行上给式)、上分式(上行下给式)、中分式或环绕式等,敷设方式采用明装或暗装,给水方式采用直接给水方式、设水箱给水方式、分区给水方式、气压给水方式或设水池、水泵、水箱的给水方式等。

2)室内排水系统 室内排水系统是由卫生器具、排水管道系统(器具排水管、横支管、立管、横干管等)、排出管、通气管、清通设备(清扫口、检查口、检查井等)、特殊设备(化粪池、隔油池)等组成。室内给排水施工图,见附图6~附图9。

　　附图6:首层给排水平面图

　　附图7:二、三层给排水平面图

　　附图8:J_1给水系统图

　　附图9:P_1P_2排水系统图

3)消防给水 室内消火栓系统由消防管道、室内消火栓设备(消火栓、水龙带、水枪等)、室外露天消火栓、高位水箱、消防水泵、水泵结合器等组成,布置时要保证所要求的水柱同时到达室内任何角落,不允许有死角。

(2)室内采暖施工图 热水采暖系统按照水循环的动力不同分为自然循环热水采暖系统和机械循环热水采暖系统两种。室内采暖施工图,见附图10~附图13。

　　附图10:首层采暖平面图

　　附图11:二层采暖平面图

　　附图12:顶层采暖平面图

　　附图13:采暖系统图

(3)室内电气施工图 室内电气施工图,见附图14~附图17。

　　附图14:供电系统图

　　附图15:首层照明平面图

　　附图16:二层照明平面图

　　附图17:三层照明平面图

2. 参观了解住宅小区水、暖、电实际路线、运行及小区集中空调系统;参观高层建筑的消防设施和运行;撰写实习报告。参观的住宅小区应为多层或高层建筑,每层居室中应各有一卫生间和厨房。

集中空调系统简介:集中空调系统是由回风风机、加热器、表冷器、喷水室、送风机、过滤器等组成。根据系统送风量是否变化可分为定风量系统和变风量系统。该系统设备集中,

25

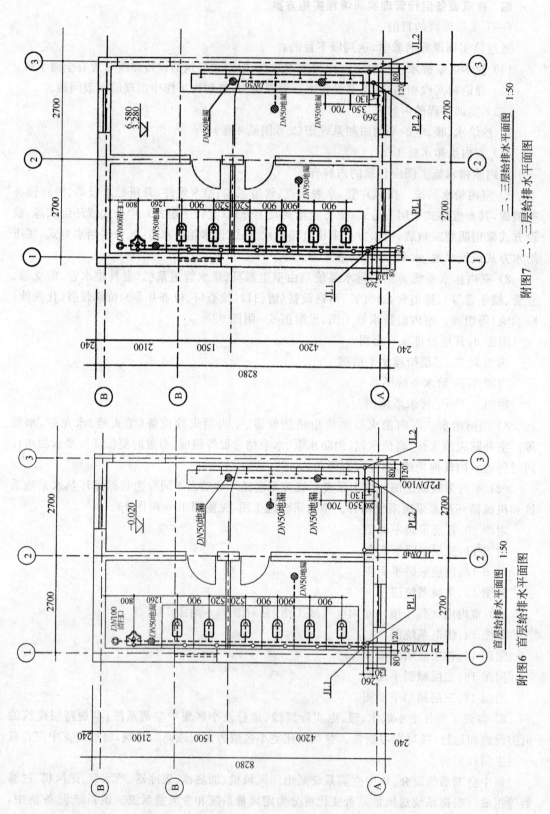

附图7 二、三层给排水平面图

二、三层给排水平面图 1:50

首层给排水平面图 1:50

附图6 首层给排水平面图

26

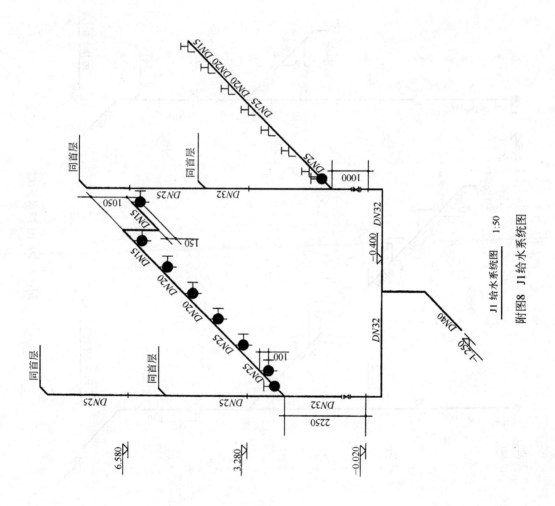

J1 给水系统图　1:50

附图8　J1 给水系统图

27

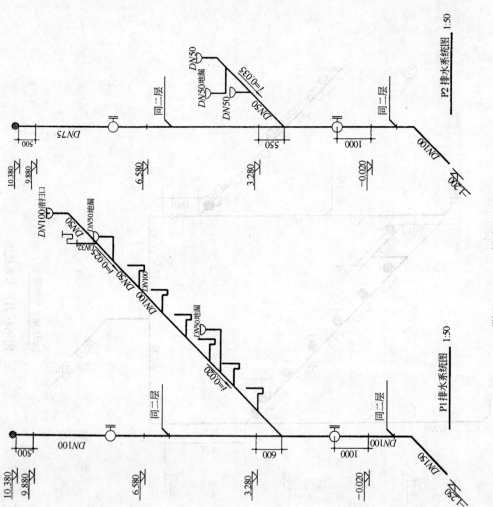

附图9 P1、P2 排水系统图

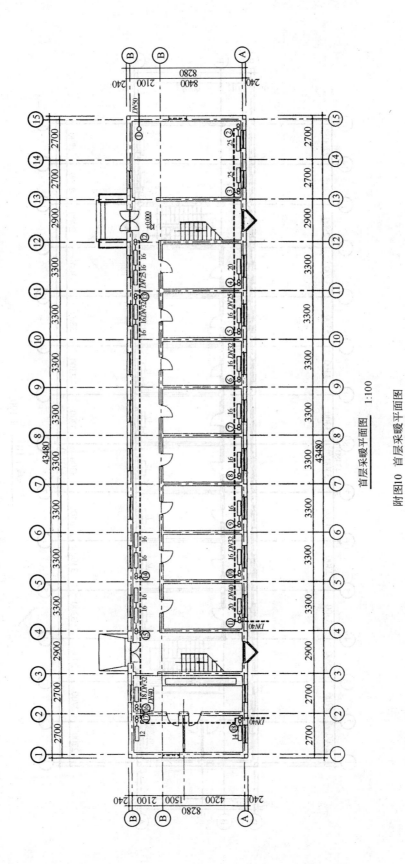

首层采暖平面图　1:100

附图10　首层采暖平面图

29

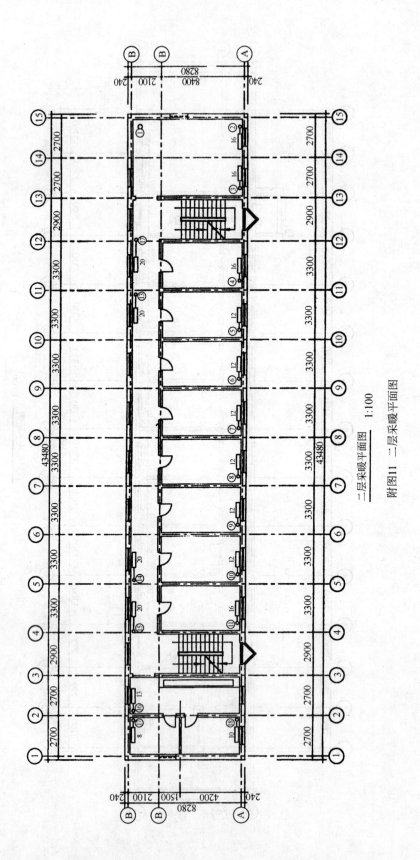

二层采暖平面图　1:100

附图11　二层采暖平面图

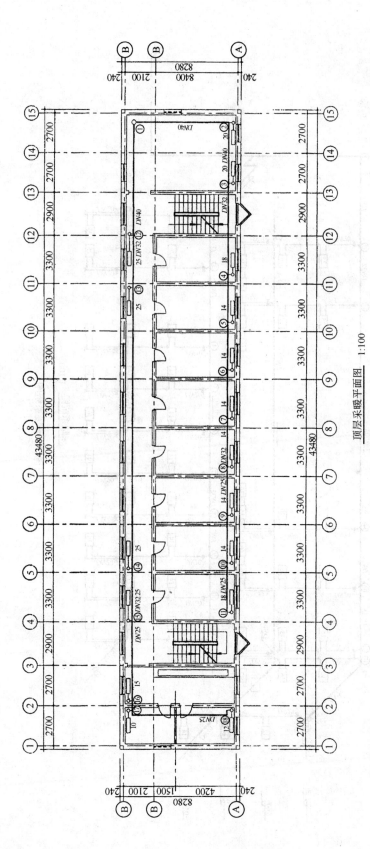

顶层采暖平面图   1:100

附图12 顶层采暖平面图

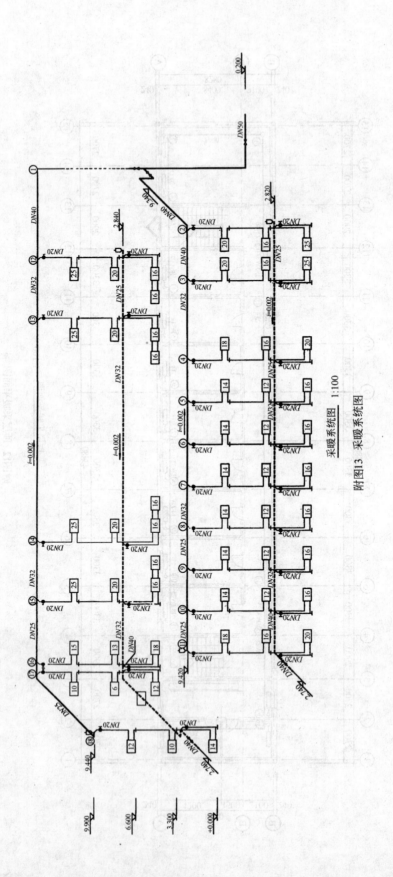

采暖系统图 1:100

附图13 采暖系统图

32

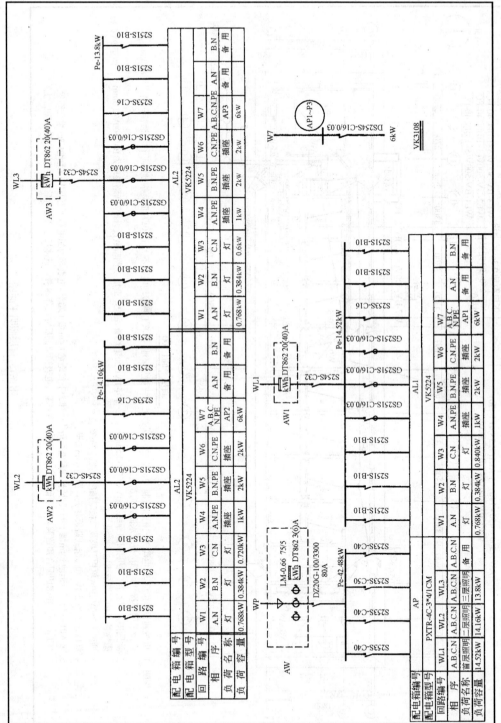

附图14 供电系统图

33

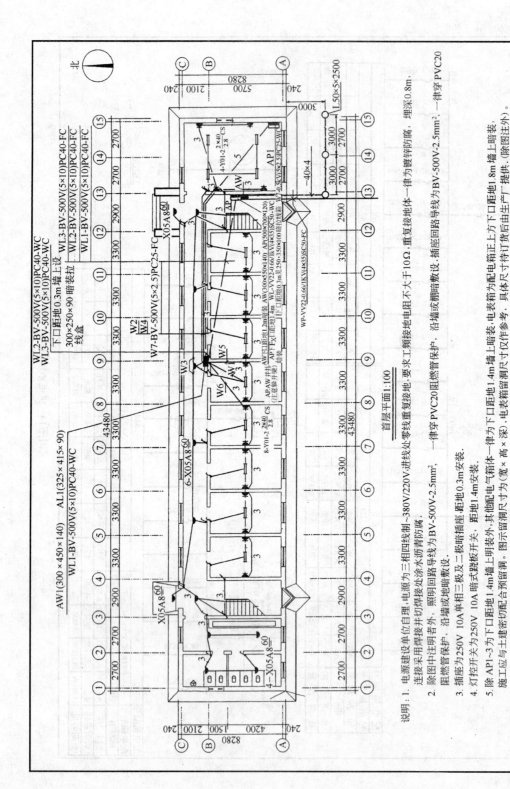

首层平面1:100

说明：1. 电源建设单位自行处理。电源为三相四线制~380V/220V进线处接零线重复接地。要求工频接地电阻不大于10Ω，重复接地体一律为镀锌防腐。
连接采用焊接并切焊接处涂水沥青防腐。埋深0.8m.

2. 除图中注明者外，照明回路导线为BV-500V-2.5mm²，一律穿PVC20阻燃管保护，沿墙或棚顶暗敷设。插座回路导线为BV-500V-2.5mm²，一律穿PVC20
阻燃管保护，沿墙或地暗敷设。

3. 插座为250V 10A单相三极及三极暗装南座，距地0.3m安装。

4. 灯控开关为250V 10A暗装翘板式跷板开关，距地1.4m安装。

5. 除AP1~3为下口距地1.4m墙上明装外，其他配电箱体一律为下口距地1.4m墙上暗装。电表为箱为电表箱正上方下口距地1.8m墙上暗装。
施工应与土建密切配合顶留洞。图示留洞尺寸为（宽×高×深）。电表箱留洞尺寸仅作参考，具体尺寸待订货后由生产厂提供。（除图注外）。

附图15 首层照明平面图

34

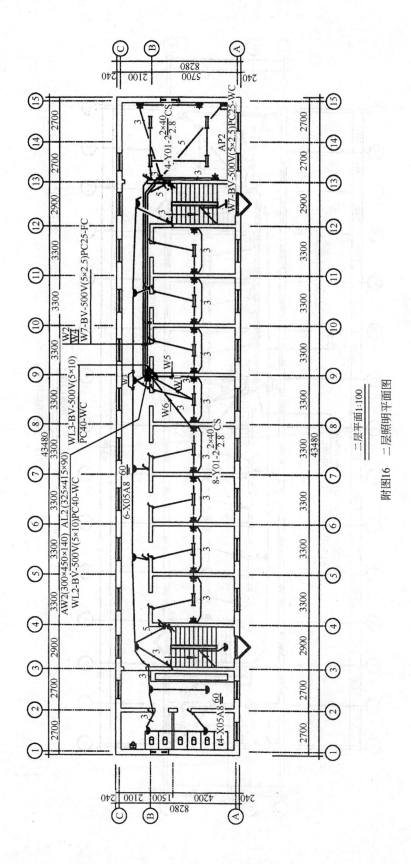

二层平面1:100

附图16 二层照明平面图

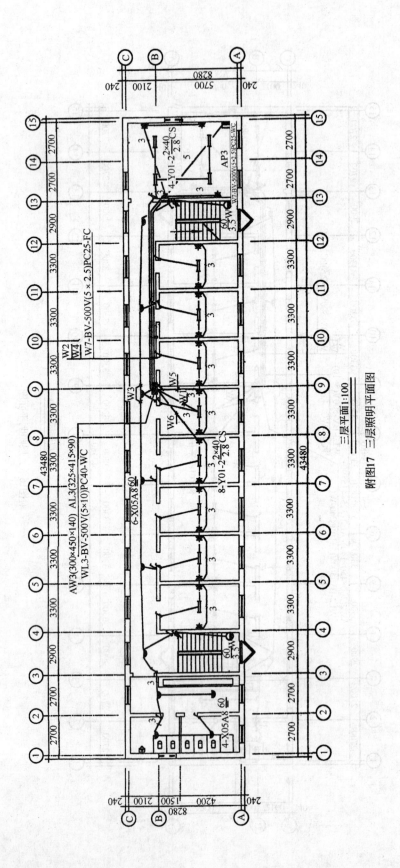

三层平面1:100

附图17 三层照明平面图

36

维护管理方便,房间可分别控制。

(三)实训课程的实施安排

1. 教师安排

该实训环节的指导教师由任课教师和物业管理企业专业工程师担任。

2. 实训基地安排

安排学生到实习基地参观住宅小区多层和高层建筑。

3. 学员及实训内容的安排

学生在室内绘图 25 学时;集中参观讲解 15 学时。

(四)要求

(1)绘图要求线型、字体和准确度,并能依图回答问题,掌握水、暖、电施工图的阅读方法。

(2)通过参观能够提出问题,加深对建筑设备基本知识的掌握,了解设备运行注意事项和要求。

(五)考核办法及成绩比例

1. 考核办法

(1)绘图成绩:图面成绩和问答成绩两部分组成。

(2)参观实习成绩:书写参观实习报告 1500 字以上。

2. 成绩比例

(1)绘图成绩:60%;

(2)参观实习成绩:40%。

五、楼宇自动化实训课程实施方案

(一)实训课程的目的

楼宇自动化是当今新兴的一项技术,其实用性非常强。所以该实训课程就是本着这一原则,使学生在学好基础知识的同时,重点在于通过实训课程提高学生的动手能力,培养出全面合格的人才。该实训课程要达到的目的如下:

(1)通过现场教学,了解楼宇自动化的具体知识(3A)以及最新科技发展的动态;

(2)利用实训现场的各种设备与书本所学知识相结合,巩固加深书本知识的理解;

(3)针对自动化设备进行分析,掌握某些设备及软件的正确使用及设计原理;

(4)结合在实训基地所学所看,学生自己进行简单的设计构想;

(5)为学生在今后物业管理工作中提高综合管理能力打下坚实基础。

(二)实训课程内容

本实训课程的具体环节包括:

1. 了解及掌握初级电工技术基础

(1)认识常见的电路元器件,能够绘制简单的电路图,能够识别较复杂的电路图。了解传感器电路、继电控制电路、保护电路及低压配电电路的设计原理。

(2)学会使用常用的电工工具。

2. 了解某些智能卡技术的具体应用

在楼宇自动化实训中须认识以下三种卡的基本功能:

(1)磁条卡:这种卡类似于银行使用的储蓄卡,卡片上附有磁条可以存储大量信息及用户所编制的相关程序。

（2）光学卡：这种卡结构简单，在其表面上有一定图案的孔洞组成。但其密码可见，较容易伪造。

（3）集成电路块卡（IC卡）：此种卡包括集成电路微处理器及一些存储单元。直到现在这种卡仍无法伪造，所以在门禁系统中得到广泛的应用。

（4）感应卡：非接触的IC卡，只须接近读卡机就能检测，这种卡使用方便但安全性低。

3．参观建筑安全系统

（1）火灾自动报警与控制系统

主要实践内容有：报警系统的工作原理，包括最基本的电源、探测器、控制器及报警装置；认识相应的灭火控制装置，根据实际现场情况学习自动报警的探测器、手动报警器和自动喷水灭火系统的安装及使用。

（2）楼宇安全防范系统

主要实践内容有：楼宇安全防范系统的组成（如：闭路电视系统、防盗报警系统、巡更系统、访客对讲或可视）；防盗入侵探测系统包括：门磁开关、光束遮拦式探测器、被动红外探测器的安装及使用；简单了解闭路电视系统的使用方法。

4．停车库管理系统

实践内容包括：停车与收费的基本原理及管理操作程序，学员要与停车库管理收费人员一起进行实际操作。

5．全面了解智能化住宅、智能化大厦的设备维护及管理

根据实训现场的情况，了解智能化住宅、智能化大厦的设备维护及人员的调配管理。

（三）实训课程实施安排

1．时间安排

本实训课程应在理论知识讲解完成后剩余出两周时间来完成，每天实训时间为4学时，剩余时间完成总结及实训内容报告。其中共5项实训内容，每项有两天时间。

2．教师安排

由任课教师结合物业管理专业人员进行现场讲解与指导。

3．实训基地安排

安排在校外不同的实训基地进行实训。

（四）实训课程要求

学员要分成若干小组进行实训，其实训内容可以交叉进行，实训以参观认识为主，重点在于了解其原理，并掌握所讲的内容，各项实训结束后学生要写出相应的实训报告（简述实训内容，300字以内）。实训全部结束后须写出总的报告（不少于1500字）。

（五）考核办法及成绩比例

1．考核标准

由指导教师根据学生所写报告的质量、学生表现以及实训基地意见的反馈评定成绩，并按以下标准分别将各单项实训成绩评定为优、良、中、及格、不及格。

（1）优（90分以上）：能全面完成实践任务，正确灵活综合运用专业基础知识，理论扎实，观点正确，虚心好学，每项实训报告总结全面，篇幅得体。

（2）良（80～89分）：能较好完成实践任务，能综合运用基础知识，掌握基础理论知识，

观点正确,实训较认真,每项实训报告总结较全面。

(3) 中(70～79分):能完成实践任务,掌握基础知识及理论知识程度一般,实训态度一般,每项实训报告总结情况一般,但是基本达到要求。

(4) 及格(60～69分):能基本完成实践任务,掌握基础知识及理论知识程度一般,实训态度一般,每项实训报告能总结出该实训的内容。

(5) 不及格(60分以下):不能按要求完成实践任务,基础知识不扎实,观点不正确或有错误,各项实训报告不能正确反映出所学内容。

最后总的实训报告按照以下几个标准给出分数:是否全面总结出各项实训内容,将具体操作与所参观了解的信息写清楚;是否将实训的具体内容与书本知识点相结合,体现科技含量;是否有自己的心得与体会;篇幅得当,字迹清晰。

2. 成绩比例

(1) 学生表现及实训基地意见反馈　　　　30%;

(2) 实训报告(不少于1500字)　　　　　　70%。

(六)课时分配

各实训环节分配课时如下:

(1) 掌握初级电工技术基础:8学时。

(2) 了解某些智能卡技术的具体应用:8学时。

(3) 参观建筑安全系统及了解其设计原理:8学时。

(4) 参观停车库管理系统及了解其设计原理:8学时。

(5) 全面了解智能化住宅、智能化大厦的设备维护及管理:8学时。

六、物业管理预算实训课程实施方案

(一)物业管理预算实训课程目的

锻炼学员专业知识与实际物业管理项目的结合能力。通过现场实际操作,使学员能够基本掌握编制物业管理预算的技能,提高物业管理的经营管理能力。

(二)物业管理预算实训课程各项内容及目的

1. 了解拟定物业项目的概况

可通过招标文件及物业管理合同或协议等文件了解。

2. 进行拟定物业项目现场的踏勘

到拟定物业项目现场了解物业项目的实际情况,包括:业主概况、机动车数量、现场的布局、设备设施配备、道路走向、绿化情况、可利用的场地、停车场的位置面积等。

3. 进行同类物业项目的市场调查

了解同类物业项目的管理情况,包括:组织结构、人员的配备、收费标准、管理内容及标准要求等。

4. 对已拟定的物业项目的管理方案进行确认

了解已拟定的物业项目的管理方案内容,包括:组织结构、人员的配备、有关地方的收费标准、管理内容及标准要求等。

5. 对拟定物业项目管理方案的预算费用进行测算

按照拟定的管理方案所确定的组织结构、人员的配备、管理内容及标准要求等进行各项成本费用的测算,并与有关地方的收费标准对照,以确定是否满足要求。

（三）物业管理预算实训课程的安排及课时分配（表2-6）

表 2-6

项目 各阶段内容	时间安排	教师的安排及课时分配	实训基地的安排	备注
1. 了解拟定物业项目的概况	一天	教师用4学时讲解方法	拟定物业项目可以指定或自报	4～5人/组
2. 进行拟定物业项目现场的踏勘	一天	教师用4学时讲解、4学时指导对现场的踏勘的总结	针对拟定物业项目或自报物业项目	4～5人/组
3. 进行同类物业项目的市场调查	两天	教师用4学时讲解指导对同类物业项目的市场调查要求	针对拟定物业项目或自报物业项目确定	4～5人/组
4. 进行拟定物业项目的管理方案的确认	一天	教师用4学时讲解指导管理方案的确认方式	针对拟定物业项目或自报物业项目	4～5人/组
5. 进行拟定物业项目管理方案的预算费用的测算	两天	教师用4学时讲解预算费用的测算，12学时指导	针对拟定物业项目或自报物业项目	4～5人/组

（四）物业管理预算实训课程的实施（表2-7）

表 2-7

项目 实施步骤	如何实现	要求及注意事项	备注
1. 了解拟定物业项目的概况	教师讲解方法并指导、分组实施	了解招标文件及物业管理合同或协议等文件要求	
2. 对拟定物业项目现场的踏勘	教师提出对现场的踏勘要求和指导，分组实施	了解物业项目的现场实际情况，包括：现场的布局、实施设施配备、道路走向、绿化情况、可利用的场地、停车场的位置面积等	
3. 进行同类物业项目的市场调查	教师讲解如何对同类物业项目进行市场调查的要求，分组实施	了解同类物业项目的管理情况，包括：组织结构、人员的配备、收费标准、管理内容及标准要求等	
4. 对拟定物业项目管理方案的确认	教师讲解管理方案的确认方式，每位学生分别独立实施	了解物业项目的拟定管理方案，包括：组织结构、人员的配备、有关地方的收费标准、管理内容及标准要求等	
5. 对拟定物业项目管理方案预算费用的测算	教师讲解预算费用的测算要求，每个人实施	按照拟定的管理方案所确定的组织结构、人员的配备、管理内容及标准要求等进行各项费用的测算，并与相关地方的收费标准对照，以确定是否满足要求	

（五）物业管理预算实训课程的考核

1. 物业管理预算实训课程的考核方式

从实施过程的表现和各阶段的书面结果两方面进行考核，各部分分别占20％和80％。（各阶段的书面结果见2中内容）

2. 物业管理预算实训课程的考核标准(表 2-8)

表 2-8

项目 实施步骤	文 字 说 明	评分标准	备 注
1. 了解拟定物业项目的概况	能准确描述拟定物业项目的管理要求	5 分	
2. 进行拟定物业项目现场的踏勘	能全面记录物业项目的现场实际情况,包括:现场的布局、实施设施配备、道路走向、绿化情况、可利用的场地、停车场的位置面积等	5 分	
3. 进行同类物业项目的市场调查	能够清楚描述同类物业项目的管理情况和要求,包括:组织结构、人员的配备、收费标准、管理内容及标准要求等	10 分	
4. 进行拟定物业项目的管理方案的确认	能合理确定物业项目的拟定的管理方案,包括:组织结构、人员的配备、有关地方的收费标准、管理内容及标准要求等	10 分	
5. 进行拟定物业项目管理方案的预算费用的测算	能够按照拟定的管理方案所确定的组织结构、人员的配备、管理内容及标准要求等准确测算各项费用的测算,并能满足有关地方的收费标准要求	50 分	
6. 实施过程的表现	保证出勤,积极认真,文字整洁清楚	20 分	
7. 合计		100 分	

(六) 课时分配

共七天(详见物业管理预算实训课的安排及课时分配)

附录 1 了解拟定物业项目的概况(表 2-9)

表 2-9

物业项目名称		项目的地点	
管 业 面 积		开发商或业主	

物业项目的概况

组 别		学 员 姓 名	

附录 2 物业项目现场的踏勘记录(表 2-10)

表 2-10

物业项目名称		项目的地点	
现场踏勘时间			

物业项目现场的踏勘记录

组 别		学 员 姓 名	

附录 3　同类物业项目的市场调查记录（表 2-11）

表 2-11

物业项目名称		市场调查项目的地点	
管 业 面 积		开发商或业主	

市场调查记录

组　　别		学 员 姓 名	

附录 4　对拟定物业项目的管理方案的确认记录（表 2-12）

表 2-12

物业项目的名称		项目的地点	
管 业 面 积		开发商或业主	

管理方案的确认记录

1. 组织结构图

2. 人员构成

3. 其他

组　　别		学 员 姓 名	

附录 5　对拟定物业项目管理方案的预算费用的测算过程记录（表 2-13）

表 2-13

物业项目的名称	

预算费用的测算过程记录

组　　别		学 员 姓 名	

七、物业管理实务实训课程实施方案

（一）目的要求

物业管理实务是物业管理专业的职业技能课，设置本课程旨在使学生初步了解行业面临的一些理论和实践问题，如在转换经营机制过程中，如何突出以人为本，提高服务质量与标准问题；如何处理好物业管理企业与开发商、业主及政府主管部门的关系；如何根据不同的物业制定管理方案，编写物业管理招标书及投标书等问题，并为解决这些问题，分析探索一些途径和办法，为以后的岗位操作实习打下基础。

（二）课程内容

1. 物业管理服务费的测算

了解物业管理企业的资金运动过程；财务管理中成本、费用、利润的内容及基本要求。在此基础上测算物业管理服务费。

2. 物业管理项目的参与

该部分教学环节的内容包括:物业管理招投标,制定物业管理方案、物业管理前期服务合同、物业管理服务合同、业主公约、物业的接管与验收及经营与管理等。

物业管理方案的水准将直接影响物业管理的效果,物业的验收与接管是搞好物业管理的基础,齐备的管理合同是搞好物业管理的法律保障;搞好物业的经营与管理可保证实现物业管理的社会效益、环境效益、经济效益。

3. 物业管理中的常规管理

了解物业管理的常规管理内容,掌握日常管理的基本手段与方法。主要包括人力资源管理、保安管理、环卫管理、绿化管理、综合保险等常规管理中各项工作的重点及措施。

4. 物业管理中的工程管理

熟悉物业中的建筑物、设备设施的内容,掌握物业主要设备设施的管理。

通过以上实训教学环节的教学,使学生对物业管理既有理性认识又有感性认识,能够处理一些物业管理中的问题,有制定物业管理方案及标书的能力,熟悉物业管理中的主要工作,认识到物业设备的内容及其管理的重要性,使学到的知识能直接运用到物业管理实践中。

(三)实训课程实施安排

(1)学校选派一名具有"双师"资格的专业指导教师负责指导实训教学。

(2)实训教学安排在不同的实训基地进行。

(3)根据教学计划和教学大纲的要求,将学生进行分组,并安排到不同的实训基地。

(四)实训课程要求

(1)学生在教师的指导下,完成各项实训内容;

(2)学生要遵守实训基地的各项规章制度。

(五)具体实施方案

(1)在实训前向学生布置实训内容;

(2)将学生分为若干个组,并安排到不同的实训基地;

(3)实训结束后总结、交流学习心得,完成物业管理方案的制定。

(六)物业管理方案撰写的主要内容

1. 物业项目介绍

主要包括物业管理公司接管项目的地理位置、规模、建筑风貌、物业档次及业主概况、入住率等内容。

2. 物业公司基本情况

主要介绍物业管理公司的企业制度、企业文化、人员素质及构成等内容。各组学员可自拟公司。

3. 物业管理公司对接管项目的管理设想

(1)物业管理公司对接管项目实施物业管理的发展目标、提高管理服务水平的措施以及公司未来的发展战略的规划设计;

(2)对接管项目实施物业管理的组织机构设置、管理人员与物力资源配置、公司运作流程规划设计;

(3)接管项目的财务收支预算及经济分析;

(4)物业管理公司的多种经营服务的构想;

（5）接管项目的档案管理,内容包括档案移交接收程序、物业档案建立及管理、使用等内容;

（6）社区文化建设。

4. 物业管理公司管理规章制度

内容包括物业管理公司管理运作制度和公司内部岗位职责。

5. 物业管理区域公众制度

内容包括业主公约、园林绿化管理规定等内容。

6. 业主（或物业使用人）管理

内容包括住户（使用人）手册、入住程序、装修管理协议、车辆进入小区管理规定及违章事项等内容。

（七）实训考核办法及成绩比例

1. 考核办法

（1）要求学生分组制作物业管理模拟招投标管理方案;

（2）组织物业管理模拟招投标大会,由专业老师和学生代表组成评委会,评出最优方案中标。

2. 成绩比例及考核评分标准（表 2-14～表 2-16）

该部分主要是针对物业管理方案而言的。

物业管理方案评分表 表 2-14

小组序号:

序号	方案内容 物业管理	撰写人	得分	备注
1	管 理 方 式			
2	人 员 配 备			
3	规 章 制 度			
4	服 务 内 容			
5	服 务 标 准			
6	公共契约、住户手册			
7	财 务 计 划			
8	装 备			
9	承诺及优惠条件			评分人签字:
10	管 委 会 工 作			
11	社 区 文 化			
合 计				

宣讲物业管理方案平分标准表 表 2-15

序 号	项 目	分 数 域	所需考虑问题提示
1	时间掌握能力	0～20分	1. 占用时间为 15min,回答招标方提问 5min 2. 误差不超过 10s 给满分 3. 时间已到未讲完扣 5 分,提前讲完每提前 1min 扣 2 分

序 号	项 目	分数域	所需考虑问题提示
2	逻辑思维能力	0～40分	1. 重点突出　　2. 条理性强　　3. 逻辑推理正确
3	语言表达能力	0～20分	1. 吐字清晰　　2. 语言简练、规范　　3. 无赘语
4	遵守纪律情况	0～10分	无违纪现象
5	仪　　表	0～10分	1. 着装整洁　　2. 修饰得体　　3. 举止大方
合　计		0～100分	

回答问题评分标准表　　　　　　　　　　　　　　表 2-16

序 号	项 目	分数域	所须考虑问题提示
1	时间掌握能力	0～20	1. 占用时间为 15min。2. 超过时间在 10s 内给满分。3. 时间已到未讲完扣5分。4. 每提前讲完 1min 扣2分
2	理 解 能 力	0～20	能正确理解评委所提出的问题,针对问题进行回答
3	逻辑思维能力	0～20	1. 重点突出　　2. 条理性强　　3. 逻辑推理正确
4	对有关法律法规的掌握程度	0～20	1. 熟悉有关法规　　2. 回答问题有法可依
5	语言表达能力	0～10	1. 吐字清楚　　2. 语言简练、规范　　3. 无赘语
6	遵 守 纪 律	0～10	无违纪现象
合　计		0～100	

(八) 课时分配(表 2-17)

表 2-17

序 号	课 程 内 容	课 时 分 配
一	物业管理中的财务管理	6
二	物业管理中的项目参与	10
三	物业管理中的常规管理	10
四	物业管理中的工程管理	2
五	模拟招投标方案制作及考评	100
合　计		128

八、公共关系与社区文化实训课程实施方案

(一) 实训教学目的

"公共关系与社区文化"是物业管理专业基础必修课,它是一门综合性的应用科学。这门课程的主要特点是:一是学科新、发展快;二是理论与实践密切联系;三是综合性强,多功能。

本着目前社会对复合型人才的需求、对人才应用型、技术型、技能型的需求,公共关系与社区文化实训课程是物业管理专业的学员在学习了解公共关系基础知识、掌握公共关系基本原理的基础上,通过公关策划、公关调查等形式的锻炼,使学员在语言表达能力、文字表达能力、组织策划实施专项公共关系活动的能力、应变能力和分析能力等方面得到训练和提高。同时,在学习训练过程中充分体会"形象工程、品牌工程、企业文化"在市场经济中的作用及操作。

（二）实训教学内容

1. 公共关系策划

公共关系策划就是根据组织形象的现状和目标要求，分析现有条件，谋划、设计公共关系战略、专题活动和具体公共关系活动最佳行动方案的过程。公共关系的竞争就是公共关系策划的竞争，公共关系策划不仅处于公共关系工作程序的核心地位，而且是整个公共关系工作成败优劣的关键。

公共关系专题活动策划流程图（图 2-1）：

立项　→①　调查　→②　确立目标　→③　文案工作　→④　决策　→⑤
　　　　　　　　　　确认对象　　　　公众意见、反馈

图 2-1　公共关系专题活动策划流程图

成功的公关策划＝组织目标＋公众心理＋信息个性＋审美情趣

一份完整的策划方案应具备 5W、2H、1E：

Who(谁)——策划的组织者、策划者、策划所涉及的公众

What(什么)——策划的目的和内容

When(何时)——策划实施时机

Where(何处)——策划实施地点

Why(为何)——策划的缘由

How(如何)——策划的方法和实施形式

How much(多少)——策划的预算

Effect(效果)——策划结果的预测

一份策划文案的基本格式大致包括：

（1）封面。（题目、策划人、策划完成日期）

（2）序文。

（3）目录。

（4）正文。（活动背景分析、活动主题、活动宗旨和目标、活动基本程序、传播与沟通方案、经费预算、效果预测。）

（5）附件。（活动工作日程推进表、人员职责分配表、经费开支明细预算表、活动所需物品一览表、场地使用安排表、注意事项、相关材料）

2. 公共关系调研

公共关系调研是运用科学的方法，有计划、有步骤地去考察组织的公共关系状态，收集必要的资料，综合分析相关的因素及其相互关系，以达到掌握组织的情况，解决组织面临的公共关系方面的实际问题为目的的实践活动，是公共关系工作程序的第一步。

问卷调查法是调研中最科学、最准确、最难掌握的方法之一。首先学员要依据公共关系调研问卷的设计原则进行问卷设计，并亲自进行问卷调查，在调研过程中体会与不同被访者沟通的技巧，最后进行问卷的回收及分析，并撰写调研报告。

四种问卷对比见表 2-18。

表 2-18

项　目	自 填 问 卷			代 填 问 卷
	发 送 问 卷	报 刊 问 卷	邮 政 问 卷	访 谈 问 卷
调研范围	较　窄	较　广	较　广	较　窄
调研对象	可控制和选择、对象过于集中	难以控制和选择、代表性差	有一定控制和选择、代表性难以估计	可控制和选择
影响因素	有一定了解、控制和判断	无法了解、控制和判断	难以了解、控制和判断	便于了解、控制
回答质量	较　低	较　高	较　高	不　稳　定
回复率	较　高	很　低	较　低	高
投入人力	较　少	较　少	较　少	较　多
费　用	较　低	较　低	较　高	高
时　间	较　短	较　长	较　长	长

3. 公共关系演讲

在人际交往中可以采取的形式多种多样,其中,演讲是最重要的形式之一。对于现代社会的高素质人才来说,具有公关演讲的知识和能力、掌握公关的演讲艺术是至关重要的。

培养演讲口才是每位学员都应该认真完成的训练内容。

"读"是"背"和"诵"的基础,而"背"又是"读"的发展,是熟记的主要手段。多背名篇、名段、名句,积少成多,便会出口成章。"诵"是"背"的艺术化。在诵中要练习抑扬顿挫、高低快慢和喜怒哀乐的语调,倾注全部的感情。"讲"是使用。多讲,反复讲,不仅能熟记事物,而且能养成好习惯。

初次演讲的人,都会有胆怯的心理。这是内心恐惧的表现。对待胆怯的方法有:对演讲材料作充分准备、增强自信驱除胆怯、多争取机会练习、多锻炼即兴演讲。

锻炼语言要从锻炼思维入手。语言上拖沓累赘是思维混乱的结果;语言精练是思维严谨、概括力强的表现。只有通过长时间的锻炼,才能使语言有魅力。

演讲的时间安排具有时效性。在 45min 的演讲中,信息接收者的最有效时间是前面 15min,而之后的 30min 收益极浅。因此,演讲的时间应控制在 15min～20min 内。若要超越,应尽量安排中间休息。

$$感情表达＝7\%语言＋38\%语音＋55\%态势$$

4. 公共关系书法

人所共知,书法是中国独有的一种高雅艺术。为什么中国的书法艺术有这么大的魅力呢?因为中国的书法有着育德、启智、健身、审美等诸多方面的功能。开设公共关系书法实训内容正是从书法训练过程中找到了提高学生诸多方面素质的契合点,使学生真正成为德才兼备的高素质人才。

中国人用毛笔写字至少已有两千多年的历史,随着社会的发展,毛笔书法虽仍具有实用价值,但更多的却是被人们用来欣赏。钢笔的发明较迟,传入我国也只有百余年的历史。用钢笔写字既方便又实用,所以如今的许多院校已将写好规范字列入素质教育的重要内容。

一般来说,日常书写的字体分为实用性字体和欣赏性字体。从目前社会功能看,钢笔字可称实用性字体。对于学员来讲最主要的实用性则表现在就业求职的填表,这时的书法实用性代表了求职成功率的一部分。更多的实用性则表现在工作中,在这个办公设备发达的社会里,漂亮的书写字体能给人深刻的印象,给自己创造更多的机会。

钢笔行书应遵循一定的章法:

无地左右

无论毛笔书法或是钢笔书法,无论横写或是直写,先要留好天地左右的位置。"天"指纸的上端空白。"地"指纸的下端空白。"左"和"右"分别指纸的左边和右边的空白。天地左右留得过多过少都不妥。一般地说,直幅作品中"天"、"地"空白总要比"左"、"右"空白多留一些,横幅作品中"左"、"右"空白总要比"天"、"地"空白多留一些。

齐与不齐

直式书写的行书作品中,右边第一行字基本上齐平,而左边不必而且不可变平,一般正文的末行下要空出几个字的位置,好落款、款字的上下也要空出几个字的位置,这样左边就不会齐平了,这叫"右齐左不齐"。每一行上边第一个字左右大致齐平,而每一行下边最后一个字不必齐平,这叫"上齐下不齐"。

间距

行书作品中,通常字距小些,行距大些。字距小,字就显得茂密;行距大,空白多,白和黑成明显的对比,字更黑,更有神采。

就字距而言,应当有疏密变化,有些字靠得近,有些字离得远,仿佛平时走路,有时步子跨得大,有时步子跨得小。就行距而言,应当大体上一样,细看也有些差别。

呼应连贯

一幅字就是一个整体,字与字之间要有呼应关系,整幅字筋脉相连,神气一贯,仿佛是一首抒情的乐曲,使人感受到强烈的节奏和韵律。

胸有成竹

写字之前先要熟悉一下内容、估计一下纸张的大小、分作几行写、每行约写多少字、字多大、落款不落款、落单款还是双款、款写在什么部位、盖章不盖章、天地左右各留多少等等,这叫"胸有成竹"。如果急于求成,贸然下笔有可能前松后紧、前紧后松、字太大而纸太小、纸太大而字太小、无处落款盖章等等。

(三) 实训课程实施能力要求

(1) 公共关系策划部分实训环节主要通过进行专题公共关系活动策划,训练学员的文字表达能力、组织策划能力、综合协调能力等。

(2) 公共关系调研部分实训环节主要锻炼学员的与人沟通能力、集体协作能力、综合分析能力、团队精神。

(3) 公共关系演讲部分实训环节主要训练学员的自信心、语言表达能力、应变能力、逻辑思维能力,在实训中有效的得到提高,从而克服从书本到实践的胆怯心理。

(4) 公共关系书法部分实训环节主要训练学员规范书写字体。书写内容包括:学员的姓名、就读的院校全称、学员所学专业名称、学员所学课程名称等等。

(四) 实训课程实施要求

1. 公共关系策划部分实训环节学员需要完成以下内容:

（1）模拟某物业管理公司公共关系部背景资料，进行专题公共关系活动策划。

（2）分组完成策划书，并用鱼刺图表示项目分析（人流、物流、财流、信息流）。

（3）分组进行策划书答辩并完善。

2. 公共关系调研部分实训环节学员需要完成以下内容：

（1）根据本专业的某一社会热点问题设计一份调查问卷。

（2）分别选择被访者进行代填问卷调查。

（3）对回复问卷进行有效分析，同时分组撰写调查报告。

（4）座谈调查过程中与人沟通的体会。

3. 公共关系演讲部分实训环节学员需要完成以下内容：

（1）气息训练。（分读十九八七六五四三二一，连读十九八七六五四三二一，再快读十九八七六五四三二一）

（2）口齿训练。（分读"叽叽喳喳"和"淅淅沥沥"，连读"叽叽喳喳淅淅沥沥"，再快读"叽叽喳喳淅淅沥沥"）

（3）唇舌训练。（分读"劈里啪啦"和"密密麻麻"，连读"劈里啪啦密密麻麻"，再快读"劈里啪啦密密麻麻"）

（4）归音吐字训练。（绕口令）

（5）普通话训练。

（6）进行一次即兴演讲训练，以某一集体活动的感受为主题，时间不宜过长。

（7）进行一次以专业课内容为主题的自选内容命题演讲。时间控制在 5min 左右。

4. 公共关系书法部分实训环节学员需要完成以下内容：连续 24 天每天书写规范行书120 字以上。

（五）实训考核办法及成绩比例

（1）公共关系策划部分实训环节考核分两部分组成，一是策划书，二是答辩情况。

（2）公共关系调研部分实训环节考核以调研报告的质量及学员参与深度进行评定。

（3）公共关系演讲部分实训环节考核形式活泼、气氛轻松，以座谈形式进行。顺序和内容抽签决定。考评委员（学员代表和教师）根据考评标准，本着"公平、公正、公开"的原则进行打分。

评定标准：

1）内容（50%）。内容准确，有针对性。

2）仪表（10%）。服饰得体，面带微笑。

3）态势（10%）。站、行从容自如，手势动作协调。

4）礼节（10%）。注意开始、结尾礼节。

5）语言（15%）。脱稿、讲普通话、语言流畅。

6）时间（5%）。时间适宜。

（4）公共关系书法部分实训环节考核方式：每位学员在规定时间内统一纸张、统一文具、统一内容进行书写考核，对每位学员的作品随机编号，进行不记名投票评比，按得票数量评定成绩。

成绩构成及课时分配见表 2-19。

表 2-19

序 号	课 程 名 称	成 绩 构 成	课 时
一	公共关系策划	40%	20
二	公共关系调研	30%	16
三	公共关系演讲	20%	12
四	公共关系书法	10%	12
	合 计	100%	60

九、公关礼仪实训课程实施方案

（一）实训教学目的

"公关礼仪"是物业管理专业基础必修课，它是一门应用科学。本着目前社会对复合型人才的需求、对人才应用型、技术型、技能型的需求，公关礼仪实训课是物业管理专业的学员在学习了理论知识、掌握了基本原理的基础上，通过模拟训练等形式，使学员在公关礼仪方面得到训练和提高，更快的与社会接轨。

（二）实训教学内容

1. 公共关系礼仪

若要很好地进行社会交往，就要遵照礼仪的规范做事，对礼仪的原则有所认识。礼仪不仅是社会交往的一种"通行证"，而且还是体现修养水平和业务素质的一种标志。

微笑训练：收紧双唇、微露下齿、目光平视、保持该神态及表情 1min 左右。对着镜子反复练习（图 2-2）。

图 2-2 面部表情示意图

打招呼：根据不同的交际对象，分别用呼喊、点头、问候、微笑等打招呼。一般男士及年幼者应该先问候女士及年长者。

握手礼：用来表示问候、感谢和祝愿等。行握手礼时，双方各伸出右手，手心向左，手掌呈垂直状态，五指并拢，稍许一握，以三秒钟为宜，同时面带微笑、目视对方。一般女士及地位较高者先伸手，对方再去行握手礼，但不可交叉握手。

站姿：身体自然挺直、目光平视，面部与身体平行，两腿微微分开成 60°，前臂自然下垂，两手叠于脐前或垂于身体两侧。下颌微收、挺胸收腹、腰背挺直、中指贴裤缝、身体庄重挺拔。

坐姿：身体挺直，两腿合拢，双手自然放在膝上，目光平视，面带微笑，头与肩平正，双腿外间距与肩同宽，两脚平行自然着地，两脚可并膝稍分小腿或并膝双腿前后相错，女士落座时应将裙子向腿下理好。

手姿：掌心向上，上体微微前倾，不可掌心向下、指手划脚、频率过大。双手执物时，双手不可分开，应紧靠身体但不可夹紧。

打电话：面带微笑、不得同时作任何其他事情，声音清晰、音调适中、语速适当。电话接通后，将话筒置于离口2.5～3cm的位置，先道"你好！"然后通报自己的单位，必要时还应报上自己的姓名。接着应客气地询问"请问是×××公司吗？"确定号码无误，应立即通报要找的人名，若要找的人不在，则应道"谢谢，打扰了，可否请您转告××回来后给××回电话？"若通话内容十分重要，应提醒对方做好记录，并应将重要内容重复一下，引起对方的重视。

接电话：铃响两遍则应立即拿起电话，先问"你好！"然后通报单位，对来电人的各种请求应以理相待。手头备好记录本、笔，以便随时记录重要事宜。对于受话人不在，应主动询问是否有事转告，待打电话者挂断电话后，方可挂上电话。

递接名片：应将名片置于上衣内侧左边口袋内，递接名片应面带微笑，两眼平时对方，将名片正面对着对方，双手食指及拇指分别握住名片上方两角，递给对方，同时应起立，一边递一边道"我叫×××，这是我的名片。"接名片时应用双手食指及拇指握住名片下方两角，一边接一边道"谢谢！"并将名片内容读出来。若忘记带名片时，应礼貌地向对方表示歉意。

物业管理员工规范范例：

服饰着装：上班时必须穿工作服，工作服要整洁，纽扣应该扣齐，不允许将衣袖、裤管卷起，不允许将衣服搭在肩上。

服装衣袋不装过大过厚的物品，袋内物品不外露。

上班统一佩戴工作牌，工作牌应该端正地佩戴在左胸襟处。

鞋袜穿着要整洁，不允许穿鞋不穿袜，非工作需要不允许打赤脚或雨鞋。

女员工应穿肉色丝袜，男员工不允许穿肉色丝袜。

员工不允许戴有色眼镜。

女员工应淡妆打扮，但避免使用味浓的化妆品。

须发：女员工前发不遮眼，后发不过肩，不留怪异发型。

男员工后发不超过衣领，不留胡须。

员工不允许剃光头，头发要保持整洁干净。

个人卫生：保持手部干净，指甲不允许超过指头两毫米，指甲内不允许残留污物，不允许涂有色指甲油。

员工应保持身体健康、清洁、无异味，工作服应及时换洗。

上班时保持口腔卫生，保持眼、耳清洁，不允许残留分泌物。

服务：对业主服务无论何时都应微笑，热情主动。

记住业主的姓名，善于理解业主，尊重业主的隐私，尽量少干扰业主，学会赞美业主。

到业主处进行工作时，不允许乱翻乱摸，更不允许拿业主的东西、礼物。

谈话时，手势不宜过多，幅度不宜过大，不允许口叼牙签。

三人以上的对话，应使用互相都懂的语言。

不允许与业主争辩，不允许在任何场合以任何借口顶撞、讽刺、议论业主。

不讲有损物业管理公司形象的语言，不讲歧视或侮辱性语言。

在提供服务的过程中，要讲求时效性。

与业主对话时宜保持1米左右的距离。

同乘电梯：主动按"开门"钮。

电梯到达时，应站在梯门旁，一只手斜放在梯门上，手背朝外，以免梯门突然关闭，碰到业主;另一只手微微抬起放在胸前,手心朝上,五指并拢,指向电梯,面带微笑。

业主进入电梯后再进电梯,面向电梯门,按"关门"钮。

等电梯门关闭呈上升状态时,转身与梯门呈45°面向业主。

电梯停止,梯门打开后,首先出去站在梯门旁,一只手斜放在梯门上,手背朝外,另一只手五指并拢,手心向上,指向通道,面带微笑。

接待投诉、咨询:对业主的投诉或咨询要仔细聆听,不允许有不耐烦的表现。

对于投诉,应指引业主到"业主服务中心";对于误解,如可以解释清楚应尽量向业主解释;如无法解释应立即请求上司协助。

2. 求职礼仪

求职礼仪是公共关系礼仪的一种,它是求职者在求职过程中与招聘单位接待者接触应具备的礼貌行为和仪表形态规范。

求职思想准备:

    了解求职的基本方法

    了解面视的一般情况

    了解市场就业信息

    了解用人单位

    了解自己

    了解招聘者

求职心理准备:

    明确目标

    正确评价自己、勇敢推销自己

    克服胆怯心理、充满自信

    有胆识、有魄力

    凡是积极争取、不轻易表示放弃

    培养热忱、耐心、韧性

    培养良好的竞争心态

    不害怕失败

求职信:

    外观漂亮、富有创意

    格式正确、布局整洁

    书写正确、字迹清楚

    长短适当、表述准确

    内容深刻、有针对性

    表明愿望、说明能力

    少用简称、不用复印件

    只问职位、不讲价钱

    结尾有礼、署名正确

    附件齐全、一鸣惊人

求职信寄出前的检查:

正确地写出对方的姓名和地址

正确地写出收信人的职位

回答了招聘广告所要求的资料

提供了具体的数据

信中语气显示个人的自信而并不吹嘘

避免使用专业术语

回避个人弱点

没有提及工资方面的要求

表达了自己的兴趣爱好

表达了可以见面的时间和联系方式

已说明附有履历表

在信尾表明了愿望

亲笔签名

已经留下一份副本

已经让朋友看过，并征求过意见

记下寄出的日期，以便今后进一步联系

个人履历：

真实表达、自我宣传

概括介绍、重点突出

重视文理、言辞优美

字迹工整、材料整洁

注意细节、小心谨慎（照片、姓名、联系电话、婚姻状况、健康状况、家庭成员、外语水平、经历与简历、工作经验、特长、成绩与奖励等等）

面视礼仪：

遵时守信

关掉手机和传呼机

"请"才入座

准备中英文自我介绍

保持身体、脸部、口腔、鼻子、头发、手部、胡须的清洁

保持乐观的情绪、良好的睡眠

克服面部不良习惯性小动作

注意脸型与发型的协调、发型与服饰的协调、服饰与色彩的协调、服饰与体型的协调

注重正式场合着装的礼仪

化妆是职业女性工作的礼仪之一，以淡妆为宜

保持轻松自如的应答心态，多谈对方少谈自己，注意聆听，戒掉口头禅

求职应避免的着装：

穿短套裙配跑步鞋

短的风衣配及膝的各式裙子

冬天穿质感轻、薄的直身长裙

穿露肩、露背、露脐装、穿超短裙、穿健身服

上衣和裤子的基本色超过三种

轻易卷起西装袖口

白天穿金色闪光的服装

服装脱线、丝袜走丝

穿鲜艳色彩的丝袜

男士着正装时袜子太短、颜色不适

全身伪名牌

手袋和鞋子颜色不协调

皮鞋边缘破损

男士领带与服装不协调

皮鞋不干净、鞋带散乱

同时戴几枚戒指

（三）实训课程实施能力要求

（1）公共关系礼仪部分实训环节主要训练学员在人际交往中见面、通话等礼仪技巧,培养学员礼仪的综合素质及交际能力。

（2）求职礼仪部分实训环节主要训练学员求职过程中的个人表现能力,提高学员的文化素质、道德水准、个性特征。

（四）实训课程实施要求

（1）公共关系礼仪部分实训环节学员需要按规范进行训练。

（2）求职礼仪部分实训环节学员需要设计求职信、履历表。

（五）实训考核办法及成绩比例

（1）公共关系礼仪部分实训环节考核以两人一组模拟现场形式进行,基本符合规范者为合格。

（2）求职礼仪部分实训环节考核以求职信、履历表的质量进行评定。

成绩构成及课时分配（表 2-20）：

表 2-20

序　号	课　程　名　称	成　绩　构　成	课　时
一	公共关系礼仪	60%	16
二	求　职　礼　仪	40%	12
	合　计	100%	28

十、物业管理财务实训课程实施方案

（一）实训教学目的

物业管理财务基础实训课是物业管理专业学生在掌握物业管理公司资金运动规律的基础上,通过到实训基地（物业管理公司）进行调查、收集资料,模拟编制的财务预算,并对物业管理公司的经济活动进行模拟分析,达到使学生具有一定财务管理能力的目的。

（二）实训教学内容

1. 本实训课程的教学内容主要包括的实训教学环节如下：

（1）物业管理财务预算的编制

财务预算的编制过程，是对公司未来经营活动和经营结果对安排过程。财务预算的具体内容主要包括收入预算、营业成本预算、管理费用预算、财务费用预算、资本预算、现金预算、预计损益表、预计资产负债表等八个部分。

（2）物业管理会计报表的编制

会计报表是总括反映物业管理公司在一定时期内的资产、负债及所有者权益状况、经营成果和理财过程的书面文件。会计报表必须满足表达公允、信息相关和披露及时三个方面的要求。学生应掌握资产负债表、损益表的编制方法。

（3）物业管理公司的财务分析

物业管理财务分析是以物业管理公司的财务报表等相关资料为基础，运用特定方法，对物业管理公司的财务状况和经营成果进行研究、评价和预测，从而为物业管理公司管理层和外部相关利益团体的经济决策提供决策信息的一种管理活动。在分析时，按照以下要求进行：分析依据的公允性和充分性、分析方法的恰当性和综合性、分析判断的准确性。分析方法包括横向分析、纵向分析和综合分析。

2. 物业管理财务预算实训教学环节的能力点

该部分的能力点主要是预算的编制和控制，通过该部分实训教学内容的实施，使学生掌握物业管理预算的编制程序、编制方法及其对预算的控制方法。

3. 物业管理会计报表实训教学环节的能力点

该部分的能力点主要是使学生掌握不同种类会计报表（主要是资产负债表和损益表）的编制方法，进而达到全面掌握物业管理公司资金运动信息的目的。

4. 物业管理公司的财务分析实训教学环节的能力点

该部分的能力点主要是通过对物业管理公司财务状况的模拟分析，使学生掌握不同种类财务分析的方法，达到对物业管理公司效益进行评价的目的。

（三）实训教学安排与实施

1. 时间上的安排

物业管理财务实训课应在开设会计学基础课程的基础上进行。学生应掌握会计的基本假设、会计原则、会计基本要素与会计恒等式、会计账户与会计科目、会计核算形式等内容。该实训课的具体时间安排可参见教学计划和教学大纲的要求。

2. 实训课教师的安排

该实训课对指导教师有一定要求。指导教师不仅要精通会计学、财务管理学的知识，而且要熟悉和精通《物业管理企业财务管理规定》、《施工、房地产开发企业财务制度》和相关的法律法规，同时对物业管理企业的经济活动及资金运动要有较深的了解，有在物业管理企业进行实务操作的经验。指导教师也可从物业管理公司聘请具有中级会计师职称的人员担任。

3. 实训基地的安排

该实训课安排在校外实训基地和校内实训基地进行。校外实训基地主要是进行调查和收集资料，校内实训基地主要是根据在校外实训基地所收集的资料，进行整理加工，进而编制出物业管理财务预算、物业管理会计报表及对物业管理经济活动进行分析。

4. 学生及实训内容的安排

该实训课的调查和收集资料安排在校外多个实训基地进行。首先将学生进行分组,每组以 5～8 人为宜,每组学生在分工的基础上分别调查和收集不同资料,然后进行汇总整理。

编制物业管理财务预算、物业管理会计报表及对物业管理经济活动进行分析在校内实训基地进行。每组学生分别按要求完成相应部分的实训内容。

5. 实训课的实施

(1) 实施步骤

按照实训课程的要求,实施步骤为:调查与收集资料,资料的整理汇总,物业管理财务预算的编制,物业管理会计报表的编制及对物业管理经济活动进行分析等环节。

(2) 实施保障措施

在调查与收集资料环节中,指导教师每天要进行指导检查,在校外实训结束后,实训基地要给每一个学生出具实训鉴定表并加盖公章,以反映每一个学生的实训表现。

在资料的整理汇总环节中,指导教师要对汇总后的资料进行指导检查及阶段性总结,并为以后各个环节的顺利实施奠定基础。

在物业管理财务预算的编制,物业管理会计报表的编制及对物业管理经济活动进行分析等环节中,充分发挥学生的积极性、主动性,指导教师对财务预算的合理性、会计报表的完整性及经济活动分析的准确性进行指导和答疑,督促学生按要求保质保量如期完成。

(四) 实训课的考核

1. 考核方式

该实训课结束后,学生应编制出物业管理财务预算报告,物业管理会计报表及在会计报表基础上所进行的财务分析与效益评价报告。可以采用诸如交流评比、讲述等方式对实训成果进行考核。

2. 考核标准与考核方法

(1) 考核主要是以文字性的书面成果为基础,同时参考学生态度、出勤情况、实训基地的鉴定、交流评比及讲述等项目进行综合成绩评定。

(2) 评分表(表 2-21～表 2-22)

报告部分:

表 2-21

序 号	内 容	分数比例	评 分 标 准
1	物业管理财务预算	0%～35%	是否反映物业管理资金运动特点;是否考虑了各项费用的必要性;是否包含不应发生的费用项目;预算整体是否合理
2	会 计 报 表	0%～30%	是否能反映不同报表使用者的要求;是否符合报表编制的要求;报表项目是否完整;各报表之间是否具有衔接关系
3	财 务 分 析	0%～35%	分析项目是否全面;分析方法是否恰当;分析结论是否正确
合 计		0%～100%	

综合成绩及比例:

表 2-22

项 目	报告部分	态 度	出 勤 情 况	基地的鉴定	交流评比及讲述	分数合计
分 数	70	5	10	10	5	100

（五）课时分配（表 2-23）

每周按 40 课时计算。

表 2-23

项　目	社 会 调 查	资 料 汇 总	编 制 预 算	编 制 报 表	财 务 分 析	合　计
课　时	28	4	10	8	10	60

十一、物业管理岗位认识实习

随着高等教育的深入改革,尤其是专业设置要面向市场经济的需求,有些学校开设了物业管理专业。学生一进校门首先就提出了"什么是物业管理?它究竟是管什么?怎样进行管理?我们学这个专业有前途吗……"等等问题。为此,应按照教学计划的要求.及时组织学生进行认识实习,以帮助学生树立专业思想。

（一）实习目的

本次实习旨在使学生对物业管理行业发展概况有初步了解,实习围绕物业管理企业的工作流程、不同类型物业管理模式和管理关键等问题进行。通过岗位认识实习使学生对各种类型物业的管理内容、管理方法和管理手段形成感性认识,从而深刻体会物业管理工作的重要性及社会经济发展对高水平物业管理人才需求的紧迫性,使学生树立从事物业管理工作的自豪感和信心,激发学生学习各门课程的动力和兴趣,为使他们成为高层次、高素质的物业管理人才迈出坚实的一步。

（二）实习内容

通过专家讲座,使学生了解物业管理行业的发展状况,不同类型物业管理的内容,物业管理从业人员应具备的知识结构、能力结构及职业道德规范等内容,激发学生从事本行业的自豪感和自觉的学习热情。

（1）通过实地观察,了解物业管理企业的组织结构与运作方式、管理服务的内容以及管理服务的规章制度;

（2）组织学生参观不同类型的物业,如参观住宅小区、写字楼、综合楼宇等典型物业,在参观中使学生了解不同类型的物业其物业管理的侧重点不同;

（3）组织学生了解物业管理企业收取物业管理费的情况及其物业管理企业的财务管理状况;

（4）组织学生了解物业管理区域内业主大会及其业主委员会的规章制度、运作等内容,并尝试与业主进行接触与交流。

（三）实习形式及安排

1. 实习时间

实习时间安排在学生入学后的第一学年、第一学期开学初。

2. 实习形式

采取专家专题讲座与实地考察相结合的方式。首先由专家、企业经理进行系列专题讲座,再结合专题讲座的内容组织带领学生到实习基地进行参观,同时邀请物业管理公司管理人员现场讲解物业管理状况和管理关键,使学生对物业管理行业和物业管理岗位有进一步的了解和认识。

3. 实习安排

针对不同类型物业的特点和物业管理的不同要求,在邀请有关专家或企业经理进行专题讲座的基础上,由指导教师带领学生到实训基地(住宅小区,写字楼,综合楼宇等物业)进行考察参观,现场感受物业管理的真实环境,并在现场结合具体的物业及物业管理进行专题讲解。以增强学生对物业管理的了解和认识。

(四)实习要求

每一位学生要按时出勤,认真听专家的讲座课,在参观考察过程中要遵守纪律,注意安全,服从指导教师及物业管理企业人员的指挥。

(五)考核办法及成绩比例

1. 考核办法

在实习结束后每位学生独立写出 2000 字以上的对物业管理行业的认识报告,由实习指导教师结合学生的实习态度、出勤等情况进行成绩的综合评定。

2. 成绩比例

学生的出勤情况占成绩比例的 20%,实习态度占成绩比例的 20%,认识报告占成绩比例的 60%。

(六)课时分配

该环节占用一周时间完成。

十二、物业管理岗位操作实训

(一)实训教学目的

物业管理岗位操作实训是针对物业管理服务工作各个岗位的具体操作来进行的,是对学生综合能力及职业技能的锻炼和考核。通过物业管理岗位操作实训,使学生能够熟悉物业管理企业各岗位的工作流程、操作规则和管理要求,为学生在毕业实践环节中编写物业管理方案或撰写毕业论文,走上物业管理工作单位之前初步掌握从业必备的技能,就业后独立顶岗操作打下坚实的基础。

(二)实训教学内容

(1)熟悉物业管理企业的组织机构、各项规章制度、员工管理手册等内容;

(2)参与保洁、绿化、小区秩序维护、物业养护维修、消防管理及车辆道路管理等综合管理服务各个岗位的具体操作,学习物业管理企业人员的工作经验,并熟悉物业管理工作流程及服务标准;

(3)熟悉物业管理企业的财务管理制度、收费标准与制度、成本及利税等方面的执行情况,在此基础上,结合物业管理的具体情况,测算各管理服务岗位的各项成本费用,并测算物业管理服务费单价;

(4)结合物业管理服务各个岗位的工作,与业主进行接触,学会与掌握沟通交流的技能与技巧。

(三)实训课程实施安排

(1)学校选派具有"双师"资格的专业指导教师,配合各个校外实训基地的指导教师,共同负责指导岗位操作实训。

(2)为更好的完成物业管理岗位操作实训,根据教学计划和教学大纲的要求,将学生进行分组,安排到不同的实训基地,并深入到各个工作岗位,在指导教师的指导下进行顶岗的实际操作。

（3）学生在规定时间内完成实训教学内容后,各个组在不同的实训基地及各个工作岗位之间进行互换,直到所有的学生完成全部实训项目为止。

（四）实训课程要求

（1）学生到物业管理实训基地进行实训,在顶岗操作中必须具有敬业精神,遵守物业管理公司的各项规章制度,把自己看作为物业管理公司的一名职工;

（2）学生在与业主打交道的过程中,必须佩带胸卡,必须时刻牢记不做有损物业管理公司形象及声誉的事情;

（3）在顶岗操作中,学员不能擅自脱离工作岗位,相互串岗;

（4）在顶岗操作中,应虚心学习,要善于发现问题、分析问题,注重对自身能力的培养,争取掌握与学到更多的实际技能、工作经验。

（五）实训考核办法及成绩比例

1. 考核办法

学生实训结束后要独立写出实训报告(不少于 3000 字),实训报告要有实训基地(物业管理企业)的签章及对学生的评价。在考核中采用公开答辩或分组答辩的方式,结合实训基地对学生的综合评价、学生的出勤情况及表现情况等,由实训指导教师进行成绩的综合评定。

2. 成绩比例

学生的出勤情况及表现情况占成绩比例的 20%,实训基地对学生的综合评价占成绩比例的 20%,实训报告占成绩比例的 60%。

（六）课时分配

该环节占用三周时间完成。

十三、物业管理岗前培训

依据物业管理行业的法律法规及文件,物业管理企业从业人员必须取得岗位资格证书,因此规定本专业学生毕业前必须参加根据建设部建教培 41 号文件制定的统一教学计划、大纲、教材举办的资格性岗位培训(培训课程为《物业管理概论》、《物业管理法规》、《房屋结构构造与识图》、《房屋设备基本知识》、《房地产基本制度与政策》)。培训合格者领取相应的物业管理规范性岗位培训合格证书;就业上岗一个月后,换发建设部《全国物业管理从业人员岗位证书》。

十四、毕业实践环节

（一）毕业实践的目的

毕业实践环节是学生在整个学习过程中一个极其重要的教学环节,是学生运用在校学习的基本知识和基本理论,去分析、解决实际问题的实践锻炼过程,也是学生在校学习成果的综合性总结,同时也是检查学员在学期间学习效果的一种有效方法。通过该环节达到提高学生综合分析、研究和解决实际问题的能力。

（二）毕业实践环节的内容

学生根据所学物业管理基本知识、基本理论以及物业管理的原则与方法,撰写毕业论文。毕业论文根据物业管理中存在的问题,由论文辅导教师指定题目或由学生选定论文题目,然后学生根据论文题目深入实际调查研究、收集资料,提出解决问题的具体办法及措施,并在规定的时间内完成调查报告及论文的撰写。

（三）毕业实践环节形式与安排

1. 毕业实践环节形式

采取撰写毕业论文的形式，学生个人独立完成调查报告及毕业论文的撰写（调查报告作为支持论文的依据）。

2. 毕业实践环节安排

（1）毕业实践环节所需时间以 10 周为宜（社会调查 3 周，毕业论文 7 周）；

（2）毕业论文撰写过程结束后，统一安排学生答辩；

（3）在毕业实践环节开始前应做好安排并填写"毕业实践环节安排表"（表2-24）。

毕业实践环节安排表 表 2-24

专　业		学　制		参加毕业实践环节人数		
毕业实践工作领导小组	姓　名	单　位	职务（称）	姓　名	单　位	职务（称）
进度安排	项　目	时间（周）、地点				
	任　务					
	实　习					
	撰写论文					
	毕业答辩					
指导教师	姓　名	职　称	单　位		指导学生人数	
不具备毕业实践资格学生名单	姓　名	原因（不及格课程及学期）		姓　名	原因（不及格课程及学期）	

3. 指导教师安排与要求

（1）指导教师必须为本专业的专业教师，且具有中级以上专业职称，外聘教师应具有高级职称；

（2）为保证论文的质量，一个指导教师以指导 8 个以下学生为宜；

（3）指导教师必须履行职责。

4. 答辩安排

（1）为保证毕业实践环节的质量，所有物业管理专业的学生都要参加答辩；

（2）答辩小组必须由本专业专职教师或外聘专家至少3人组成，并指定其中一位为组长；

（3）指导教师本人指导的学员原则上不能在指导教师参加的答辩小组进行答辩。

（四）毕业实践环节考核方式及成绩比例

1. 考核方式

社会调查采用深入调查单位并撰写调查报告的方式进行，毕业论文采用书面及答辩方式进行。毕业实践环节成绩评分标准见表2-25。

毕业实践环节成绩评分标准　　　　　　　　　　　　　　　表 2-25

项　目	优　秀 （90分以上）	良　好 （80～89分）	中　等 （70～79分）	及　格 （60～69分）	不及格 （60分以下）
调查报告书面质量（占总成绩的20%）	认真深入进行调研，数据真实可靠，主题新颖，重点突出，文理通顺，结构完整，层次清楚，文笔流畅 （18～20分）	深入实际调研，态度较认真，数据真实可靠，重点突出，报告质量较好，构思合理，文理通顺 （16～17分）	能深入实际调研，态度较好，动手能力一般，报告质量尚可，构思合理，文理通顺 （14～15分）	能进行调研，态度一般。报告质量平常，构思较合理，基本合格 （12～13分）	不调查，数据不真实，主题不明确，无逻辑性，层次不清楚，有明显的抄袭行为 （11分以下）
论文书面质量（占总成绩的40%）	能全面完成毕业实践任务，能正确、灵活、综合运用专业基础理论且掌握扎实。论文观点正确，论据充分，结构完整，层次清楚，分析问题和解决问题能力强，在某些方面有独到见解和创新，有一定的实用价值 （36～40分）	能较好完成毕业实践任务，能综合运用所学知识且掌握较扎实。论文观点正确，论据较充分，构思合理，文理通顺，分析问题和解决问题能力较强 （32～35分）	能完成毕业实践任务，尚能综合运用所学知识且掌握较好。论文观点正确，论据尚充分，构思合理，文理通顺，有一定分析问题和解决问题的能力 （28～31分）	能基本完成毕业实践任务，所学理论知识能基本掌握。论文观点基本正确，文理通顺，质量合格，具有分析问题和解决问题的能力 （24～27分）	不能按基本要求完成毕业实践任务，论文观点不正确或有严重错误，所用资料空泛虚假，论证片面，无逻辑性，结构不完整，层次不清楚，文理不通顺，有明显的抄袭行为 （23分以下）
答辩水平与能力（占总成绩的30%）	答辩中主述论文清楚，逻辑性强，回答问题正确 （27～30分）	答辩中主述论文较清楚，逻辑性较强，回答问题比较正确 （24～26分）	答辩中主述论文尚清楚，回答主要问题清楚 （21～25分）	答辩中主述论文基本清楚，基本能回答主要问题，无重大错误 （18～24分）	答辩中对论文内容不熟悉，回答主要问题概念不清、错误或不能回答 （17分以下）
毕业实践表现（占总成绩的10%）	调研能力强，数据可靠，勇于承担任务且工作努力，表现突出 （9～10分）	调研能力较强，数据比较可靠，工作努力，表现良好 （8分）	有一定调研能力，数据基本接近实际，工作较努力，表现一般 （7分）	有一定调研能力，数据基本接近实际，工作尚努力，表现一般 （6分）	调研能力差，数据不准确，工作不努力或有照抄他人方案行为 （5分以下）

2. 成绩比例

在毕业实践环节总成绩中，学生的表现情况占成绩比例的10%，调查报告占成绩比例的20%，论文书面占成绩比例的40%，答辩成绩占成绩比例的30%。根据量化评分标准将最终成绩分为优、良、中、及格和不及格五等,并汇入"毕业实践环节成绩汇总表"中(见表2-26)。

毕业实践环节成绩汇总表 表 2-26

专业:

学号	学生姓名	课题(论文)名称	指导教师情况		毕业实践表现成绩	调查报告成绩	论文书面成绩	答辩成绩	毕业实践总成绩	备注
			姓名	职称						

成绩等级人数百分比	优秀	良好	中等	及格	不及格	毕业实践工作领导小组审核意见	
							签章: 年 月 日

填表日期: 年 月 日

(五)调查报告撰写要求与成绩评定

社会调查是培养、训练学生观察社会、认识社会以及提高学生分析和解决问题能力的重要环节。它不仅要求学生对在学期间所学知识和技能进行综合运用,而且通过对关键或焦点问题进行社会调查,实现教学目标。

1. 撰写要求

(1)物业管理专业毕业的学生,必须全部参加社会调查;

(2)社会调查安排在撰写毕业论文前进行,起止时间以三周为宜;

(3)社会调查要结合毕业论文的选题进行,不参加社会调查的学生不能撰写毕业论文,不得毕业;

(4)学生应根据社会调查的结果写出调查报告,字数要求不少于2500字。

2. 考核与成绩评定

(1)考核内容

1)学生的表现与社会调查的基本情况;

2)调查报告的内容与文字表达。

(2)考核标准

社会调查成绩分为合格与不合格两等。

（3）成绩评定办法

1）学生要填写社会调查鉴定表（见表2-27），由被调查单位盖章；

学 员 姓 名		所学专业		班 级	
学　　号		被调查单位			
调查报告题目					

调查时间及调查内容（由学员填写）：

被调查单位的意见：

　　　　　　　　　　　　　　　　　　　　　　　　　盖章：

　　　　　　　　　　　　　　　　　　　　　　　　　　年　月　日

指导教师意见：

　　　　　　　　　　　　　　　　　　　　调查报告成绩（百分制）：

　　　　　　　　　　　　　　　　　　　　　　签字：

　　　　　　　　　　　　　　　　　　　　　　年　月　日

　　2）调查报告成绩由指导教师评定；调查报告全部完成后填写"社会调查成绩表"（见表2-28）。

专业：　　　　　　　　　　　学制：　　　　　　　　　　负责人：

学　　号	姓　名	调查题目	调查单位	成绩（百分制）	指导教师	备　注
毕业实践工作 领导小组 审核意见						

　　　　　　　　　　　　　　　　　　　　　　签章：

　　　　　　　　　　　　　　　　　　　　　　年　月　日

　　3）调查报告成绩不合格者允许补写一次。

（六）撰写毕业论文的要求

1. 毕业论文撰写目的

毕业论文是物业管理专业毕业学生总结性的独立作业，也是学生在校学习成果的综合性总结，更是整个教学活动不可缺少的重要环节。

2. 毕业论文撰写的要求

（1）学生在实事求是、深入实际的基础上，运用所学知识，独立写出具有一定质量的毕业论文，论文应观点明确、材料翔实、结构合理严谨、语言通顺；

（2）毕业论文选题应在所学专业范围内；

（3）论文字数不少于5000字，论文写作框架为：摘要及关键词、目录、论文正文、参考文献（要注明资料名称、作者、何篇论文或何章节、时间）；

（4）论文的一稿、二稿、三稿必须有指导教师的批改，每次修改后的稿件应保留好，以反映真实的写作过程。一经发现抄袭他人文章，一律不予通过；

（5）毕业论文的撰写必须按时完成，如超过规定时间，视情节轻重给予不同的降档处理；

（6）毕业论文正文应按照要求形成电子文稿并打印，电子文稿应存于软盘中；

（7）学生将论文的一稿、二稿、三稿（均有指导教师批阅）、论文正文（一式三份）、软盘及调查报告（一份）等资料一并装于档案袋中，由指导教师负责查验并收取；

（8）指导教师在论文辅导过程中要按要求填写"毕业论文撰写过程情况表"（见表2-29），以反映学生撰写论文的情况和指导教师指导的情况。

毕业论文撰写过程情况表　　　　　　　　　　　　　　　表2-29

学 员 姓 名		毕业论文题目		
指导教师姓名				
项　　目	学生交稿时间	修改意见记录		教师返稿时间
第一稿				
第二稿				
第三稿				
第四稿				
第五稿				

3. 毕业论文考核评分标准

论文成绩由论文书面成绩和答辩成绩组成。指导教师应根据学生写作态度和论文质量给出论文书面成绩并填写于"毕业论文成绩评定表"中（见表2-30），答辩小组给出答辩成绩（答辩成绩见"答辩成绩评分表"）。

毕业论文书面成绩评定表　　　　　　　　　　　　　　　表2-30

学生姓名		专　　业		论文题目	
毕业论文撰写态度与表现	评语：			成绩（百分制）	
				指导教师签名	

学生姓名		专　业		论文题目		
毕业论文 书面成绩	评语：				成绩(百分制)	
					指导教师签名	

填表日期：　　年　月　日

（七）毕业实践环节中对辅导教师的要求

毕业实践环节指导教师应把好选题关，并帮助学生明确物业管理策划方案或论文的中心议题；修订学生的写作提纲，帮助学生确定物业管理策划方案或论文的骨架；协助学生搜集、使用相资料；帮助学生从初稿加工成文；指导教师在毕业实践环节中均要切实地做好过程管理的记录工作。

（八）毕业答辩工作

毕业答辩工作是培养和考查学生综合运用所学知识，分析和解决实际问题的重要教学环节，是体现学生创新意识、创新能力和获取新知识，提高综合素质的过程。

1. 毕业答辩组织安排

（1）成立答辩工作领导小组，小组成员中应有主管教学校长、教务主任、专业教师参加，负责组织答辩工作的实施。

（2）答辩小组由4人组成。其中设答辩主持教师一名、答辩教师两名、秘书一名。

2. 答辩教师资格

答辩教师应由较高思想水平，较好专业修养和较强写作能力，且符合下列条件之一者担任。

（1）必须具有物业管理专业中级以上专业技术职称（职务）；

（2）具有相关学科专业研究生学历并从事物业管理专业教学或研究工作满3年以上的高校教师及专业研究人员；

（3）或具有相关学科专业本科以上学历并从事相关专业教学、研究工作满5年的高校教师及研究人员。

3. 答辩流程

（1）应于答辩前一周将答辩学生论文交给答辩教师审阅。

（2）答辩学生进入答辩现场，由答辩主持教师宣布答辩程序和答辩要求。

（3）答辩学生按公布的答辩顺序，依次在10～15min内介绍论文概况及内容。

（4）答辩小组在审查论文真实性和考察学生对论文把握程度的基础上，当场提出若干问题，要求答辩学生回答。

（5）答辩小组对学生所回答的问题应当场进行点评，对错误或不完善之处要明确提出并给出正确答案。

（6）答辩小组对答辩学员的答辩给出书面成绩和简要的评价说明。

（7）答辩教师在答辩过程中填写"答辩成绩评分表"（见表2-31）。

答辩成绩评分表

表 2-31

专　　业		学生姓名		论文题目	
主 述 时 间			答辩时间		
答辩考核内容	满 分 分 数	实际得分	评　　语		
掌握运用有关基础理论的程度	25				
分析论证能力	25				
专业知识深浅程度与创建性	20				
理论联系实际能力	20				
答辩提纲组织与语言表述能力	10				
累 计 得 分	100		答辩教师签名		
考 核 问 题	1. 2. 3. 4.				

注：此表由答辩教师独立填写。

（8）答辩小组秘书负责填写"答辩成绩汇总表"（表 2-32）。

答辩成绩汇总表

表 2-32

学 生 姓 名		论文题目					
答辩得分汇总	答辩教师	1	2	3	4	5	平均成绩
	分　　数						
答辩评语 （答辩秘书负责代写,答辩小组主持教师审定）							
答辩问题记录 （由答辩秘书摘记）							
答辩小组 教师签字			毕业实践工作 领导小组 审议及签字				

填表日期：　　年　月　日

第三部分 物业管理实践教学环节中
所涉及的部分参考样本

一、建立物业管理实训基地的协议参考样本

建立物业管理实训基地的协议

为了进一步搞好高等职业技术培训教育,提高学生的综合素质,促进教学、生产、科研一体化教学模式的发展,经×××大学(以下简称甲方)与×××物业管理公司(以下简称乙方)协商拟共建×××教学实训基地,双方协议如下:

一、甲方负责在实训基地添置必要的教学设施设备,以满足实训教学需要。

二、甲方应在教学开始前两个月将教学计划及教学大纲提供给乙方,以便乙方能够根据实训教学要求安排实训场所、岗位和指导人员。

三、为保证实训教学质量,甲方在乙方聘请××名既有一定理论基础又有丰富实践经验的实训指导教师主持各项实训教学活动。

四、为保证各项实训教学活动的正常开展,甲方应指定专人负责实训教学工作,深入到实训教学现场并会同乙方共同组织实训教学。

五、甲方负责对学员进行安全及纪律教育。

六、乙方负责提供符合实训教学需要的实训场地。

七、甲方定期聘请乙方专业技术人员到校举办有关专业知识讲座。

八、乙方应同意甲方的有关专业教师深入企业调研或实际锻炼,以了解行业的最新发展动态和企业对人才的需求。

九、甲方应定期邀请乙方参加教学计划和教学改革研讨会,以使培养目标更加符合行业和社会发展的需要。

十、甲方应充分发挥人才优势,为乙方提供有关咨询服务,推广先进的经验及管理手段等。

十一、协议中的未尽事宜甲乙双方本着平等、协商及互利互惠的原则加以解决。

十二、本协议一式两份,甲乙双方各保留一份。

十三、本协议自签订之日起生效,有效期限为××年,期满后双方协商续订。

甲方: 乙方:

签字(盖章): 签字(盖章):

　日期: 　日期:

二、实训基地管理办法参考样本

第一章 总 则

第一条 实训基地是对学生进行专业岗位技术技能培训与鉴定的实践教学单位,是实现高等职业教育目标的重要条件之一,其教学基础设施与工作状况直接反映学校的教学质量与教学水平,必须重视和加强实训基地的领导、建设和管理。

第二条　实训基地是高等职业教育机构中教学实体之一。必须全面贯彻党和国家的教育方针,遵循教育、教学的基本规律,努力培养学生的专业基本能力、基本技能和职业素质,不断提高教学质量及教学水平。

第三条　实训基地的建设要按照统筹规划、合理设置、全面开放和资源共享的原则,努力提高办学的社会效益与经济效益。

第四条　为发展高等职业教育,促进高等职业教育实训基地的建设与发展,全面规范实训基地的管理,特制定本办法。

第二章　实训基地的基本功能与主要任务

第五条　实训基地的基本功能为:完成实践教学任务,承担高等职业教育学历、非学历职业技术技能培训;负责专业技术技能鉴定考核工作;进行专业研究、技术开发及新技术的应用推广等。逐步发展为培养高等职业教育人才的实践教学、职业技术技能培训、鉴定考核和高新技术推广应用的重要基地。

第六条　实训基地的主要任务:

1. 根据培养目标的要求制定专业技术技能培训教学大纲,组织编写实训教材。

2. 根据教学计划的要求和专业岗位群的技术技能要求,制定实训计划和方案。

3. 按照专业岗位群的实际和教学大纲要求组织和实施模拟专业岗位技术技能培训。

4. 依据科学技术的发展、岗位需求的变化及新生工作岗位的定向,开发新的职业技术技能培训项目与培训内容。

5. 组织进行专业技术技能资格鉴定工作,颁发国家认可的专业技术资格证书。

6. 承担对双师型师资队伍的培训。

第七条　实训基地要积极创造条件,开展高等职业教育的科学研究和应用研究,努力实现产学研相结合。

第八条　实训基地要不断充实与改进培训内容,改革培训方法,培养学生职业技术技能及独立解决实际问题的能力和创新能力,培养学生的职业道德和团结协作精神,全面提高学生的综合素质。

第三章　实训基地建设

第九条　高等职业教育是培养生产、建设、服务、管理第一线的高级应用性人才。因此实训基地的建设要突出以下特点:

1. 在实训过程上要具有专业基本技术技能的仿真性。使学生按照未来专业岗位群对基本技术技能的要求,得到实际操作训练。

2. 在内容安排上要具有综合性。使学生通过实训不仅掌握本专业的核心技术技能,而且熟悉和了解与专业相关的技术技能。得到基本能力、基本技能和职业综合素质的全面培训。

3. 在环境和总体设计上要具有社会开放性。不仅能承担高等职业学历教育的基本技术技能实训,而且能承担各级各类职业技能的培训任务,使学校实训基地紧密与社会经济发展相联系。

第十条 既要重视和加强校内实训基地的建设,又要重视和加强校外实训基地的建设。校内实训基地主要是对学生进行专业岗位群基本技术技能的模拟实操培训,校外培训基地则是对学生直接参加实际工作进行现场培训。校内、外实训基地相辅相成,紧密结合,以全面培养学生实际工作能力和综合素质。

第十一条 校级实训基地主要是由学校或社会投资,面向本校师生,在技术和管理上更具有本校性质和专业特色的实训基地。专业实训基地主要是针对某一专业特殊需要,为本专业人才培养服务的实训基地。

第十二条 实训基地建设要根据经济发展和高等职业教育发展的需要,统筹规划、合理布局,要强化社会效益与经济效益。在建设的同时,尽快建立起自我运作、自我建设、自我发展的运行机制。

第十三条 实训基地建设要通过学校自筹、实训基地自筹、校企共建、学校与科研单位或行业联合等多渠道筹集经费,走共同建设、共同发展的道路。

第四章 实训基地组织与管理

第十四条 要加强对实训基地的领导和管理,要建立定期检查指导工作制度,解决实训基地建设和管理工作中的实际问题,帮助实训基地做好建设、发展、培训的各项工作。要根据实训基地的特点和需要建立既具有教育教学特征,又具有社会专业实际工作特征的强有力的实训基地组织管理机构。要选派数量适当、思想品质好、专业理论水平高、专业技术技能强和具有一定组织能力的人员担任实训基地的管理人员和指导教师。以保证实训基地各项任务的顺利完成及实训质量的不断提高。

第十五条 实训基地要建立科学、有效、严格的队伍建设和人员管理制度,有明确的岗位职责及分工细则,有严格的考核办法和奖惩制度,有落实的培养师资计划和实施措施,实训基地人员,特别是实习指导教师要有相应的学历、技术职务和技能结构,以保证实训工作质量的不断提高和实训基地建设的不断加强。

第十六条 实训基地要以教育教学为中心,建设科学、健全、严格的实践教学制度。建立健全规范且能严格执行的教学计划、教学大纲、教学规程等教学文件。要建立职业技术技能、职业综合能力、职业素质有机结合的实训教学体系,并具有组织实施的各项规章制度。要建立教学质量检查、监督、保障、调控体系,并具有规范的教学过程运行管理制度。要深化教学改革,不断开发新的实训项目,更新教学内容,改进教学方法,以保证教学质量与教学水平的不断提高。

第十七条 实训基地要建立完善的设备设施及物资管理制度。做到账、物、卡相符,仪器设备维修及时,设备完好率达到 90% 以上。建立仪器设备专人管理和技术档案制度,实现现代化管理,不断提高设备设施的利用率。

第十八条 实训基地要严格遵守国家有关部门颁布的法规、法令及条例,建立实训环境管理和劳动保护的管理规定、安全操作管理规程和文明的经营管理措施。营造良好的育人环境。

第十九条 校外实训基地要签有合作协议,其管理按实训基地所在单位相关规定及管理办法执行,但必须有保证教学任务完成和教学质量提高的制度和措施。校外实训基地的调整与撤消,应经合作双方同意。

第五章 实训基地检查

第二十条 要建立实训基地检查、验收制度。实训基地基本建成之后,要依据实训基地建设方案和有关规定对各实训基地组织专家进行验收,并对实训基地运行及教学质量进行检查。

三、实训教学基地教师的聘任条件及管理办法参考样本

实训教学基地教师的聘任条件及管理办法

实训教学是培养应用型人才的重要教学组成部分,为保证实训教学的质量,特制定本管理办法。

一、实训指导教师条件

(一)实训教学基地的指导教师,要具有较高的思想政治水平,工作认真,有责任心,遵守师德,为人师表。

(二)实训教学基地的指导教师是培养学生专业应用能力,对学生进行实训教学指导的教师。指导教师应来自实践一线或具有"双师型"教师资格。

(三)实训教学基地的兼职指导教师,除必须具备相应的学历要求外,应尽量聘请持有职业资格证书人员担任。

二、实训指导教师的资格认定

(一)实训教学基地所聘请的指导教师,应填写《实训教学基地指导教师资格审批表》一式两份,由实训教学基地管理人员同时携教师学历证书复印件报学校教学管理部门审批备案。

(二)经审批合格后,学校向有关指导教师签发聘书。

三、要求与管理

(一)实训指导教师要根据专业发展和科技进步情况,努力学习和研究专业知识,特别是实践领域的最新发展动态,不断进行新知识的补充,提高自身学术水平和实践能力。

(二)实训指导教师要经常深入本专业实际工作一线,了解专业应用领域的最新发展情况,掌握最新的应用技能以指导学生。

(三)实训指导教师的实训课程教学,必须根据学生个体差异,进行有针对性的指导,要保护学生的创造精神和个性发展,同时培养学生对待工作的认真态度和严谨的科学作风。

(四)实训教学基地指导教师所担任的实训指导,必须与指导教师所学的专业一致,不得跨专业指导。

(五)实训教学基地指导教师所担任指导的专业课程,必须与资格认定聘书一致,不得超出审定范围进行跨专业、跨课程指导。

(六)实训教学基地管理部门,应根据每学期不同的教学情况,填写《实训教学基地指导教师登记表》一式两份,其中一份报学校教学管理部门备案。

(七)实训教学基地应不定期组织指导教师学习现代教育理论,进行现代教育技术培训。

(八)实训教学基地指导教师中途变更,必须重新履行审批手续。

四、实训教学基地指导教师资格审批表及登记表参考样本(表 3-1~表 3-2)

实训教学基地指导教师资格审批表　　　　　表 3-1

实训教学基地名称:

教师姓名	毕业院校	学历	所学专业	职称	教学年限	实训教学年限
教师工作及 教学简历					教师签名: 日期:	
申请指导的项目						
实训基地 初审的项目	专　业	实验课	课程设计	课程实习	毕业实习	毕业设计
实践基地 初审意见					审核部门(章): 初审日期:	
学校审批意见					审核部门(章): 审核日期:	

填表日期:

实训教学基地指导教师登记表　　　　　表 3-2

实训教学所属学期:

教师姓名		性　别		年　龄		一寸照片
毕业院校				所学专业		
学　历		教学年限		职称或职务		
实训教学年限						
教师工作及 教学简历					教师签名: 日期:	
本学期申请 指导的项目						
备　注						

填表日期:

五、住宅小区物业管理预算参考样本

1. 了解拟定物业项目的概况(表 3-3)

表 3-3

物业项目的名称	××花园住宅小区物业管理项目	项目的地点	天津市河西区××路
管　业　面　积	建筑面积:59250m²	开发商或业主	××房地产开发公司

物业项目的概况:

　　××花园住宅小区有四跃五 3 栋、五跃六 6 栋、六跃七 4 栋、59 个栋口;40 辆停车场,400m²;自行车棚一座,400m²;花园一座,3500m²;设置大门一个;小区可布置成环行道路;围墙设置红外线监视系统

　　服务范围:保安、保洁、绿化管理、消防设施维护

组　　别		学 员 姓 名	

2. 物业项目现场的踏勘记录（表3-4）

表 3-4

物业项目的名称	××花园住宅小区物业管理项目	项目的地点	天津市河西区××路
现场的踏勘时间	2003 年 11 月 26 日	现场踏勘人员	×××、×××、×××

物业项目现场的踏勘记录：

　　××花园住宅小区有四跃五 3 栋、五跃六 6 栋、六跃七 4 栋、59 个栋口；楼道为瓷砖地面，不锈钢扶手，40 辆停车场，400m²；自行车棚一座，400m²；花园一座，3500m²（含鸟语林一座）；沿围墙可设置停车场 25 辆，上述为一期，未有公共会馆等设施，物业办公在两个单元房内。小区其他绿地 2000m²，道路占地 2500m²。设置大门一个；小区可布置成环行道路；围墙设置红外线监视系统

组　别		学 员 姓 名	

3. 同类物业项目的市场调查记录（表3-5）

表 3-5

同类物业项目名称	××住宅物业管理小区项目	项目的地点	天津市河西区××道
管业面积	建筑面积：72894m²，	开发商或业主	××房地产置业公司

市场调查记录：

　　××住宅小区有五层 4 栋、六层 8 栋、六跃七 4 栋、70 个栋口；楼道为水泥地面，木扶手，沿路、围墙可设置停车场 45 辆；自行车棚一座 400m²；有办公及公共会馆等设施 2100m²，小区绿地 3500m²，道路占地 3200m²。

　　设置大门两个；小区布置成环行道路；围墙设置红外线监视系统

　　人员编制 35 人。其中管理处主任 1 人，副主任 1 人，内勤 2 人，维修技工 3 人，保安员 15 人，保洁 10 人，绿化 3 人，共计 35 人

　　收费标准：0.8 元/m²

　　管理机构：管理处主任，副主任，接待中心，维修组，保安班，保洁组，绿化组。

组　别		学 员 姓 名	

4. 对拟定物业项目的管理方案的确认记录（表3-6）

表 3-6

物业项目名称	××花园住宅小区物业管理项目	项目的地点	天津市河西区××路
管业面积	建筑面积：59250m²	开发商或业主	××房地产开发公司

根据该项目的特点决定，在公司的直接领导下，设立××花园管理处，财务实行独立核算，机构设置如下：

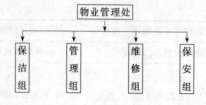

组　　别		学 员 姓 名	

　　对拟定物业项目的管理方案的确认记录（续 1）（表 3-7）

表 3-7

物业项目名称	××花园住宅小区物业管理项目	项目的地点	天津市河西区××路
管业面积	建筑面积:59250m²	开发商或业主	××房地产开发公司

物业管理项目主要环节的工作流程

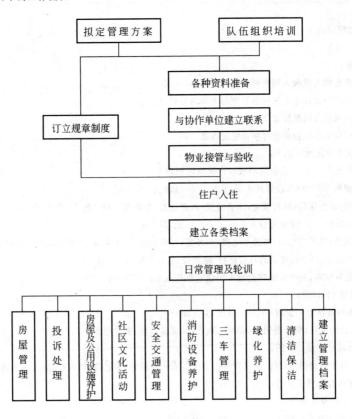

小区运作流程图

组　别		学员姓名	

对拟定物业项目的管理方案的确认记录(续 2)(表 3-8)

表 3-8

物业项目名称	××花园住宅小区物业管理项目	项目的地点	天津市河西区××路
管业面积	建筑面积:59250m²	开发商或业主	××房地产开发公司

岗位人员配备:

　　根据××花园小区实际情况结合具体物业管理工作需要,按32人的编制进行配备。其中管理处主任1人,副主任2人、内勤2人,维修技工3人,保安员11人,保洁9人,绿化4人,共计32人。

　　1. 根据关键岗位必须配备正式员工的原则,管理处主任,主管、财务为正式工,维修、保洁、绿化组长为正式工,其余均为下岗临时工,即:正式工13人、临时工19人,正式工比例40.6%,临时工比例59.4%。

　　2. 现有职工取得岗位资质证书的人数5人。

　　3. 员工待遇:按照天津市有关规定执行。

　　4. 人员培训与考核

组　别		学员姓名	

5. 对拟定物业项目管理方案的预算费用的测算过程记录（表 3-9）

表 3-9

物业项目的名称	××花园住宅小区物业管理项目

预算费用的测算过程记录

管理费用计划

（一）测算依据：

根据：××物业公司人员收入调查资料进行测算；

　　　××市普通商品住宅小区物业管理服务和指导价格标准；

　　　××市居民收入情况统计资料；

　　　××花园住宅小区物业管理项目管理方案。

（二）经费收支及费用测算如下：

1. 管理服务人员的工资、社会保险和按规定提取的福利费等；

人工费：建筑面积：59250m²，设管理人员：4 人　　0.150 元/月·m²

包括：员工工资；社会保险；福利基金；工会经费；教育经费；加班费。每月按 22 天计算。

2. 办公费用：（项目经理、管理人员 5 人）　　0.060 元/月·m²

包括：交通通讯费；低值易耗品；办公水电费；业务费；广告宣传费；书报费；办公固定资产折旧费。

3. 物业共用部位、共用设施设备的日常运行、维护费用；　　0.17 元/月·m²

包括：按住宅建筑成本；公共设施建造成本按住宅建筑成本；折旧年限 25 年。

维护费按折旧费 4% 计算。

4. 物业管理区域清洁卫生费用；　　0.18 元/月·m²

包括：人工费；清洁工具；消杀费用；化粪池清理费；垃圾清运费；服装费。

5. 物业管理区域秩序维护费用；

包括：人工费；与保洁费测算相同；装备费：按 500 元/人·年测算；服装费：按 800 元/人·年测算。

6. 物业管理区域绿化养护费用；　　0.02 元/月·m²

包括：人工费；养护及设备费。

7. 物业管理企业固定资产折旧；　　0.02 元/月·m²

8. 物业共用部位、共用设施设备及公众责任保险费用；　　0.015 元/月·m²

前 7 项之和的 2% 计算

$$(0.150+0.060+0.170+0.180+0.150+0.020+0.020)\times 2\% = 0.015 \text{ 元/月·m}^2$$

9. 企业管理费：　　0.115 元/月·m²

前 8 项之和的 15% 计算

$$(0.75+0.015)\times 15\% = 0.765 \times 15\% = 0.115 \text{ 元/月·m}^2$$

10. 利润　　0.053 元/月·m²

前 9 项之和的 6% 计算

$$(0.765+0.115)\times 6\% = 0.88 \times 6\% = 0.053 \text{ 元/月·m}^2$$

11. 税收：　　0.051 元/月·m²

前几项之和的 5.5% 计算

$$(0.88+0.053)\times 5.5\% = 0.933 \times 5.5\% = 0.051 \text{ 元/月·m}^2$$

总计 0.98 元/月·m²

组　别		学 员 姓 名	

六、物业管理公关专项活动策划方案参考样本

（一）新闻发布会项目鱼刺图范例（图 3-1）：

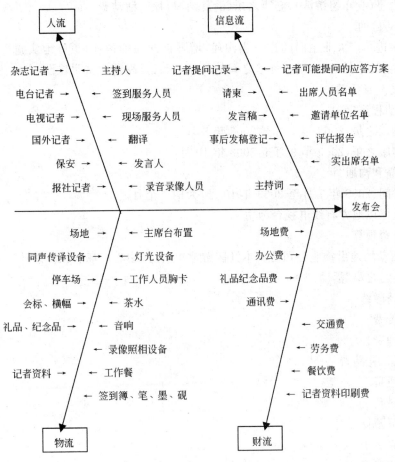

图 3-1 新闻发布会鱼刺图

（二）公共关系活动策划书（要点）

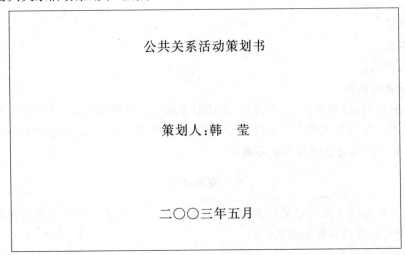

1. 活动背景(略)

2. 活动主题

奥运之星(少年组游泳)、健康之乐(消夏纳凉)社区活动赛

3. 活动目的

为了促进与广大业主们的进一步沟通,增强彼此间的信任,更好地实施今后的管理工作,丰富业主的文化生活,增进邻里之间的和睦关系,提高精神文明建设,本物业管理公司举办一次全民健身活动。

4. 活动程序(略)

(1)奥运之星:2003年7月至2003年8月

(2)健康之乐:2003年9月至2003年10月

5. 传播和沟通

(1)时间:2003年7月至2003年10月,为期4个月。

(2)媒体以地方有线电视台为主。

(3)经费预算

本次活动场地由物业公司协调本社区游泳馆、社区中心广场。预算总计×××元。

1)"奥运之星"活动:

① 聘请教练

② 宣传费

③ 管理费

④ 奖品、礼品费

⑤ 交通费

⑥ 材料费

⑦ 不可预见费

2)健康之乐

① 宣传费

② 管理费

③ 奖品、礼品费

④ 交通费

⑤ 材料费

⑥ 不可预见费

6. 活动效果预测

于活动开始后,以调查问卷、座谈会、访谈等方式进行效果测定,以随时进行修正。本次活动主要目的是丰富业主的文化生活,增进邻里之间的和睦关系,提高精神文明建设。

七、住宅小区物业管理方案参考范本

××花园简介

××花园坐落于天津市市郊交界处——新河河畔,由天津××公司投资建设,是规模大,功能较全的现代康居住宅小区。

××花园基本情况:

××花园占地 12 万 m²，建筑总面积 45 万 m²，由多层住宅和一幢高层办公楼组成。附有恋湖、静湖两大湖。其中恋湖占地面积 3 万 m²，静湖占地 6000m²，占地总面积 30％。整个小区绿化面积占 12.5％。小区道路面积占总面积的 6％，共 7200m²。建筑用地占 51.5％，其中住宅占 65％，共 29.253 万 m²；高层占 26％，共 117000m²；其他 9％为物业管理用房和商业、幼儿园用房 4.05 万 m²。建筑容积率为 3.75。

一、公 司 简 介

　　小区管理处隶属××物业管理公司。本公司现有总资产×××万元，各类专业服务人员逾××余人。现今，本公司已跃居天津最具有规模及极负盛誉的物业管理公司之一。专业提供全方位的物业管理服务、保安服务、清洁服务、维修服务、家政服务等。通过多年的实践，我们在市场上取得了一席之位，为社会树立了健康、完善的物业管理形象，创立了"水族"特色的物业管理模式，这是公司管理层的正确领导和全体员工的勤奋工作而得来的。公司奉行"业主至上，服务第一，寓服务与管理中"的宗旨，倡导"业主永远第一"理念，并高瞻远瞩，为顾客长远之需求而作出部署。

　　公司管理的"××××"、"××丽都"等住宅小区，连续两年被评为天津市"文明住宅小区"、"安全文明小区"、"十佳卫生示范小区"的最高荣誉。本公司经过不断的探索、发展、完善，建立了制度化、科学化的国际标准管理体系，并通过了 ISO9002 第三方国际机构认证。在未来发展方面，公司将密切关注顾客之需求，加强人员培训，借此不断提高服务素质，以创造更好的经济效益及社会效益。

　　本公司采用了将总经理全权负责的垂直指挥职能与职能部门的专业职能结合起来，既保证了公司一把手对各部门的直接领导指挥、充分掌握全局情况，把握方向，正确决策，又能够放手授权给公司管理执行层去操作具体工作的进行。而作为基层工作各管理处，则能在各职能部门的领导、监督和考核下依照明确的目标和要求具体工作。在实际工作中，本公司还特别重视各类有效会议的召集，如职能部门的每一周例会，各管理处主管每日的晨会等。会上反映情况，汇报工作，讨论问题，制定措施；会下监督检查，了解情况，捕捉信息，观察动向，细微周密科学的管理体制时刻把握着公司正常运作的脉搏。

　　向管理要效益是本公司做好物业管理工作的基本要点，也是公司生存和发展的客观要求。我们积极走向社会、走向市场、适应社会、适应市场，以市场机制来调节我们的行为，不断修正我们的管理方式和策略，最大限度地获得经济效益、社会效益和环境效益，并坚持三个效益的统一和协调。在内部管理上，我们始终坚持优胜劣汰的竞争原则。"平平淡淡就是错，无功就是过"是我们判断员工合格与否的标准。每个主管以上干部必须同时担任三项工作，否则就是不称职。竞争机制的引入，为公司始终以健康向上一往无前的精神风貌发展壮大，提供人力资源的保障。

　　公司经过不到 6 年的发展，探索出了一些值得提倡的科学做法：

　　（一）对待住户重视第一印象，因为能否与住户建立良好的合作关系，很大意义上取决与住户入住或进入小区的第一印象。

　　（二）把住户的责备批评当成神佛之声，不论责备什么，都要欣然接受，"要听听住户的声音"，是公司经常向员工强调的重点。倾听之后，要即刻有所行动，这是搞好对住户管理工作的重要条件。

（三）对待住户都一视同仁，包括新老住户、不同身份的住户、通情达理或刻薄刁蛮的住户、临时租房的住户、公司户等。因为每一个不同的人，都可以为我们的企业形象带来相同的正面或负面的影响。

（四）不在住户及来往客人面前斥责员工。因为让外人看到领导斥责、争吵的场面，会使他们感到厌恶难受和蔑视。同时，也维护了员工的基本自尊。

（五）以节约为荣，视浪费为耻。公司经常教育员工，从一把刷子到一张纸，都不允许浪费，告诫员工做到"物尽其用，反复再反复"，比如油刷、电脑纸。

（六）培养住户自律，杜绝任何形式的警告牌，做到跟踪清扫，以整洁的环境来自律住户的不良行为，使其不忍心破坏。

（七）科学管理，规范服务。向管理要效益这是本公司做好物业管理的基本出发点，也是本公司生存和发展的客观要求。本公司并已通过ISO9002认证，使大家的一言一行都有文可依，有据可查，用科学的管理体系来规范我们平时的工作，使整个管理服务水平达到一个较高的层次。

××花园物业管理体现的是"以人为本，人性化的管理、科学的服务"，使业主真正感到家的温暖，以我们无微不至的服务更好地体现"全心全意，业主第一"的信誉和良好的形象。

二、拟采取的管理方式

小区管理处将采取经理领导下的岗位负责制，这是一种直线的领导形式。由于管理处的编制精干、简单、职责明确，多以日常工作由经理直接对各部门领导集指挥等职能于一身，便于经理全面掌握日常工作及人员状况，减少控制。

管理处在内部管理上，采取的是将管理活动和管理手段构成一个连续封闭回路的做法，即注重封闭性，这样才能形成有效的管理。否则如果管理系统内的结构、联系松散，没有一定的控制，那么内部管理必定是无效的。

特别注意的是反馈渠道，主要是严格按照ISO9002国际质量认证的体系进行的过程控制。而且还通过日会、周会、月会来反馈各种情况。管理工作的控制方式：

1. 科学、全面、严格的质量保证体系及岗位责任制、各项规章管理制度；

2. 严格的考核、奖罚、晋升、辞退制度，多样的激励手段；

3. 及时细致的思想教育工作，团结向上、热情饱满的工作状态；

4. 融洽的住管双方关系，畅通的沟通渠道。

另外本公司非常重视对外服务质量的控制。

三、公 众 制 度

为加强××花园的管理，维护全体业主和物业使用人的合法权益及我物业管理公司的权益，维护公共环境和秩序，保障物业的安全与合理使用，根据国家有关物业管理的法规政策制定本制度。物业管理人员及全体业主、物业使用人均自觉遵守。

（一）物业管理公司的权利和义务

1. 物业管理公司的权利

（1）物业管理公司根据有关法规，结合实际情况，制定小区管理办法；

（2）依照物业管理合同和管理办法对住宅小区实施管理；

（3）依照物业管理合同和有关规定收取管理费用；

（4）有权制止违反规章制度的行为；

（5）有权要求业主会协助管理；

（6）有权选聘专营公司（如清洁公司、保安公司等）承担专项管理任务；

（7）可以实行多种经营，以其收益补充小区管理费用。

2. 物业管理公司的义务

（1）履行物业管理合同，依法经营；

（2）接受管委会和住宅小区内居民的监督；

（3）重大的管理措施提交物业管理委员会审议，并经管委会认可；

（4）接受房地产行政主管部门、有关行政主管部门及住宅小区所在地人民政府的监督指导。

（二）业主会的权利和义务

1. 管委会的权利

（1）制定管委会章程，代表住宅小区内的产权人、使用人，维护房地产产权人和使用人的合法权益；

（2）决定选聘或续聘物业管理公司；

（3）审议物业管理公司制定的年度管理计划和小区管理服务的重大措施；

（4）检查、监督各项管理工作的实施及规章制度的执行。

2. 管委会的义务

（1）根据房地产产权人和使用人的意见和要求，对物业管理公司的管理工作进行检查和监督；

（2）协助物业管理公司落实各项管理工作；

（3）接受住宅小区内房地产产权人和使用人的监督；

（4）接受房地产行政主管部门、各有关行政主管部门及住宅小区所在地人民政府的监督指导。

（三）物业管理费用的收缴及管理

1. 物业管理费：是指物业管理单位受物业产权人、使用人的委托，对本小区内的房屋建筑及其设备、公用设施、绿化、卫生、交通、治安和环境容貌等项目开展日常维护、修缮、整治服务及提供其他与居民生活相关的服务所收取的费用。

2. 物业管理服务收费根据提供的服务性质、特点等不同情况，分别实行政府定价和经营者定价。

为物业产权人、使用人提供的公共卫生清洁、公共设施的维护保养和保安、绿化等具有公共性的服务以及代收代缴水电费，实行政府定价或政府指导定价。

凡属物业产权人、使用人个别需求提供的特约服务除政府物价部门规定有统一标准者外，服务收费实行经营者定价。

业主使用本物业内有偿使用的文化娱乐体育设施和停车场等公用设施、场地时，应按规定缴纳费用。

3. 物业公司将定期（6个月）向广大住户公布收费的收入和支出的账目，公布物业管理年度计划和小区管理的重大措施，接受小区管委会或物业产权人、使用人的监督。

（四）房屋及维修管理

1. 房屋外观完好、整洁；

2. 小区内组团及栋号有明显的标志及引路方向平面图；

3. 房屋完好率 98% 以上；

4. 无违反规划的私搭、乱建现象；

5. 封闭阳台统一有序，阳台（包括平台和外廊）的使用不碍观瞻；装饰房屋的，不危及房屋结构与他人安全；

6. 房租、水、电、气等各项费用，实行便民统一代收代缴，收缴率达 98% 以上；

7. 房屋维修及时率达 98% 以上，合格率达 100%，并建立回访制度和访问记录；

8. 房屋资料档案齐全、管理完善，并建立住房居住档案，住房所在栋号、门号、房号清晰随时可查。

（五）设备管理

1. 小区电梯按规定时间运行；

2. 居民生活用水、高压水泵、水池、水箱等有严密的管理措施，并按规定时间进行检查；二次供水卫生许可证、水质化验单、操作人员健康合格证俱全；

3. 消防系统设备安好无损，可随时启用；

4. 锅炉供暖、燃气运行正常。北方地区冬季供暖，居室内温度不低于 16℃。

（六）市政公用设施的管理

1. 小区内公共配套服务设施完好，不得随意改变其用途；

2. 供水、供电、通讯、照明设备实施齐全，工作正常；

3. 道路通畅，路面平坦；

4. 污水排放通畅；

5. 交通车辆管理运行有序，无乱停放机动车、非机动车；

6. 人为造成公共设施设备或其他业主设施设备损坏，由造成损坏责任人负责修复或赔偿经济损失。

（七）绿化管理

1. 公共绿地、庭院绿地和道路两侧的花坛、树木合理分布；

2. 本小区公共绿地人均 1m² 以上；

3. 绿地管理及养护实施落实，无破坏、践踏及随意占用现象。

（八）环境卫生管理

1. 小区内环卫设施完备，设有垃圾箱、垃圾转运站等保洁设备；

2. 小区实行标准化清扫保洁，垃圾日产日清；

3. 不得违反规定饲养家禽、家畜及宠物；

4. 房屋的公共楼梯、护栏、走道、地下室等部位保持清洁，不得随意堆放杂物和占用；

5. 居民日常生活所需商业网点管理有序，无乱设摊点、广告牌，乱贴、乱画现象；

6. 自觉维护公共场所的秩序。

（九）秩序维护管理

1. 小区基本实行封闭式管理；

2. 小区实行 24 小时秩序维护制度；

3. 保安人员有明显的标志,工作规范、作风严谨;

4. 危及住户安全处设有明显的标志;

5. 加强安全防范意识,自觉遵守有关安全防范的规章制度,做好防火防盗工作,确保家庭人身财产安全。

（十）社区文化

1. 小区订立居民精神文明建设公约,加强精神文明建设,弘扬社会主义道德风尚,居民能自觉地遵守住宅小区的各项管理规定;

2. 小区居民邻里互助友爱,和睦相处,团结互助,文明居住,关心孤寡老人、残疾人等共同创造良好的工作和生活环境;

3. 小区内有娱乐场所和设施,本物业管理公司将定期的组织开展健康有益的社区文体活动;

4. 本物业管理公司将积极配合街道、办事处、居委会、派出所开展的各项工作;

5. 小区居民应支持和配合物业公司搞好活动;

6. 物业公司将及时对活动进行反馈,做好评价,满意率达 95％以上。

（十一）在物业管理区域范围内,不得有下列行为:

1. 擅自改变房屋结构、外貌(含外墙、外门窗、阳台等部位的颜色、形状和规格)、设计用途、功能和布局等;

2. 对房屋的内外承重墙、梁、柱、板、阳台进行违章凿、拆、搭、建;

3. 占用或损坏楼梯、通道、屋面、平台、道路、停车场、自行车房(棚)等公用设施及场地;

4. 损坏、拆除或改造供电、供水、供气、供暖、通讯、有线电视、排水、排污、消防等公用设施;

5. 随意堆放杂物、丢弃垃圾、高空抛物;

6. 违反规定存放易燃、易爆、剧毒、放射性等物质和排放有毒、有害、危险物质等;

7. 践踏、占用绿化用地,损坏、涂画园林建筑小品;

8. 在公共场所、道路两侧乱设摊点;

9. 影响市容观瞻的乱搭、乱贴、乱挂、设立广告牌;

10. 随意停放车辆;

11. 聚众喧闹、噪声扰民等危害公共利益或其他不道德的行为;

12. 违反规定饲养家禽、家畜及宠物;

13. 法律、法规及政府规定禁止的其他行为。

四、业 主 公 约

具体格式及内容见本部分第十七项参考样本。

五、物业公司的主要岗位及其职责

（一）决策层的主要岗位及其职责

经理的主要职责

1. 贯彻落实国家和地方政府发布的物业管理有关规定。

2. 主持公司经营管理工作的全面发展，根据实际需要，设置内部管理机构。

3. 制定公司管理章程，签署物业管理合同。

4. 选聘各部门负责人，核定各项管理制度。

5. 选聘社会专营性服务公司分担具体工作。

6. 行使董事会授予的其他职权。

（二）管理层主要岗位及其职责

1. 房管维修部部长的主要职责

（1）落实、实施本部门管理规章制度，布置各项具体工作。

（2）合理分配员工的操作岗位，监督维修、管理人员开展日常工作。

（3）定期检查各项工作落实情况。

（4）组织本部门员工参加业务知识培训。

2. 治安环境部部长的主要职责

（1）制定本部门工作计划与目标，合理安排治安保卫、园林绿化，清洁卫生工作。

（2）督促、检查各项工作的落实情况。

（3）召开部门会议，传达公司管理办法及有关制度。

（4）制定部门岗位制度，明确奖惩措施，鼓励员工积极完成下达任务。

3. 经营发展部部长的主要职责

（1）制定经营项目与经营发展目标。

（2）洽淡经营业务，合理制定各商业网点的经营办法，估算经营利润。

（3）监督、检查各服务项目的收支情况，合理安排员工岗位与工作时间。

（4）组织社区文化活动，举办健康有益的活动、比赛。

（5）选用或雇用服务人员，开展各种特殊服务。

（6）定时召开部门会议，总结经营效果，拓展业务范围。

4. 办公室主任的主要职责

（1）负责贯彻、传达总经理指示，召集、通知各部门会议。

（2）领导办公室人员、督促办公室工作人员完成上级下达的任务。

（3）负责日常人事行政管理，监督各项规章制度的执行。

（4）了解与本单位有关的各项税收政策，办理本公司的税务工作。

（5）协助公司领导制定有关财务管理、经济核算、费用开支等办法，并监督各部门执行。

（三）操作层主要岗位及其职责

1. 房屋管理人员的岗位职责

（1）熟悉物业的结构及管区住用人的基本情况，做好有关管理费用的收取工作。

（2）经常与住户沟通，耐心解答住户的疑问。宣传物业管理宗旨与服务。

（3）办理用户入住手续，定期回访。

（4）参与物业验收接管，建立图纸档案。

（5）房屋资料档案齐全，管理妥善，并建立住房档案，住户所在栋号、门号、序号清晰。

2. 维修人员的岗位职责

（1）及时完成下达的维修任务，缩短用户候修时间。

（2）对应急零星小活，做到水不过天，电不过夜。对各类管道的跑、冒、漏、滴现象及时处理。

(3) 掌握各种设备操作方法,及时排除出现的故障。

(4) 巡查物业区内市政公共设施、设备的安全运行情况,定期对设备进行保养,出现问题迅速解决。

3. 绿化人员的岗位职责

(1) 按时剪枝、补种、施肥、浇水,定期除虫洒药,并做好冬季维护。

(2) 及时制止破坏物业区内花草树木的行为。

(3) 做好绿化管理和草木生长情况记录,保持草木成活。

(4) 保持花园草坪清洁,无烟头、果皮、塑料袋等杂物。

4. 保洁人员的岗位职责

(1) 负责物业区内道路、楼道、楼梯的清扫与保洁的工作。

(2) 保持物业区内公共卫生设施清洁。

(3) 保证物业区内污水道路畅通。发现干道堵塞,垃圾道堵塞情况,应及时解决。

(4) 对蚊蝇孳生地,定期喷消毒药水,及时外运垃圾。

5. 保安人员的岗位职责

(1) 执行 24 小时保安制度,定时巡逻、看管好物业,做好防火防盗等安全保卫工作。

(2) 做好门卫登记,执行机动车辆验证换证制度。

(3) 禁止在物业区内乱贴乱画,阻止小摊小贩及闲杂人入内。

(4) 做好流动人口的监督管理工作。

(5) 懂得救护知识及消防器材的使用方法,能处理一般意外事故。

6. 经营服务人员的岗位职责

(1) 必须准时到岗,按时开放小区文化娱乐设施,合理收费。

(2) 做好商业网点的服务,礼貌待客。

(3) 做好计时服务、特约服务等用户需要的服务工作,并为孤寡老人提供无偿服务。

(4) 看护、管理好娱乐设备、设施,发现违反规定的行为,及时制止。

附:物业管理企业内部组织结构图(图 3-2、图 3-3、图 3-4)

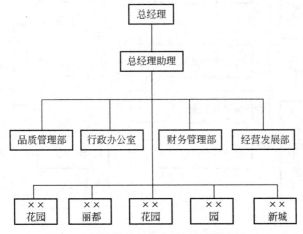

图 3-2　物业管理企业内部组织结构图(一)

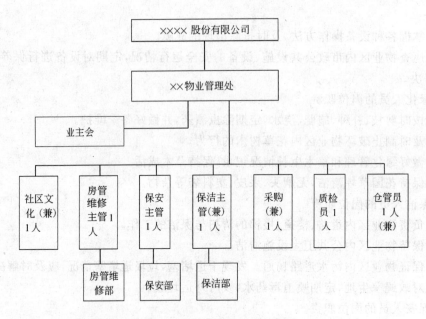

图 3-3　物业管理企业内部组织结构图（二）

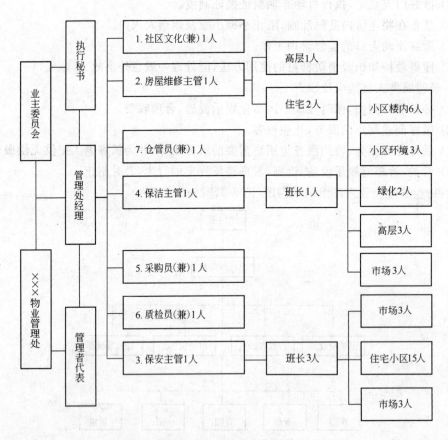

图 3-4　物业管理企业内部组织结构图（三）

六、社区文化和环境文化

社区文化是社区成员（管理员工和住户）在居住和管理活动中所创造的具有个性特色的精神财富及其物质形态。社区文化建设是我们始终不渝的追求，是社会安定团结的需要，是物业管理企业自身的需要，更是住户日益增长的文化生活的需要。社区文化具有凝聚功能、导向功能、约束功能、激励功能、辐射功能。××花园极具文化品位超前意识，它的突出个性就是中国传统文化与现代科技文化的有机融合。我们将承沿中国文化传统，在此基础上，进一步弘扬现代化的生活观念和生活方式。社区成员是物业管理的决定性因素，我们强调以社区成员为中心，尊重业主、相信业主、依靠业主，充分调动业主的积极性。通过寓教于乐、循序渐进的社区文化建设，培育社区精神，提高居民的文化素质，整合共享价值观念，增强社区凝聚力和向心力，使物业管理收到事半功倍的效果。我们的目标是××花园的文化建设具有代表性、先进性和实用性，使之成为整个文化生活中的一个标志性典范，带动整个物业管理行业文化建设上档次上水平。××花园社区文化建设将在五个层面上全方位展开。

（一）××花园环境文化建设

××花园的自然环境和人文环境构成××花园的环境文化。这是最直观的外在表现，时时刻刻影响着住户的心理情绪，影响住户的生活质量。对此我们高度重视，主要目标有：

1. 环境文化建设的目标是园区文明洁净，环境质量良好，资源合理利用，生态良性循环，基础设施健全，生活舒适便捷，形成环保意识。

2. 我们将环境文化建设纳入物业管理日常工作中。设立专门部门环境管理部，专人负责，齐抓共管。拟定制度，及时监督，并邀请业主代表组成环保小组，义务监督，沟通信息，发现问题，及时处理。我们将定期向社区成员公布环境公告。

3. 我们采取的主要措施有：垂直绿化和立体绿化、噪声监测和管制、空气污染控制等。

4. 宣传环保，倡导环保，奖惩激励。我们的方法有每季度组织住户开展一次园区环保活动，每个月举办一次环保讲座，出一次专刊。每年度进行一次环保评比奖励。如义务植树、家庭盆景插花艺术讲座等活动颇具创意，可以激发社区成员共同关心环境的潜在热情。我们要通过不懈的努力，使住户形成节约资源、能源的良好习惯，倡导居民尽可能重复使用塑料制品，在引导的基础上要求园区内市场、商场包装材料使用环保材料。

5. 对园区的标志系统、办公系统、制服系统、公共设施系统、车体外观系统等进行全面的统一设计，真正做到和谐统一，有章可循，避免盲目散乱和视觉污染。

6. 配合 ISO14000 认证，保证环境的高度整洁与和谐，通过优美的环境培养住户的自律意识，从而养成爱护环境、关心家园的良好习惯。在环境保护上既有整体大围合的措施，又有局部小围合的办法，利用小绿洲适合邻里户外交流活动的"露天会所"，形成安全、健康、亲切、欢乐的空间。

（二）××花园行为文化建设

××花园的围合式建筑营造出一片共同的空间，在这种类似私家花园的共享环境中，人们相互交往，"鸡犬之声相闻"，这种交往活动是传播社区精神、形成邻里亲善关系的重要途径。在××花园实施社区大型活动和围合小型活动相结合的形式开展丰富多彩、行之有效的社区文化活动。我们拟将××花园社区文化分为常规项目和特别策划项目，分别如下：

1. 常规项目（表 3-10）：

表 3-10

序 号	项 目 名 称	内 容 及 效 果	场 地 安 排
1	××花园英语角	口语练习、对话、普及外语	广场一角
2	书法、绘画	以书法绘画、会友、陶冶情操	物业用房
3	中老年健身操、舞	锻 炼 身 体	院落、广场
4	摄 影 沙 龙	交友、技术交流	物业用房
5	游 迷 走 廊	丰富文化生活、交流	物业用房
6	电 脑 网 吧	信 息 交 流	物业用房
7	球 类 活 动	日常体育锻炼	广场、庭院
8	茶 社	品茶、交友	物业用房
9	棋 牌 室	自娱、自乐	物业用房
10	心理咨询健身服务	保 健	物业用房

2. 特别策划项目:

(1) 开展文化娱乐活动,每年重点举办 2～3 次大型活动,如艺术节。开展各种形式的球类活动、武术、气功等。经常组织业主参加卡拉 OK 演唱会,交谊舞比赛等。

(2) 树林领养活动:将小区内的成树编号,由住户对号保养。如:同心树、尊老树、友谊树、常青树等。

(3) 为各片小朋友过生日,并在重阳节、教师节、儿童节等节日开展尊老爱幼活动。

3. ××花园文化建设制度

××花园实施长远文化战略,为达到既定目标,我们拟定了组织机构、管理规章予以保障,同时,文化建设制度本身也传达着××花园个性化的文化内涵。配合社会区文化部开展工作。对此也做出了相应规定。

七、管理人员的培训

培训,是本公司内部管理的一大特色,也是一大优势,不断地对各级员工进行不同阶段的在职培训,也将是××花园物业管理公司能否圆满完成合同期内委托管理目标的重要保证。培训所要达到的目的,是最终培养出一大批领导干部中的职业经理层管理人员;在普通职员中培养出一大批既有专业知识技能,又有现代管理水平的职业管理层人员;在保安员、保洁员的临时工队伍中培养出一大批有理想、有觉悟、有能力、有综合素质、有现代意识的新时代打工一族。就是依靠这样一批人力资源,来成就公司的事业,来完成××花园的优秀物业管理工作。

(一) 培训目标

培训的目标是针对管理者的目标而言,其目的是在态度、知识技能三个方面改变、加强或改进员工的行为或表现,从而提高管理人员的素质、技能及管理水平,以达到企业的目标。就××花园物业管理公司而言,培训的目标就是使各级管理人员的专业素质及管理水平达到一级物业管理公司资质要求,使其能为广大业主提供尽善尽美的服务。

(二) 培训方式

1. 培训的组织方式:由下至上可分为班组自行组织、管理处组织和公司组织三种方式。

2. 培训的形式及内容：

(1) 入职培训：由公司办公室负责，对新招员工进行培训。主要包括：

A. 公司发展概况、经营理念、质量方针、组织架构及主要人员介绍；

B. 公司各项规章制度讲解；

C. 员工守则，礼节礼貌，职业道德教育；

D. 物业管理基础知识；

E. 安全消防常识等；

F. 应急事件处理程序。

(2) 上岗前培训：由管理处负责，对新到岗员工上岗进行培训。主要内容包括：

A. 岗位职责；

B. 专业技能；

C. 操作规程；

D. 言行举止训练。

(3) 在职培训，主要是针对不同的工作岗位进行的专题培训或进行有计划的知识培训。其中管理处经理的培训由公司负责组织安排，一般管理人员及普通员工由管理处经理负责落实或按公司要求执行。管理处经理的培训侧重企业管理知识、人事管理技能、领导艺术、公共关系等；一般管理人员培训侧重管理思想、管理艺术的培养，沟通技巧及物业管理相关知识；普通员工侧重于专业技能及敬业乐业教育等。

(4) 外送培训：主要是选派骨干人员参加行业主管部门组织的培训。

(5) 提高员工素质培训：主要是在常规培训基础上，结合公司业务发展或管理工作需要安排的专题培训，由公司办公室负责组织落实。组织的各项专业技能的强化培训，为全脱产形式，以确保在职人员90%以上的持证上岗率。

（三）培训后的跟查或评核工作

1. 员工经过培训后，组织培训的人员要进行跟查，即在员工的实际工作中进行检查，检查员工是否按培训后的要求和标准进行工作，对不按要求做的员工进行监督和指正。

2. 培训结束后需进行现场考核及评核工作，现场考核分为实际操作和书面考核两种形式。评核工作是在员工工作一段时期后，由培训组织者检查员工受训前与受训后的工作状况，并做好记录，以便员工的直接上司、部门经理或公司领导及时了解和掌握员工工作或思想情况，并作为评核培训成绩的依据。

八、管理人员的配备

（一）管理处经理1名（简历略）

（二）房管维修部：

1. 设房管维修人员4人。其中主管1人，大专学历，具有房管及维修经验；维修人员3人，中专以上文化程度，2年以上物业管理工作经验，全部从公司现有骨干人员中调配。

2. 维修人员试用标准：身高1.70～1.85m，体重65～80kg，年龄22～35岁，持有天津市电工操作证、电梯维修证，相貌端正，品德良好，有三年以上实际工作经验。

3. 保安部：

设保安主管1名，其他人员聘请保安公司人员。设班长3名，分早、中、晚三班，其中住宅区每班设保安 5 名,共 15 名;高层办公楼 3 名,市场 1 名,全员合理调配,整个保安班合计 26 名保安员,全部从保安公司聘用专业人员,实行 24 小时巡逻。

4. 保洁部:

设保洁主管 1 名,具有员工管理经验,下设保洁班长 1 名,住宅区楼内保洁 8 人,外围保洁员 4 人,绿化工 2 人,高层保洁员 4 名,市场保洁员 3 名,整个保洁班共 22 人,除班长、主管 2 人外全部聘用保洁公司人员,具有专业特长。

5. 质检员(出纳)1 人。

6. 采购员,社区服务人员 1 名:

由公司选聘,大专以上文化程度,具有献身工作的精神,具有交际的特长。

7. 社区文化主管 1 人。

本公司届时将与各专业公司签订合约随时应对人员的变动或对人员进行主动调换。其他专业主管人员由公司及时聘请。

九、设 备 购 置

(一)现代化管理设备(表 3-11)

表 3-11

项 目	数 量	合计(元)	用 途
巡逻自行车	3 辆	1000	巡 逻
内联网络电脑终端	6 台	3000	办公自动化
管理软件开发	1 套	3000	办公自动化
空气污染监测系统	2 点	5000	环 保
噪声监测系统	2 点	3000	环 保
望 远 镜	1 部	300	巡 视
		小计:15300.00	

(二)行政、办公用品(表 3-12)

表 3-12

项 目	数 量	合计(元)	用 途
办公桌、椅	12 套	6000	
打 印 机	2 台	2000	
空 调 机	3 台	10000	
传 真 机	1 台	800	办公、资料室
保 险 柜	1 个	500	
摄 像 机	1 部	5000	社区文化活动用
照 相 机	1 部	2000	社区文化活动用
VCD 影碟机	1 部	400	社区文化活动用
电 视 机	2 部	4000	社区文化活动用
办公用资料	1 批	5000	入住资料、办公用品

项 目	数 量	合计(元)	用 途
电 话	3 部	600	
员 工 服 装	20 套(每人两套)	6000	
寻 呼 机	15 部	2700	
手 机	2 部	2000	
人 货 车	1 辆	7000	
		小计:54000.00	

（三）维修工具（表 3-13）

表 3-13

项 目	数 量	合计(元)	用 途
75 型室内疏通机	1 部	2000	
电 焊 机	1 部	1000	
冲 击 钻	1 部	1500	
切 割 机	1 部	2000	
电 工 工 具	1 部	1000	
水 工 工 具	2 部	1000	
木 工 工 具	2 部	1400	
瓦 工 工 具	2 部	600	
高空作业工具	1 套	1000	
空 调 工 工 具	2 套	2000	
铝 合 金 梯	2 架	2000	
		小计:15500.00	

（四）清洁绿化工具（表 3-14）

表 3-14

项 目	数 量	合计(元)	用 途
吸 尘 机	1 台	1500	
高速抛光机	1 台	12000	
冷/热高压清洗机	1 台	5500	
清 洁 工 具	32 套	10000	
手 拉 车	6 辆	4200	
垃 圾 转 动 车	2 辆	1000	
擦 地 机	1 台	15000	
吸 水 机	1 台	12200	
绿 篱 修 剪 机	2 部	4000	
机 动 喷 雾 器	1 部	3000	
绿 化 工 具	5 套	2500	
		小计:70900.00	

（五）治安、交通、消防管理装备（表 3-15）

表 3-15

项　　　目	数　　　量	合计（元）	用　　　途
无线对讲系统	8 台	12000	
警　棍	10 根	600	
电　警　棍	2 根	500	
警　示　牌	10 块	1000	
车 辆 减 速 驳	4 块	400	
消 防 云 梯	2 架	3000	
消 防 斧 头	10 把	500	
专用消防扳手	10 把	300	
消 毒 面 具	10 套	2000	
钢　盔	10 套	1000	
消 防 靴	10 套	1000	
手提式 1211 灭火器	10 套	2000	
小计：24300.00			

以上五项合计：180000.00

全部设备折旧年限按 5 年计算，每月折旧费用计 3000 元。

十、经费收支预算

（一）××花园物业管理费用支出及收费标准测算

1. 人工费用：

(1) 主任　　　　　　　　　　　　　　　　2200 元/月

A. 工资　　　　　　　　　　1500 元/月·人×1 人＝1500 元/月

B. 住房及福利补贴　　　　　　　　　　　400 元/月

C. 服装、保险、奖金等　　　　　　　　　300 元/月

(2) 工程技术管理员，行政财务秘书　　　1450 元/月·人×5 人：7250 元/月

A. 工资　　　　　　　　　　　　　　　　1200 元/月

B. 住房及福利补贴　　　　　　　　　　　100 元/月

C. 服装、保险、奖金等　　　　　　　　　150 元/月

(3) 保安员

　　　　　800 元/月·人×26 人＋150 元/月＝20950 元/月

A. 工资　　　　　　　　　　　　　　　　　800 元/月

B. 班长补贴　　　　　　　　　　　　　　　150 元/月

(4) 保洁员

　　　　　600 元/月·人×22 人＋150 元/月＝13350 元/月

A. 工资	600 元/月
B. 班长补贴	150 元/月

（5）其他主管人员

$$1500 \text{ 元/月·人} \times 4 \text{ 人} + 2200 \text{ 元/月} = 8200 \text{ 元/月}$$

A. 工资	1000 元/月
B. 住房福利补贴	300 元/月
C. 服装，保险，奖金等	200 元/月
D. 采购，社区服务员	1100 元/月
（6）其他人员工资（工程师、社会服务5人，业务1人）	7000 元/月
2. 行政办公费用	
（1）办公用品及水电	6000 元/月
（2）通讯费	12000 元/月
（3）车辆费	3000 元/月
（4）其他（书，报，业务，低值易耗品等）	22500 元/月
3. 清洁，卫生，绿化费用	56000 元/月

包括：楼层及公共过道，楼梯，天台，绿化，湖面清洁等清洁所必备的材料，工具：道路、路面及停车场、雨水沟、草坪灯、围栏、门窗等外围环境清洁；垃圾清运，湖水养护等。

4. 公共维修保养等	80000 元/月

包括：

（1）水电系统维修保养及用电（包括配电房、电梯、水泵、开关插座、照明灯具）。

（2）室外公共设施维修养护：道路、草坪灯、湖灯、路灯、围栏、检查井、化粪池、球场、垃圾池、下水沟、雨水、井盖、道闸、停车场设施等。

（3）楼宇日常维修保养：墙面、地面、门窗、天台、玻璃、上下管道、公共照明器材更换等。

5. 社区文化活动经费	10000 元/月
6. 湖面游乐设施、公园设施养护维修	6000 元/月
7. 市场维修养护	2000 元/月
8. 停车场设备设施维修养护费	2600 元/月
9. 折旧	3000 元/月
10. 不可预见费5%	13102.5 元/月
11. 利润10%	16646.7 元/月
12. 税金5.5%	27515.2 元/月
13. 合计	319314 元/月

根据上述支出预算各项管理费用标准如下：

湖面管理费	$5280 \div 330 = 16$ 元
商业用房管理费	$6000 \div 1000 = 6$ 元
市场管理费	$5400 \div 36000 = 0.15$ 元
住宅管理费	$183624 \div 292500 = 0.625$ 元
高层管理费	$119000 \div 117000 = 1.017$ 元

（二）××花园收入预算（表3-16）

收 入 预 算 表

表 3-16

序 号	收费类别	收费项目	单位(m²)	计 算 式	月收入(元)	备 注
一	管理费收入	住宅管理费	292500	292500×0.52 元/m²	152100	
		高层管理费	117000	117000×0.91 元/m²	106470	
		湖面管理费	36000	36000×0.15 元/m²	5400	
		商业用房管理费	330	330×16 元/m²	5280	
		市场管理费	1000	1000×6 元/m²	6000	
		小 计			275250	
二	租金	商业用房租金 (85%出租用底支付)	280.5		5049	
		小 计			5049	
三	公共设施经营收入	公共停车场 停车位(60%入住)	160 个	综合预算	14400	
		湖面游玩			5000	
		其他收入			2000	
		小 计			21400	
四	有偿服务收费	日常家庭维修装饰服务	37 项	综合预算	10000	
		家政服务	16 项	综合预算	5000	
		健康服务	5 项	综合预算	2000	
		商务服务	5 项	综合预算	1000	
		小 计		综合预算	18000	
		合计:319699				

如上表所述,公司开展多种经营增加收入弥补物业经费的不足:

44449÷409500＝0.1085 元/m²

多层管理费用标准:0.625－0.1085＝0.5165   0.52 元/m²

高层管理费用标准:1.017－0.1085＝0.9085   0.91 元/m²

(三)收支预算表(表 3-17)

表 3-17

金 额 项 目	收 入	支 出	结 余
金 额	319699	319314	385

总收入:152100＋106470＋5280＋6000＋5400＋44449＝319699

总支出:319314

八、物业管理项目招标书参考样本

××公寓物业管理招标通告

各物业管理企业:

××公寓,是×所高校和单位集资,请××公司代建的高校教职工公寓。位于××广场周边,于××年××月底竣工,××年×月交付使用。为提高物业管理水平,经研究决定采用向社会邀请招标的方式,选聘该公寓的物业管理企业。现将有关事项通告如下:

一、组织机构

在××公寓业主委员会领导下,组建××公寓物业管理招标办公室,负责招标的日常工作。

办公地点:××××

联系人:××××××

电话:××××××

传真:××××××

邮编:××××××

二、标的

××公寓一体化物业管理。

三、招标对象

具有独立法人资格,已取得物业管理经营资质的物业管理企业。

四、招标程序

(一)被邀请投标的物业管理企业,请于××年×月×日×点前以书面形式向招标办公室报名,并提交投标申请书、物业管理企业营业执照、物业管理经营资质证书、管理业绩荣誉证书或证明文件的复印件、物业管理企业简介(限1000字以内)。

(二)由××公寓业主委员会进行资格审查,选择×家物业管理企业参加投标,由招标办公室于×月×日书面通知投标单位,未接到通知的单位,不参加投标。

接到通知的投标单位,于×月×日×点前来招标办购买招标书,每套招标书价××元,并缴纳保证金××××元整。定标后,中标单位的保证金转为部分合同风险抵押金,未中标单位一周内将保证金退还。

(三)×月×日,本业主委员会组织参加投标的物业管理企业进行现场考察和答疑。

(四)各投标单位根据本通知及附件的规定和要求编制投标书(共7套),密封后于×月×日×点前送达招标办公室。

(五)×月×日~×月×日,招标办组织人员对投标企业托管的物业进行现场信誉考评。

(六)评标委员会成员由本业主委员会聘请物业管理行业的有关领导和专家组成。评标委员会于×月×日~×月×日采用会议形式评标。评委在评标会上对参加投标单位的标书、答辩逐项进行无记名评分。各投标单位于×月×日上午派拟承担本物业管理的负责人参加答辩会进行答辩。评委可以提前一天在封闭状态下查阅标书。

(七)业主委员会对评标委员会的评标结果和信誉考评组现场的考评结果进行综合审查、定标,于×月×日公布招标结果。

(八)被确定参加投标而放弃投标的企业,其保证金不予退还。

五、要求

(一)××公寓的物业管理工作,应遵照执行国家、省、市管理的有关法规政策。

(二)投标单位在投标书中应陈述:

1. 公司简介；

2. 对招标书中《物业管理招标内容及要求》各项的承诺程度及履行诺言拟采取的措施，含人员配置、条件装备、管理办法和措施等；

3. 公共服务费(不含电梯费、二次供水费和公共照明费)的报价，即×元/建筑平方米，需要详细测算过程；

4. 物业管理业绩及×年以来获得的荣誉证书。

(三)中标单位在中标后×天内与本业主委员会签订物业管理试管期委托管理合同，满一年后，经考评合格，再签订正式委托管理合同，合同期限三年(含试管期)。根据投标书和合同，对××公寓实施综合一体化物业管理。

××公寓业主委员会(代)

××××年×月×日

附件：

1.《××公寓物业管理招标书》

2.《评标项目、计分方法及定标原则》

附件一

<h1 align="center">××公寓物业管理招标书</h1>

××公寓坐落在××市××地区××花园城的中心地带，×所高校和单位集资、请××公司代建的高层××公寓。××年××月开工，××年×月底竣工，××年×月交付使用。为加强公寓的物业管理，现决定采用向社会邀请招标方式，选聘物业管理企业进行物业管理。

一、××公寓建设概况

××公寓总占地面积×万 m^2 左右，总建筑面积约×万 m^2，共×幢高层建筑，由南北两个区域组成，其中×幢为×层，×幢为×层，地下均为一层。

房屋结构为剪力墙结构，屋面为橡塑共混防水卷材上再设置刚性混凝土表层，可以上人。外墙涂料，采用进口防水涂料(浮雕做法)。内墙公共部位，采用106涂料。地下室内墙采用防水涂料。

(一)北片

1. 占地面积及建筑面积

北片占地面积为×万 m^2 左右，建筑面积约×万 m^2，共×幢高层住宅。

其中：×幢为×层，每幢建筑面积约为×万 m^2。×幢为×层，建筑面积约为×万 m^2。

×幢建筑分成×个院落，×个院落为单独院落，其他×幢合为一院落。院落之间由围墙隔开。院内有×m 宽的道路、场地和绿化地。

2. 设备设施情况

(1)采用双路供电，由×变电站送至南北各一个临界变，变压后送至各幢地下室配电房。配电房内有变压器和高低压配电柜，通过电缆桥架母线送至各层配电箱，再送至各户开关箱。

每幢配电房内有干式变压器×台(×kVA)，高低压配柜×台，配电箱×只。

(2)供水×层由市政直接供给，×层以上由市网供水管供至地下室给水池，地下室有水泵房,通过泵将水供至屋顶水箱,通过水位控制器自动控制或人工控制水位,分段减压后送至各层各户。

每幢水泵房×间,给水池×座(容量×t),屋顶水箱×座(容量×t),水位控制器一个、水泵×台(×kW格兰富水泵,一用一备),每小时供水≥×m³。

(3)雨、污水分流,粪便由化粪池通过管道接至小区排污管网,雨水通过PVC管接至院内雨水井与小区管网接通,各户的空调冷凝水与雨水管相接。

每幢有化粪池×个,雨水井×个。排污水泵×台,功率×kW。

(4)消防,采取在楼层公共部位安装烟感探测器,通过在底层的消防控制室内消防报警控制柜进行控制,并与消防电梯、消防水泵、消防气压罐、排烟风机实行联动,并设有消防广播系统。

烟感探测器×层每幢×个。每幢有报警控制柜×个,消防气压罐×个,消防水泵×台(×kW),排烟风机×台,消防电梯一部(兼用),消防水池×座(容量×m²)。×幢联通互相调剂。

(5)公共部位照明,×层每幢×个灯头,×层×个灯头,采用延时开关。

(6)电话系统在底层值班室有电话间,设×对电话;有线电视接至各户;对讲呼叫系统在值班室与各户对讲呼叫。

(7)拟设监控系统:每幢监控摄像头×个(三部电梯和底层大厅),显示器×台,控制平台数待定。

(8)每幢垃圾储藏室×座(×m²)。

(9)每幢地下自行车库约×m³,可停放自行车×辆左右。

(10)每幢电梯×部,其中一部兼消防电梯,实行联动控制,载客×人。

(11)煤气管道供应系统。

(12)每幢物业管理用房建筑面积约×m²。

(13)每幢×层窗外装防盗铁栅,各户装有防盗门。每幢房顶有航空障碍灯×盏。

(二)南片

1.占地面积及建筑面积占地面积约为×万m²。建筑面积约为×万m³,其幢数、层数、院落划分、场地、道路和绿化等与北片相同。

2.设备和设施情况与北片相同。

二、物业管理招标内容及要求

(一)房屋及公用部位的维修养护

1.房屋完好率98%以上;

2.房屋碎修、急修及时率95%以上;

3.房屋碎修工程合格率98%以上;

4.保持房屋外观完好、整洁,没有缺损现象;

5.空调必须统一安装在预留的位置上。阳台已统一封闭,阳台的使用不碍观瞻;

6.管线统一下地,或入公共管道;

(二)公共设施、设备及场所的使用、维修、养护、管理和收费(含消防、电梯、机电设备、供水、道路、地下车库等)。

1.协调配合水、电、气等专业部门做好水、电、气等设施设备正常运行的保障工作;

2. 公共设施、设备完好无损,如有损坏应及时修理;

3. 道路通畅,路面平整;

4. 消防报警系统完好,可随时启用;

(三)安全护卫,维持正常公共生活秩序

1. 出入口 24 小时值班;

2. 安全护卫人员 24 小时巡查;

3. 对入口、重要部位 24 小时监控;

4. 无私设摊点、广告牌、广告字画、乱贴乱画现象;

5. 无小商小贩高声喊叫;

6. 危及住户安全处设有明显标志及防范措施;

7. 有应急处理计划和措施,必要时能及时报警,并努力防止事态进一步恶化,协助保护现场;

8. 确保无重大火灾、刑事和交通事故;

9. 对外来访探人员,建立询问登记制度。

(四)清洁卫生

1. 保洁

(1)建立清扫保洁制度;

(2)房屋立面、公共楼道及区内道路整洁,无堆放杂物现象;

(3)全天候、全方位保持清洁。

2. 卫生

(1)水箱一年清洗一次,供水符合卫生标准,无二次污染及隐患;

(2)定期杀灭蚊、蝇、鼠,并做到无孳生源;

(3)区内不得违反规定饲养家禽、家畜及宠物;

(4)排放油烟、噪声等不能超过标准。

(五)交通车辆管理

1. 摩托车、助力车和自行车存放入地下车库或指定地点;

2. 禁止停放汽车;

3. 定期清理破旧、长期无人使用的自行车。

(六)住宅区档案资料管理

1. 收集、保存有关小区物业管理的政策、法规、章程;

2. 收集整理有关公寓区的建筑图纸、竣工验收资料、房屋单体竣工图;

3. 收集、保存住户档案、装修管理档案、维修档案;

4. 记录公寓区域的巡视、门卫情况,保存投诉与回访资料;

5. 其他管理活动记录及档案。

(七)服务质量及效果

1. 服务人员要统一着装、尽职尽责,岗位职责上墙公布,服务项目及价格上墙公布;

2. 公共性服务费收支情况定期(一年 2 次以上)公布;

3. 维修基金账务按规定报业主委员会审核,要定期向业主通报;

4. 认真接待群众投诉,建立群众投诉记录,有效投诉办结率 98% 以上,回访率 100%;

5. 业主意见反馈满意率 90％以上。

（八）法律政策及合同规定的其他事项

（九）代办生活服务项目及收费标准

1. 代理、代办生活服务项目必须接受业主或有关部门的委托。

2. 具体代理、代办生活服务项目及收费标准由物业管理公司在投标书中说明，进驻后和业主商量后确定。

三、招标条件

（一）具有按×年房改成本价×元/m² 的×％（含购房职工的×％）提取的维修基金每幢×万元。

（二）提供物业管理用房，每幢×m²，由物业管理企业承租使用，租金纳入物业维修基金管理。租金每月×元/m²。

以上维修基金由××公寓业主委员会管理，专户存储，专款专用，实行收支两条线，物业管理公司需要使用维修基金，经业主委员会审核批准后划拨使用。

四、有关说明

（一）中标单位应根据国家、省、市的有关法律、法规及与本业主委员会签订的物业管理委托合同对××公寓实施统一管理，进行服务，自行经营、自负盈亏。

（二）××公寓委托管理期限为×年（从××年×月至×年×月止，含试管期一年）。

（三）中标单位在定标后×天内与××公寓业主委员会签订物业委托管理合同，签订之日起，即为中标单位物业管理的接管时间。

（四）投标单位根据本招标书提供的条件信息和自身条件，参照有关收费标准的规定，自行确定本物业管理公共服务的投标价（元/平方米建筑面积）。

（五）中标单位必须加强对公寓区内所有建筑内、外墙的管理，杜绝违章装修搭建。

（六）中标单位应严格按照投标书和委托管理合同的约定进行物业管理，如达不到规定要求，管理维护服务水平下降，业主投诉多或出现重大管理失误，委托方有权提出罚没风险抵押金，直至终止委托管理合同，并进行财务审计，责任由中标单位负责。

（七）本次中标单位为两家，南北两片各管一片，由中标的两家抽签决定。

（八）投标书是合同的当然组成部分，具有同等法律效力。

五、投标、开标时间

（一）各参加投标单位做好标书，密封后于××年×月×日×点前送达招标办公室，逾期按弃权论处。

（二）开标时间为×年×月×日。

六、其他约定事项

（一）本次招标中，任何违反招标文件规定，在投标过程中违法违纪，或采用不正当竞争手段的，一经查实，取消投标单位本次投标资格，已中标的，终止委托管理合同，一切后果由责任方负责。

（二）公寓各幢如有未出售的空置房，自中标单位于接管之日起，×个月内免交物业管理公共服务费，×个月后由有关高校和有关单位按规定支付应付的物业管理公共服务费的×％。

（三）中标单位承租的物业管理用房，不得转租，不得另作他用，或从事违法经营。

附:××公寓总平面图。(略)

附件二:

评标项目、计分方法及定标原则

一、评标项目:

评标项目分为标书、公共服务费投标价、现场答辩和企业信誉四大项,分别按百分制计分,前三项由评委评分,第四项由招标办公室派员到投标单位受托物业现场考查计分。

二、计分方法及定标原则:

(一)计分方法

评标按标书、公共服务费投标价、答辩、信誉四大项分别以百分制评分,权重系数各为30:50:10:10。计分时在各大项中的分项得分中去掉一个最高分、一个最低分后取平均值,得出分项分值;分项分值之和为该大项总分;大项总分乘以对应的权重系数后相加之和,为投标单位总分。(精确到小数点后第二位)

(二)定标原则

1. 定标以总分由高到低排名,取前二名为中标单位;若出现得分相同时,则采取抽签的方法来最后确定中标单位。

2. 在投标过程中发现有违法违纪现象,或采取不正当竞争手段的,一经查实,取消其本次投标资格。

3. 公共服务费(不含电梯费、二次供水费和公共照明费)的投标价若高于××号文件规定的指导价,作废标处理。

三、其他

(一)评标中遇有特殊情况,由招标办报业主委员会审定。

(二)本次招标文件解释权归招标办公室。

××公寓物业管理招标补充通知

(兼问题答疑)

各入围物业管理企业:

×月×日上午,招标方组织各单位到××公寓建筑现场,进行了认真的察看,在察看过程中,大家提出了一些问题,现补充通知如下:

第一部分

一、××公寓建筑性质的定位是什么?

答:××公寓系×××集资的、经济实用型普通高层住宅。

二、物业区内道路面积、绿化面积各多少?每幢围墙护栏、残疾人通道护栏的长度是多少?

答:道路面积、绿化面积目前尚无准确数据,待道路、绿化规划设计定稿后另行通知。围墙护栏及残疾人护栏长度,各单位可自行测量。

三、公共服务费报价的详细测算过程,是否需要在投标书上反映?

答:需要。

四、投标书的表述顺序怎样？

答：投标书的表述顺序按《××公寓物业管理招标通告》要求陈述。

五、每幢楼内的重要部位（如配电房）是否配置单体灭火器？

答：××公寓的消防设施方案是经消防部门批准的，按消防部门批准的方案执行。

六、每幢楼的配电房是否需要 24 小时双人值班？

答：由物业公司按供电部门的规定执行。

七、自行车库太小，是否可在地面建车棚？

答：不可。按招标书的要求处理。

八、设备保修期内的费用是否包括设备的年检费？

答：设备保修期内的费用，不含年检费。年检费由业主承担。

九、各幢楼之间是否有对讲联络系统？

答：没有。

十、是否有信报箱设备？

答：有信报箱设备，目前尚未安装好。

十一、监控装置的情况怎样？

答：参建单位已决定增装电子监控系统（含记录功能），具体方案待定。

十二、如何抄电表、水表？

答：公共部位的用电，由物业公司抄表。各户用电由供电局抄表。供水抄表由中标的物业公司、自来水公司商定。

十三、关于物业管理用房的租金标准问题。

答：根据××市人民政府第×号令，每建筑平方米租金由×元/月改为×元/月。

十四、地下室水泵房无门怎么办？

答：由建设方增设。

十五、消防泵（立式）电机与楼板的空间太少，且无吊勾，维护困难怎么办？

答：消防单位验收时，由消防部门鉴定，按消防部门的意见办。

十六、谁向住户交钥匙？

答：由有关学校与物业公司具体商定。

第二部分

一、标书文字表述要简洁、准确。标书一律打印装订成册。标书必须有法人代表签名（盖章）并加盖单位公章后方为有效。

二、投标人必须是企业法人代表或持企业法人代表授权委托的其他人员，授权委托书必须密封在投标书袋中。

三、开标时，公证处要检验投标人的证件。（身份证和企业法人授权委托书）特别要说明的是投标人的身份证上姓名必须与标书和授权委托书上的姓名完全一致，若出现错别字或同音字情况时，则均作为废标处理。

四、公共服务费只能有一个报价，（精确到人民币“分”）。若在标书中出现几种不同情况下几种不同报价时，亦作废标处理。

五、参加评标时的答辩人，即中标后具体承担本物业管理的负责人，必须要有物业公司法人代表签署的聘书和授权委托书。

××公寓物业管理招标办公室

××年×月×日

附:标准层平面图二张(略)

九、物业管理项目投标书参考样本

××公寓物业管理投标书

××公司

××公寓物业管理公共服务费报价书

××公寓业主委员会:

(一)根据已收到的《××公寓物业管理招标书》、《××公寓物业管理招标补充通知》等物业管理招标文件,遵照《××省普通住宅区物业管理公共服务费等级收费暂行办法》(×号)的规定,我单位经考察现场和研究招标文件后,经过仔细测算,公共服务费愿以人民币×/m²·月的价格,按招标文件的要求对××公寓(片)实施综合一体化物业管理。

(二)我公司保证:自接管高教公寓之日起,按×级等级标准实施物业管理服务,×年内成为市级、省级物业管理优秀住宅小区,×年内通过 ISO9002 质量体系认证;×年内力争成为国家级优秀住宅小区并通过 ISO14000 质量体系认证。

(三)贵方的招标文件、中标通知书和本投标书将构成约束我们双方的合同。

投标单位:××公司

法定代表人:×××

日期:××年×月×日

目 录

第一章　××公寓物业管理投标书

第一节　××公司情况介绍

　　××公司是按现代企业制度建立并取得省级物业管理资质的独立法人企业。公司成立于××年×月,并于当年成为××市物业管理行业协会的首届会员单位,××年又被推选为该行业协会的理事单位。

　　公司总部现设有总经理办公室、物业管理部、工程设备部、物资采购部、财务部等四部一室。现有总资产××余万元,各类专业服务人员逾××人。其中具有中级专业技术职称以上的人员×人,部门经理以上干部均拥有国家建设部颁发的物业管理资格证书。公司高级主管均有多年从事物业管理工作的经验,曾主持创建并获评审通过"全国城市物业管理优秀大厦"。

　　公司现受托管理的物业类型包括写字楼、工业园、大厦、住宅区等,尤其擅长于大厦管理,其中主要的物业"××大厦"位于×号,占地×m^2。建筑面积×m^2,是一座现代化的办公楼,已于××年分别通过行业主管部门考评,获得市级"城市物业管理优秀大厦"称号。公司致力于运用先进的管理方法提高企业的服务质量,于×年在物业管理行业中率先导入ISO9002国际质量保证模式,以提高公司管理水平和服务质量,为业主提供更满意的服务。该体系于××年×月中旬一次通过×国"SCS"国际通标公司的第三方国际认证,成为省级物业管理企业和××市物业管理行业中首家通过 ISO9002 国际认证的物管企业。为市物业管理行业的发展做出了积极的贡献。

　　本公司的架构设置集中了事业部制和职能制的优点,既保证了公司领导层对各部门的直接领导指挥,以充分掌握全局情况、做出正确决策,又能够放手授权给公司管理执行层操作具体工作的进行,而作为基层作业层的各个管理处,则能够在各职能部门的指导、监督和考核下依照明确的目标和要求独立经营,提高了管理的灵活性和对市场竞争的适应性,又具有较高的稳定性,有利于培养全面的管理人才。在这套架构的实际运转过程中,本公司根据实际情况不断对其进行调整和完善,以确保其始终保持高效运行。

　　物业管理的最终目的是为了发挥物业的最大使用功能,使其保值增值,并为物业所有人和使用人创造整洁、文明、安全、舒适的生活和工作环境,最终实现社会、经济、环境三个效益的统一和同步增长。这也是我们在工作中为之奋斗的目标,为了更好、更快地实现这一目标,本公司自创建以来,就以"发展精品战略,创建名牌企业"为指导思想,坚持企业要做到"高起点、高标准、高质量"。并在工作中形成了以下几点做法:

　　1. 以人为本、重视培训

　　人才对企业来说,是最重要的资源,是决定企业发展的主要因素,为人才的成长和发展创造一个良好的环境是我们坚持的一贯方针,在我公司内部,已形成了"能者上,庸者下",奖罚严明的良好的用人体制。对此,我们对外积极寻找引进人才,对内加强培训、培养和发现人才。每年我们都要制订详细的培训计划,从总经理到保洁员,每个人都要参加相应内容的培训,规定基层服务部门主管以上负责人都能熟练操作电脑,鼓励大家一专多能,每年的培训考核成绩都作为职务晋升和年终奖励的重要依据。

　　2. 科学管理,规范服务

　　向管理要效益是本公司做好物业管理工作的基本出发点,也是公司生存和发展的客观要求。为此，我们积极引进了 ISO9002 国际质量体系标准，并在此体系内，严格按照"管理专业化、服务规范化、经营企业化"的思想建立起一整套科学规范的管理体制。使大家的一言一行都有文可依、有据可查，用科学的管理体系来规范我们平时的服务工作，使本公司的企业管理水平及企业整体素质都达到了较高的层次。在管理工作中，我们充分利用电脑管理等先进的管理方式，各部门的工作情况、业主的有关资料通过电脑联网查寻，一目了然。有效地提高了工作效率和质量。

3. 业主第一、服务到家

"业主永远是我们的上帝"，这是常常挂在我们嘴边的一句话，业主的需要，就是我们工作的目标，为各位业主提供优质高效的服务，是我们应尽的义务。在抓员工素质培养上，我们要求员工面对业主永远要保持微笑姿态，对业主提出的要求，不允许说"不"字。在抓企业人员管理上，我们对员工着装、接听电话用语、行走站立姿势、与业主讲话语气语调态度等方面都有明确的行为规范要求，在提高对业主的服务质量上，我们千方百计，想方设法，一切从业主的利益着想，努力强化员工的优质服务意识，做到了"业主想到的要做好，业主没有想到的也要做好"。公司通过一系列的培训和教育，既提高了员工的素质，也向社会大众展示了我们的精神风貌。

××公司的理念是"全心全意、业主第一；说到做到，讲求实效；诚信服务、追求完美"，公司的服务宗旨是"科学管理、规范服务，设身处地为业主着想；精打细算为业主计算；体贴入微为业主服务"，我们愿通过自己的努力，通过自己对业主的全心服务，取得政府、社会、业主的认同。

第二节　拟采取的管理方式、工作计划

第一部分

搞好××公寓物业管理服务工作的整体设想及策划。××公寓是在××组织下，由×所高等院校集资兴建的高层教职工住宅公寓。它坐落在××××，这里风景秀丽、交通发达、生活便利。居住在这里的业主都是各高校的专家、学者，他们对物业管理水平的要求之高是不言而喻的。我公司作为物业管理行业极具潜质的后起之秀，作为首家通过 ISO9002 国际质量认证的专业物业管理公司，完全有能力有信心承担起公寓的物业管理工作，一旦我公司能在这次竞标中获胜，我们将充分凭借自己的人才优势、文化优势、技术优势、管理优势和资金优势，把公寓建设成为体现现代城市风采和催生现代文明的摇篮，成为中国高层住宅区物业管理的典范。

我们的管理总目标是：

（1）自接管高教公寓之日起，按×级等级标准实施物业管理服务，×年内成为市级、省级物业管理优秀住宅小区，×年内力争成为全国城市物业管理优秀小区，成为全国物业管理的示范基地。

（2）自接管高教公寓之日起，×年内建立实施并通过 ISO9002 质量体系认证，并在硬件条件符合要求的情况下，通过 ISO1400 质量体系认证。把××公寓建设成高标准的园林型示范小区。

整体的设想与策划分为六个方面：

1. 高标准、高水平管理的措施

（1）建立和实施完善的物业管理质量体系。

物业管理行业的发展过程证明了要达到高质量的物业管理服务水平必须建立一套高标准的质量保证体系。近几年来,在国内物管行业逐渐推广实施的 ISO9002 和 ISO14000 质量体系标准被实践证明是行之有效的,这一点我们公司在导入并通过 ISO9002 质量体系国际认证后,就深深地体会到其好处。在××公寓的物业管理工作中,从一开始就要坚持做到高标准、高起点,科学管理、规范服务。要根据××公寓的管理模式和特点尽快建立和实施 ISO9002 和 ISO14000 质量管理体系。

(2)培育高素质的员工队伍。

人才对我们来说,是最重要的资源,它决定了企业的兴衰。在人才的管理上,我们着重抓好两个环节,一是"引进关",引进的人才要具有较高的专业技能和较好的综合素质。二是"培训关",我们公司每年都要针对不同人员分别制订出详细的培训计划,要求大家都要做到一专多能,每年的培训考核成绩都要作为职务晋升和年终奖励的重要依据。作为搞好物业管理服务工作的重要前提,我们的人材培养目标是:培养一支高素质的精干的员工队伍。

(3)加强和完善物业管理的硬件条件。

在高教公寓物业管理工作中,除了要充分依托现有的管理设备外,还需投入一笔资金加强和完善物业管理的有关设备、设施,如要实行全电脑化办公系统、保安快速反应系统和完善的监控系统等。

(4)营造富有特色的社区文化。

具体内容在后续章节中有详细描述。

(5)实施住宅区人性化管理。

崇尚人性,是我们管理工作的精髓。在××公寓,我们将广泛引入人性化物业管理的理念,关注业主的生活质量,关注员工的不同需求,在管理、环境、空间各个层次和环节营造一种既相互信任、相互尊敬,又有明确的行为规则这样一种和谐、有序的舒畅环境和文化氛围。从而使人们的潜力得到充分发挥,人们对工作、生活、文化上的品味需求得到满足。使我们的管理工作得到业主的理解、认可和支持。也使公司的经营管理理念得到管理员工的普遍认同,在物业管理的各处细节,要体现出对人的珍爱和关怀。

(6)注重发挥业主自治、自律的功能。

以业主管理委员会为代表的广大业主共同参与物业管理,变单向推动为双向共管,是物业管理发展的要求和趋势,只有启发广大业主共同参与物业管理,增强业主自治、自律功能,使业主自治、自律与专业化物业管理相结合,才能使××公寓物业管理真正得到升华,这也是发达国家和地区物业管理的重要经验。为此,我们将充分发挥××公寓业主管委会作用,通过业主的内部组织网络和组织社区内的文化活动,潜移默化地增强业主参与管理的意识。

(7)按照发达国家的管理趋势,保证管理上的超前性和创造性。

具体内容在后续章节中有具体描述。

2. 管理深度和广度的做法

社会在进步、时代在发展。对于××公寓这样一个人文荟萃的住宅区的广大业主而言,物业管理服务的深度和广度是没有止境的。我们认为:随着社会的进步和社会分工的不断专业化,物业管理公司在管理深度和广度上,除了依靠科技手段外,还应尽可能和社会各专业服务机构联合,满足业主的多方面需求。我们提出以下三项措施:

(1)在××公寓建立相应的居民生活商业网点。从满足居民生活需要做起,利用各种条件逐渐开办小超市、家电维修中心、健身中心等等,为广大业主提供各种便利条件。

(2) 管理处全方位建立商业服务信息网,与各商家、专业服务公司建立广泛联系,满足业主需求。如物业保险代理、租赁代理、房屋装修代理(后续章节详细阐述)、信息咨询等等。

3. 超前性、创造性、全方位服务的意识

(1) 超前性是××公寓物业管理前卫和榜样地位的标志。××公寓作为全国示范性的高层住宅区,物业管理工作要保持一定的超前性。重点由以下几点组成:

1) 实施住宅环境形象设计与建设(DIS)工程。住宅环境形象设计与建设是继企业形象策划(CIS)之后更富时代特色的新概念,它已同资源、人才、科教、环境、信息等一样,成为构成住宅管理的要素之一,同时,具有对住宅形象的塑造功能和对物业的增值功能。

2) 全面体现对残疾人的关心。我们将在整个住宅区内对残疾人实行无障碍通行,公共区域设有关照残疾人的标识。这一措施不仅体现了对残疾人的关爱,同时也会提高居民的文明意识。

3) 充分发挥电视监控系统的作用,使管理人员及时掌握××公寓各个区域的治安状况,出入人流状况,车辆驶通状况及卫生保洁状况等,使各种紧急情况能得到及时处理。

(2) 创造性是××公寓物业管理的生命源泉

科技在进步,人们的观念在不断地转变,人们对住宅区的各种需求也在不断地扩展。高教公寓只有不断地创新,吸收国内外住宅管理精华,做人之未做,做人之难做,才能不断完善,并保持在同行业中的领先地位。如:实行物业管理企业多元化经营,我们计划在接管××公寓物业管理工作后,在其周围区域内陆续投资开设电器维修中心、美容美发中心、快餐店、健身房等,以满足广大住户的日常生活需要,同时不断提高管理处的综合实力。

(3) 实施社区全方位服务

我们在接管××公寓后,将迅速推出"温馨家园计划",充分利用××公寓及周边地区的各类设施和场所,为广大业主提供全面周到的 24 小时温馨服务。如:

1) 定期举办棋牌赛、书画展、音乐会等,丰富住户的业余生活。

2) 设立业主接待日和业主接待电话,向业主提供 24 小时全天候的保安、保洁和维修服务。

我们的口号是:"住××公寓,送全新生活方式"。使每一位入住××公寓的业主都能享受到我们温馨的服务和现代生活的便利。

4. 创造优美舒适、安全文明、洁净环境的设想

××公寓位于××河畔,是一个面向高级知识分子的高层住宅区,在物业管理工作中,我们应以高的文化品味取胜,通过住宅区软、硬件的配套服务,创造出优美舒适、安全文明、环境洁净的××公寓。

(1) 硬件建设

可靠的安全保障系统、管理完善的环境设施、简洁醒目的住宅形象设计系统(D1S)、安全方便的交通网络以及丰富的文化色彩等,一系列具有一定超前性能的先进设施、设备为××公寓高尚环境和文明建设提供了物质保证。

1) 公布空气质量周报。空气质量是环境质量的重要内容。我们拟在××公寓内业主基本上都入住以后,实行空气质量周报公布措施。这样既可以让监测数据直接为业主服务,同时又可以提高住户的环保意识。××公寓应为净化××环境做出积极的贡献。

2）建立优美的环境。为了使××公寓环境进一步活跃起来，更具文化品味，我们将与××××合作，对××公寓内各种植物进行标识、归类，将××公寓变为富有特色的小型植物园，使居民和来客感受到的不仅是满目绿草、红花，而且从植物介绍中可以增加植物、绿化知识，这是一项极有意义的措施。

3）对垃圾的分类处理。随着社会的发展和进步，环保问题越来越突出，我们计划在接管××公寓后逐步实行垃圾的分类投放和处理，并在住户手册和各投放点标明分类收集方法。

设可回收垃圾、一般垃圾和有害垃圾三类箱。可回收垃圾以报纸、书刊、瓶、易拉罐等为主，一般垃圾及渣土等为主，有害垃圾主要为各类废电池、电镀制品、杀虫剂罐等。

对垃圾的分类处理，我们将通过各种宣传手段，增强业主的环保意识，引导他们养成正确的习惯。

4）严格车辆交通管理。××公寓内住家多，人员流动量大，内部公共面积相对较小，为保证车辆进出和停放的安全有序，我们准备设置完善的各类交通标识，逐步在车辆的进出口增设监控头，加强车辆的监控和引导，及时处理突发事件。

5）运用现代科技手段，"三防"结合，确保安全。××公寓住户密集，"三防"结合是我们的基本治安思路。"三防"结合即是人防、物防、技防相结合。"人防"上我们实施快速反应系统，由管理中心统一指挥调度，强调多重结合，即流动岗与固定岗相结合、全面防范与重点防范相结合、整装与便装相结合。物防上采用透式围栏、防盗窗花等手段提高防范能力。在充分强调人的因素的前提下，逐步过渡到技防为主，运用××公寓的智能化保安设施如监控探头、门禁等，结合管理处的统一管理、快速调度，确保治安防范万无一失。

（2）软件建设

创建高档次的住宅小区，软件建设比硬件构成更为重要、更为艰巨。特别是我国物业管理行业发展时间短，管理公司和广大业主均需要进一步加深对物业管理的认识和自身修养，这个过程需要日积月累的努力，物业管理公司应着眼于长远发展，持之以恒地在软件建设上下功夫。主要有以下内容：

1）将可持续发展战略作为××公寓发展的主导战略。

2）组织落实，措施得力。成立以管理处为主、有业主代表参加的××公寓环保委员会，着眼于××公寓长远发展，依照可持续发展战略，制定和实施××公寓环保工程。

3）引入住宅形象设计与建设（DIS）功能，对××公寓进行形象塑造。

4）建立"管理处员工人人都是环保监督员"的观念，对不利于环保的行为及时予以制止。

5）营造"保护社区环境，创建绿色家园"浓厚气氛。重点放在提高环保意识，增加环保知识方面，通过环保讲座、每年六月的世界环保日系列活动等，引导住户关心社区环境。

6）鼓励节约水电，组织居民开展有利于身心健康的文体活动。

7）与××公寓的中小学、幼儿园合作，重视对学生幼儿的绿化教育，可以收到事半功倍的效果。

8）严格装修审批手续，规范施工行为，控制装修材料的使用，加强工程监管。

9）要逐步实行垃圾的分类投放、处理。××公寓要成为××垃圾分类处理的示范区。

10）设置环保宣传栏，每月更新。

11）力争尽快建立和实施 ISO9002 和 ISO14000 质量管理体系。

12）建立××公寓空气质量周报制度。

13) 软、硬件同步推进,实施"关怀残疾人工程"。

5. 体现社区文化、环境文化特色的物业管理典范模式

(1) ××公寓社区文化活动的总体构想

社区文化三项主题:营造全新的工作理念;热爱地球,保护环境;做新世纪文明使者。社区文化三项特征:人性化的管理理念;超前性的文化视角;宁静、祥和的文化气氛。社区文化的总体目标:使××公寓成为中国住宅文化的典范。

××公寓将在我们的管理下大力开展社区文化建设。××公寓的文化定位是中西方文化与现代科学技术的有机结合。我们将在环境文化、行为文化、制度文化,精神文化等四个方面全方位展开,通过循序渐进、潜移默化、寓教于乐的社区文化建设,提高业主素质,培养互助互爱精神,增强社区凝聚力,发挥社区文化的凝聚功能、激励功能和约束功能。在××公寓文化建设上,我们还注重近与远、大与小、教与乐、雅与俗的结合。我们将实施名牌与形象战略,积聚××公寓的无形资产,创造中国名牌。

(2) ××公寓环境文化的构想

针对××公寓的园林式布局和环保要求,我们除了对住宅内噪声、水质、空气等环保要素进行监测,全面加强社区环境文化和环保建设外,还准备做好以下几点:第一,维护已有的园林绿化,实施各季节植物交叉式绿化工程。第二,加强对社区内环保意识的灌输,使每个业主都自觉热爱社区内的环境。第三,我们将请设计名家根据××公寓的整体环境形象,在社区内设计摆放一些雕塑作品,以体现出优雅的艺术氛围。第四、开展社区环境文化建设,实施社区环境形象战略,整合社区环境形象,统一规划社区内的各种自然景观和人文景观。我们将拟定视觉手册、环境手册,制订全面的环境管理方案。

(3) ××公司的物业管理模式(图 3-5)

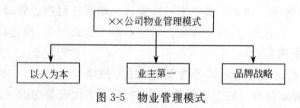

图 3-5 物业管理模式

6. 管理学前沿理论及其在物业管理中的应用

人类迈入 21 世纪,不仅发达国家,而且全世界、全人类都将先后进入知识经济社会,从而使 21 世纪成为完全意义上的知识经济时代。与此相关的,必将导致一场极其深刻的管理革命,与之相关的现代管理科学理论也将得到不断的发展和完善,其前沿理论主要集中在创新管理、以人为本、系统理论、跨文化管理等方面。

(1) 创新管理

在这急剧变化的年代里,惟一不变的真理就是:改变。那种固定不变的常规型管理已经不能适应变化的环境,必将为创新管理所取代。创新管理分以下几点内容:

1) 为适应科学技术、经营环境的急剧变化,不断进行战略创新、制度创新、观念创新和市场创新,把创新观念渗透于整个管理过程之中,作为经常性的主要管理职责。

2) 创新是物业管理工作的生命源泉,只有不断推陈出新,才能满足广大业主日益增长的物质文化需要,才能保持××公寓在全国物业管理工作中的榜样作用。

3）物业管理企业要为全体员工创造自由发挥才能的新机制。过去管理组织与制度的设计,常常以避免错误发生作为出发点,过多地强调管制,在一定程度上束缚和抑制了人们的个性和创造力。面对未来,需要的是能够激励人们不避风险不怕犯错误,勇于创新探索的管理机制。

4）在激烈的竞争中,一味模仿别人的企业是难以生存的,实践证明,成功的物业管理公司必将是具有个性化、活力化特征的创新企业,是能够创造出与众不同的物业管理模式和独具特色的经营方式的企业。

（2）以人为本的管理理论

现代管理思想把人的因素放在首位,重视处理人与人的关系,强调人的自觉性和自我实现,主张以挖掘人的积极性、创造性作为管理的核心。这一理论对物业管理行业具有重要的指导作用。

××公司的质量方针是"全心全意、业主第一;说到做到、讲求实效;诚信服务、追求完美"。服务宗旨是"科学管理、规范服务,设身处地为业主着想;精打细算为业主计算;体贴入微为业主服务"。企业精神是"团结、求实、开拓、高效"。我们的发展方针是"发展精品战略,创建名牌企业"。

人才是××公司最宝贵的资本。在公司,经营和管理骨干是人才,为推进公司整体运作水平而在平凡岗位上踏实工作的员工也是人才。××公司始终把尊重员工,培养员工,充分发挥员工的积极性、创造性作为根本,高度重视公司人力资源管理和对业主遵守各项管理规定自觉性的培养工作,倡导和营造既相互尊敬、相互信任,又有明确的行为规则这样一种和谐、有序的舒畅环境,实现业主满意的管理目标。随着社会进步,物业管理行业向着更全面、更专业化的方向发展,业主的需求也在不断地变化,××公司只有以业主需要为第一,以业主满意为目标,为业主提供最佳的物业管理服务,才能开辟出我们生存和不断发展的空间。

（3）系统管理理论

该理论认为:现代企业是为了一定的经营目的,由许多相互关联的要素、环节、部门有机地结合而成的整体,是一个复杂的社会技术经济体系。为了实现管理目标,必须运用系统思想综合分析和处理。这一理论对物业管理企业十分重要。我们经常强调的业主服务第一,注重对内,对外协调,实施 ISO9002 质量体系,扩展和应用现代管理技术等,都是这一理论的应用。物业管理是一项十分繁杂的工作,应该用系统观念、全面的观念整体把握,科学分析,全面实施。

（4）跨文化管理

经济活动与管理活动,是人的有意识的活动,必然受人们价值观念、伦理道德、行为准则、社会习俗等的影响。因而管理也是文化。管理活动与不同的文化相结合,形成不同的管理哲学和管理风格。

美国是科学管理的发源地,渗透着西方文化的美国管理理论与管理实践,取得了巨大成功,在战后一个长时期内,使美国在技术、经济、效率、效益、产品质量等方面,处于世界领先地位。20 世纪 60 年代、70 年代日本经济迅速增长,实力日益增强,到 80 年代,已形成对美国的威胁,使美国失去很多市场份额,从而使人们逐步认识到以东方文化为基础的日本式管理的魔力。美国式管理强调个人价值,强调严格的制度、理性决策技术和追求最大限度的利润等等。而日本式管理则强调和谐的人际关系,上下协商的决策制度,员工对组织的忠诚与企业的社会责任等。显然,不同管理模式的特色,源于不同的文化。

值得注意的是,美国通过对日本管理模式的研究和反思,企业经营理念正在不断变化之中,如重视企业的社会效益,人力资源的开发和员工队伍的稳定等。日本也在检讨原有管理模式的不足,正在强化人事竞争机制,摒弃论资排辈,让员工相信,只要有能力,就能够出头,强调异质化、活力化、效率化经营等。同在一个地球村,在管理文化上取长补短,相互融合是必然的趋势。需要强调的是,跨文化的管理,决不是文化的同一化,而是在保持本土文化基础上兼收并蓄,不断创新,建立既有自己特色又充分吸纳人类先进文化成果的管理模式。物业管理起源于西方,是西方文明的产物,中国在开展物业管理这十几年来,通过不断的学习和摸索,使这个行业有了较大的发展,但同西方发达国家相比,还有较大的差距。××公寓是一个人文荟萃的住宅区,业主对物业管理的要求很高,负责管理的物业公司应把国内外先进的物业管理理论同本地的实际情况相结合,努力创造出一个行之有效、独具特色的物业管理模式,才能得到政府、社会和业主的认可。

第二部分　拟采取的管理方式

面对××公寓这样一个高品味、高水平、高素质居住人群的现代化住宅小区,选择怎样的管理模式才能达到最佳的管理效果,这是我们确定管理方式的重要课题,我们在深入调查研究的基础上确定了我们的基本思路是:严格资质管理,选用专业素质和综合素质均较高的各类专业技术人才,以严格的管理制度规范各类服务,运用电脑管理等现代化手段,实现高效率、高水平的综合一体化管理,加强社区精神文明建设,实施品牌战略。

我们的管理方式分为组织机构系统、运作程序系统、信息反馈系统和激励系统四部分组成。

一、组织系统

1. 组织机构(见图 3-6)

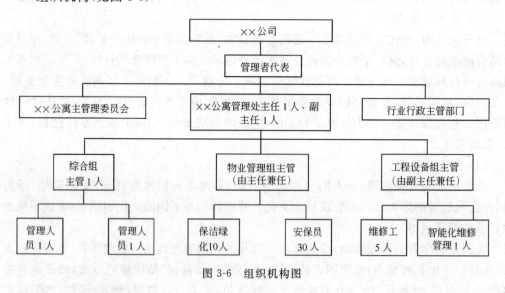

图 3-6　组织机构图

2. 组织机构图说明:

(1) 从××公寓内部管理机构图中可以看出,我们将在业主管理委员会的监督和指导下实行公司领导下的主任负责制,这是一种垂直领导方式,管理处以下不设部门经理,其编制力求精干,其人员力求一专多能。在拟制计划、组织领导和对各项工作检查指导协调等方面由管理处主任、副主任直接负责,各项具体工作在各组职责范围内由各主管(其中主任、副主任分别兼任物业管理组主管、工程设备组主管)直接安排,各主管下属人员直接向主管负责,而各主管直接向主任负责。这样的结构使权力集中、责任明确、命令统一,联系简捷、工作高效。

(2) 物业管理组负责小区安全、消防、交通、保洁、绿化、便民服务与社区文化活动等工作;工程设备组负责设备管理、维修养护及便民服务等工作;综合组负责管理处的财务工作和文件资料的管理及电脑打字等工作。

二、运作程序系统

1. 整体运作流程(图 3-7)

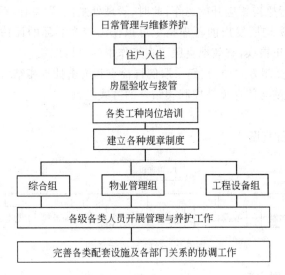

图 3-7 整体运作流程图

2. 整体运作流程图说明:

(1) 从整体运作流程图中看,我们注重于整体设计全面合理,各项工作环节紧密衔接,起到承上启下,相互制约的作用。

(2) 整体运作的各个环节我们将严格按照××ISO9002 质量保证体系进行运作,它同样适用于××公寓物业管理处的整体运作方案。

(3) 在管理处的整体运作过程中将始终运用现代化的电脑管理网络系统,从方案的拟定到各项工作任务的完成都实现智能化管理。

(4) 在整体运作过程中,始终坚持全过程管理,确保指挥与监督的封闭性管理,保证管理有效、及时到位,从而在最大限度上避免了缺漏和盲点。

三、信息反馈系统

1. 信息反馈示意图(图 3-8)

2 信息反馈示意图说明:

(1) 信息也是资源,××公寓管理处的信息来源于执行机构、监督机构和信息反馈渠道。

(2) ××公寓管理处在平时运作时,管理处主任既是指挥员,又是督促检查者,当各项

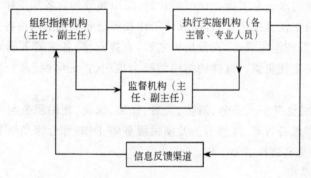

图 3-8　信息反馈示意图

工作指令下达后,执行机构相应开始运作,此时,管理处主任、副主任就可以在信息反馈渠道中获取信息,对指挥机构所发出的各项指令可以作出较为实际的评估,从而判断其正确与否,从中吸取经验,纠正错误,有效地克服了在工作中的盲目现象。

(3) 在监督机构控制方式中,我们采取例行检查和突击抽查相结合的方式进行,而监督控制的措施以预先控制与信息反馈控制相结合的方式进行。

四、激励系统

1. 激励系统示意图(图 3-9)

图 3-9　激励系统示意图

2. 激励系统示意图说明:

(1) 激励是管理处内部对员工管理的主要方式。每个员工的个人权利需要得到尊重并应始终保持旺盛的工作积极性,从而可以在一定程度上获得经济效益和社会效益。

(2) 思想工作机制重在激发每一个员工的内在潜能,充分调动员工的个人积极性,适时做好深入细致思想工作,其主要工作方式有与员工谈心,组织有益的集体活动和家访等。

(3) 奖惩机制应以表扬奖励为主,以处分为辅的原则,但奖惩要分明,用优胜劣汰的方式,纯洁用工队伍,在奖励类型上,我们坚持以精神鼓励为主,物质奖励为辅。

(4) 工资福利机制重在考核,缩小固定部分工资,加大活动部分工资,拉大距离不搞一刀切,激励员工优质服务,创造业绩和发扬团结向上的团队精神。

(5) 培养提升机制在实际工作中缺一不可,其培养的目标是使员工有较强的事业心和敬业精神,对工作能做到一专多能,精益求精。在用人提拔上不任人唯亲,而是不拘一格选拔那些有真才实学的人才,做到能者上,平者让,庸者下,从而把培养提升、培训、进修等工作有机地结合在一起,使之形成一种人才培养的良性循环氛围。

(6) 文化活动机制是沟通管理处内部员工的桥梁,通过文化活动的开展增强了员工的自信心和认同感,把员工的利益和公司的利益紧密地结合在一起。文化活动的方式可有许多种,如:集体活动、旅游、娱乐晚会和邀请家属小孩共同联欢等活动。

第三部分　工作计划

根据拟定的管理方式和管理运作流程,我们将工作计划分为前期管理工作、入住期管理工作和进入正常运行期的管理工作,按照轻重缓急有序进行,具体计划如下:

一、前期管理工作计划(表 3-18)

表 3-18

序　号	项　目	内　容	时　间
一	前期介入,参与规划、设计、建设	1. 研究规划设计示意图,掌握工程施工现状; 2. 与省教委等投资方沟通; 3. 从物业管理的角度,提出合理化建设	×年
二	拟订物业管理方案	1. 对××公寓展开深入的调查研究; 2. 针对××公寓特点,拟订管理方案	同步进行
三	组建物业管理队伍	1. 人员的选拔; 2. 人员的培训; 3. 人员的上岗	×年
四	完善管理及办公条件	1. 安排管理用房; 2. 安排员工宿舍; 3. 准备管理用物质装备	×年
五	制定管理规章制度	1. 制定切合实际的各项制度; 2. 导入 ISO9002 质量保证体系	×年
六	物业的验收与接管	1. 依据标准,逐项检查发现问题,督促整改; 2. 办理书面移交手续,做好遗留工程备案	×年

二、入住期管理工作计划(表 3-19)

表 3-19

序　号	项　目	内　容	时　间
一	办理入住手续	1. 准备入住资料,举行入住仪式; 2. 合理设置办理入住手续的流程和岗位; 3. 为住房办理入住手续,提供便利服务	×年起
二	住房装修管理	1. 对住户和装修队伍的培训; 2. 装修申报审批; 3. 修施工过程监理; 4. 装修的验收	同步进行
三	档案的建立和管理	1. 收集档案资料; 2. 科学分类; 3. 建档; 4. 运用	同步进行

三、正常运行期的管理工作计划(表 3-20)

表 3-20

序 号	项 目	内 容	时 间
一	房屋及公共设施维修保养	1. 制定房屋养护和维修计划方案； 2. 修基金的管理； 3. 房屋的维修管理； 4. 房屋的养护服务	×年起
二	机电设备的维修养护	1. 设备的资料管理； 2. 设备的运行管理； 3. 设备的维修管理； 4. 设备能源和安全管理	同 步 进 行
三	安保管理	1. 治安管理； 2. 交通、车辆管理； 3. 智能化系统的管理	同 步 进 行
四	小区环境管理	1. 园林绿化管理； 2. 清洁卫生管理； 3. 环保管理	同 步 进 行
五	财务管理	1. 财务账务； 2. 费用收取	同 步 进 行

第四部分　物资装备计划

为确保××公寓的物业管理工作有序进行,我们着眼于"必需、节约、实用"的原则,配备物质装备,同时管理处依托爱涛置业雄厚的资金实力、人才实力,做到资源共享,更好地为业主服务。拟定物资装备计划如下:

一、管理用房

管理用房按建设方所提供的××㎡面积安排小区各所属机构用房,具体安排方案另定。

二、员工宿舍

在管理用房面积中划拨一定数量的住房面积,保证24小时职守在××公寓管理处的员工都能安排在集体宿舍中住宿,具体方案另定。

三、器械、工具、装备以及办公用品计划如下

1. 办公用品(表 3-21)

表 3-21

项 目	数 量	合计(元)	用 途
办公桌、椅	15套	7500	办 公 用
电脑	1台	6000	办 公 用
打印机	1台	2000	办 公 用
传真机	1台	3000	办 公 用
保险柜	1个	500	财 务

项 目	数 量	合计（元）	用 途
照 相 机	1部	1000	社区文化活动用
办公用资料	1批	5000	办 公 用
电 话	1部	1200	
员 工 服 装	51套	6375	
小 计		32575	

2. 维修工具（表 3-22）

表 3-22

项 目	数 量	合计（元）	用 途
75型室内疏通机	1部	2000	日 常 维 修 用
电 焊 机	1部	1000	日 常 维 修 用
冲 击 钻	1部	1500	日 常 维 修 用
切 割 机	1部	2000	日 常 维 修 用
电 工 工 具	6套	1500	日 常 维 修 用
水 工 工 具	3套	1500	日 常 维 修 用
铝 合 金 梯	2架	1000	日 常 维 修 用
常用材料备件	一批	10000	日 常 维 修 用
小 计		20500	

3. 清洁绿化工具（表 3-23）

表 3-23

项 目	数 量	合计（元）	用 途
吸 尘 器	1台	1500	清 洁 用
垃 圾 桶	162个	8100	清 洁 用
冷/热高压清洗机	1台	5500	清 洁 用
清 洁 工 具	10套	3125	清 洁 用
手 推 车	5辆	4000	清 洁 用
手推式剪草机	1台	5000	绿 化 用
机动喷雾器	1台	2000	绿 化 用
绿 化 工 具	2套	1000	绿 化 用
小 计		30225 元	

4. 治安、交通、消防管理设备（表 3-24）

表 3-24

项 目	数 量	合计（元）	用 途
对 讲 机	5组	15000	治 安 用

项　目	数　量	合计(元)	用　途
警　棍	10根	600	治安用
电警棍	5根	1000	治安用
警示牌	30块	6000	治安用、交通用
车辆减速驳	5块	500	交通用
防毒面具	10套	2000	消防用
钢盔	10套	1000	消防用
消防靴	10套	800	消防用
巡逻自行车	4倍	800	消防用
小　计		27700元	
合　计		111000	

在物质装备的配备上完全按照"必需、实用、节约"的原则,同时为了保障××公寓物业管理工作的有序进行,公司将依靠自身的资金、人才优势全力支持高教公寓管理处工作,做到物质共享、资源共享。

第五部分　管理人员的配备、人员培训及人员管理

一、××公寓管理人员的配备

随着管理方式、管理手段的现代化,物业管理队伍的结构也发生革命性变化,××公寓物业管理人员的配备已从劳动密集型向技术密集型转化,管理人员应是高学历、高水平的复合型人才。为此,我们在人员配备上坚持××公司的"精干、高效、敬业"的用人原则为基础,确定"重学历也重能力、重水平更重品德"的用人标准,严把人才选聘关。管理层学历上要求达到大专以上水平,工程技术岗位引进大专以上包括计算机网络、通信技术的专业人才。人才来源上我们以内部选送为主,并高标准外聘专业人员,保证管理队伍的高素质和高水平。在管理队伍建设上,我们将采用规范管理和人性化管理相结合的方式,运用激励机制,充分调动全体员工的工作积极性,严格考核,并实行10%淘汰率,确保管理目标得以实现。

1. ××公寓管理处人员配备图(图3-10)

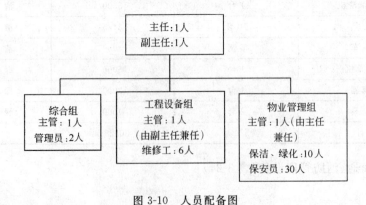

图3-10　人员配备图

2. 管理处正、副主任简介

（1）主任：×××本科学历，中共正式党员，长期从事物业管理工作，曾参与过××市首家国家级物业管理优秀大厦（×××大厦）的创建工作。现就职于××公司，任总经理，具有很强的物业管理理论水平和实践工作经验，组织管理能力强；具有创新意识和开拓精神，善于沟通，具有广泛而良好的人际关系。该同志持有建设部颁发的物业管理资格证书。

（2）副主任：××大专学历，电气工程师，长期从事企业设备管理与维修管理工作，特别具有物业设备管理丰富经验，擅长于强、弱电设备，通讯设备、机械电气设备、智能化设备维修管理，头脑灵活、反应迅速，处理问题果断干练，该同志持有建设部颁发的物业管理资格证书，并持有多种特殊工种的上岗证书，现就职于××公司，任工程设备部经理。

3. 各部门人员概况

（1）工程设备组主管×名；下辖水电维修人员×名；智能化设备维修管理人员×名。

1）对工程设备组主管要求：同管理处副主任。

2）对机电维修人员要求：中专以上文化程度，年龄××岁，具有两年以上的物业管理经验，有相关专业的操作上岗证，动手能力强，能吃苦耐劳，具备敬业精神者。

3）对智能化维修管理人员要求：大专以上文化程度，初级以上职称，精通 Windows、Office97 及 CAD 作图等，对网络通信，电脑管理均较为熟练。

（2）物业管理组主管×名；下辖保洁工、绿化工×名，安保：×人。

1）对物业管理组主管的要求：同管理处主任。

2）对保洁员要求：身高×m 以上，年龄×岁以下，初中以上文化，品德良好，身体健康，无不良习惯，本地户口。

3）对绿化养护人员要求：中专以上，林业专业，对小区内的绿化规划思路清楚，能吃苦耐劳和有敬业精神。

4）对安保员的要求：身高×m 以上，年龄×岁，高中以上文化程度，退伍军人，反应灵敏，无不良习惯。

（3）综合组主管 1 名，下辖管理人员×人（其中×人兼任会计，×人兼任资料员及打字员）。

1）综合组主管要求：年龄××岁以下，大专以上文化，具有助理经济师以上职称，精通物业管理软件，三年以上物业管理工作经验。

2）管理人员的要求：大专以上文化程度，×岁以下，熟练操作 Windows 和 Office97 文字处理系统，熟练操作爱涛置业公司物业管理软件。

二、管理人员的培训

培训，是本公司内部管理的一大特色，也是一大优势，不断地对各级员工进行不同阶段的在职培训，也将是高教公寓管理处能否圆满完成合同期内委托管理目标的重要保证。培训所要达到的总目的，是最终培养出一大批能适应各种不同的岗位的职业经理层管理人员：在普通职员中培养出一大批既有专业知识技能，又有现代管理水平的职业管理层人员；在安保员、保洁员的队伍中培养出一大批有理想、有觉悟、有能力、有综合素质、有现代意识的新时代打工一族（劳动者）。就是要依靠这样一批人才，来成就公司的事业，来完成高教公寓的物业管理工作。

1. 培训目标

培训的目标是针对管理者的目标而言，其目的是在态度、知识、技能三个方面改变、加强或改进员工的行为或表现，从而提高管理人员的素质、技能及管理水平，以达到企业的目标。

就××公司而言,培训的目标就是使各级管理人员的专业素质及管理水平达到国内一流物业管理公司的水平要求,使其能为广大业主(住户)提供尽善尽美的服务。

2. 培训方式

(1) 培训的组织方式:

由下至上可分为班组自行组织、管理处组织和公司组织三种方式。

(2) 培训的形式及内容:

1) 入职培训:由公司办公室负责,对新招员工进行的培训。主要内容包括:①公司发展概况、经营理念、质量方针、组织架构及主要人员介绍;②公司各项规章制度讲解;③员工守则,礼节礼貌,职业道德教育;④物业管理基础知识;⑤安全消防常识等。

2) 上岗前培训:由管理处负责,对新员工上岗前进行的培训。主要内容包括:①岗位职责;②专业技能;③操作规程;④言行举止训练。

3) 在职培训:主要是针对不同的工作岗位进行的专题培训或进行有计划的知识培训。其中管理处主任的培训由公司负责组织安排,一般管理人员及普通员工由管理处领导负责落实或按公司要求执行。管理处主任的培训侧重企业管理知识、人事管理技巧、领导艺术、公共关系等;一般管理人员培训侧重管理思想、管理艺术的培养、沟通技巧及物业管理相关知识;普通员工侧重在专业技能、工作技巧及敬业乐业教育等。

4) 提高员工素质培训:主要是在常规培训基础上,结合公司业务发展或管理工作需要安排的专题培训,由公司办公室负责组织落实。

5) 外出参观学习、短期研修班、外送专职培训、公司出资派人参加培训学习。

3. 培训程序及管理按《员工培训程序》进行。

4. ××公司××年管理人员培训计划(附一)(略)。

5. 高教公寓管理处××年度员工培训计划(附二)(略)。

三、管理人员的管理

管理人员是我们最宝贵的资产,我们强调人力资本增值目标优先于财务资本增值的目标。所以从这层意义上来说,经营企业其实就是做人的工作。而做人的工作,应在自我培养与开发的同时,积极从外部招聘引进,为企业培养一支过硬的员工队伍。我们的人员管理的宗旨是以人为本,善待员工,规范管理,人尽其才。在高教公寓物业管理工作中,我们将建立旨在对人才创造力进行管理和对人才潜能进行开发的人才资源管理体系,即:选优、培优、用优、留优。我们运用压力机制和激励机制,量才录用,知人善任,为人才的培养创造良好的空间。最终激励员工为企业尽心竭力,追求人力资本增值。我们的人员管理体系由五部分组成(图3-11):

1. 确定标准、严格招聘

在物业管理工作实践中形成了自己的用人标准,比较突出的做法是:重品德修养,热爱物业管理事业,讲奉献、能吃苦;重工作能力,要求员工一专多能;管理队伍年龄结构要求因岗而异,合理优化,既稳健经营,同时又充满朝气。

××公寓管理处遵循上述用人标准,确定了以下几项指标:

(1) 知识层次:为了符合高品质物业管理的要求,管理层人员除要求×%的大专以上文化程度以外,部分岗位引进本科以上的专业技术人才。操作层人员全部要求高中以上文化,安保队伍要求以退伍军人、党员为主,以保证队伍素质;维修工岗位要求全部持证上岗。

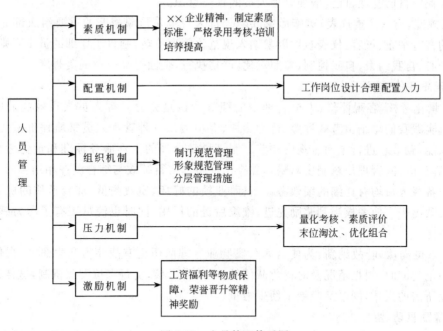

图 3-11　人员管理体系图

（2）录用考核：所有管理层人员，除经过正常的笔试、面试、心理测试等录用考核外，必须通过基本知识的考核，成绩合格者方可录用；作业层人员要通过技能考试。

（3）人员配置：逐步加大管理人员的配置比率，符合高科技、高智能化物业管理的要求，使物业管理队伍实现由劳动密集型向知识密集型转变。

（4）年龄结构：主任级决策人员为××岁、管理层员工为××岁、保安员××岁、其他操作层员工可放宽到××岁，特殊情况可适当放宽年龄限制。

（5）工作经验：所有管理层员工除必须具有物业管理经验外，还需有其他相关管理工作经历。

2. 量才适用、合理配置

为最大限度地发挥人员的主动性和积极性，充分挖掘他们的潜能，我们对企业的人力资源进行有效的配置，合理设计各工作岗位的工作内容和职责范围，目的是使人适合于职务，使职务适合于人，充分体现"会用人、用好人"的思路。我们规定新员工录用后，须由有经验的管理人员带领，到基层进行试用实习，并在实习过程中，全面测定和验证新员工的个人工作能力，对不合岗位要求的而又有其他专长的，实行调岗安排使用，充分发挥个人专长。

3. 规范管理，分层实施

（1）组织落实，制度规范：我们的人员组织管理靠的是可见的、具体的企业规范，如制订管理规章制度，明确各级人员的岗位职责和权力；建立一套合理公正的奖励制度；依据工作表现确立不同的报酬工资福利系统。通过规范企业运作，约束员工行为。

（2）分工协作，层级管理：在物业管理中，存在着许多不确定因素，所以在管理中我们对管理层及操作层员工采取不同的管理方法。对管理层员工实施授权管理，即在一定的工作范围内让他们自己管理自己,增强管理人员的责任意识。

(3)规范言行、注重仪表,实施形象战略。行为规范是形象战略的重要组成部分,我们将员工的言行举止、仪容、仪表软性因素纳入规范化管理范畴,制订了详细的员工守则,让员工熟记于心,自我约束,自我控制,参照对比,严格执行,全面提高企业的美誉度。

4. 素质评价,绩效考核

(1)量化考核,客观评价:人员管理中的绩效考核是充分发挥人员素质效能的内在保障。通过实践我们总结出考核评鉴、行为测评、专项考试三种管理人员素质评价系统,对员工的"德、能、勤、绩"进行全面客观的评鉴。制订科学合理的工作服务标准和量化考核标准(详细内容见附件《管理规章制度》,略),并推出一整套实行绩效与综合测评相结合的考核实施方案。各级人员均有详细的绩效考核指标,业绩的好坏、质效高低、综合素质的优劣可通过量化反映出来。使考核起到奖励先进、鞭策后进的作用,同时也使员工有了压力感、责任感和紧迫感。

(2)末位淘汰,吐故纳新:为使××公寓物业管理队伍更有战斗力和生命力,在保持队伍相对稳定的同时,根据情况及时优化队伍结构,结合考核,实行末位淘汰机制,这样做既留住了企业所需的人才,同时又吸纳了新生力量。

5. 激励驱动,留住人才

近几年,物业管理行业人才流失现象严重。实践证明,企业要想保持长久的活力,就要有良好的激励机制和文化机制,鼓励员工奋发向上、努力工作;通过企业文化活动的形式,培养集体主义精神,增强团队意识和群体的凝聚力。我们的管理是建立在"人性"的基础上,对知识、对人格、对价值给予高度尊重。企业文化的建设,不仅为我们赢得了奋斗的成果,也为公司赢得人才与人心。

(1)树立员工也是公司的主人的管理理念:公司不仅给员工提供工作场所,更要给员工营造精神家园。通过充分沟通,实现人格平等,关注员工自我价值的实现,使员工与企业共同成长。我们强调规范管理中的人性化因素,在严格的制度管理中,关心员工,尊重员工,使企业在规范公平的基础上更富有人情味。

(2)给人才创造机会,让机会造就人才。我们讲精神、讲奉献,鼓励员工成才。我们的人员管理中有一条原则:善待我们的内部顾客——员工,鼓励每一个人都成为各自岗位上的行家里手,我们倡导竞争上岗,让一线的优秀员工能有机会脱颖而出。最终形成员工能上能下,职位能升能降、待遇能高能低的人员管理的良性机制,真正盘活人力资源。

(3)创造宽松的环境,发现人才,重视人才。我们在用人问题上坚持唯才是举、任人唯贤的原则。管理人员能上能下、不拘一格,只要是人才,我们就毫不犹豫地让其发挥最大的作用。我们重表现、重能力,决不以偏概全,埋没人才。为此,我们坚持员工建议制度,在广大员工中,定期开展调查活动,认真听取、分析、处理员工反映的意见和建议。

(4)物质奖励、精神奖励双管齐下,形成人才的归属感。尊重人才、关怀人才,形成以人才为楷模的企业风尚。为此,我们除了给人才委以重任之外,还给予人才物质和精神的双重奖励。

(5)营造文化氛围,促进交流沟通。我们提倡"尊重每一位员工",坚持以人为本,致力开展企业文化建设,加强上下级之间、同事之间的沟通与交流,增强员工的集体协作精神。同时也让企业人才更加重视集体,珍视现在的职位。

第三节 ××公寓物业管理各项承诺及完成承诺指标所采取的措施

依照《全国优秀管理住宅小区标准》,《××省普通住宅区物业管理公共服务费等级收费暂行办法》以及《××公寓物业管理招标书》中物业管理的招标要求,并结合我公司 ISO9002 质量标准,公司郑重承诺:自接管××公寓之日起,物业管理达到×级等级标准同时,×年内达到市级、省级物业管理优秀住宅小区,×年内通过 ISO9002 质量体系认证,在硬件设施符合要求的前提下,×年内达到国家级物业管理优秀住宅小区并通过 ISO14000 质量体系认证。针对《招标书》中物业管理招标要求,我们对房屋、设备、安全护卫等各分项指标共 14 项以表格的形式予以承诺,并在列项中概述保障各项指标完成的实际措施。

1. ××公寓各项管理指标承诺(表 3-25)

表 3-25

序 号	指 标 名 称	国家评分标准及指标	招标中要求的指标	投标指标		管理指标实施措施
1	房屋完好率	98%	98%	99%		(略)
2	房屋零修、急修及时率	98%	95%	98%		(略)
3	维修工程质量合格率	100%	98%	100%		(略)
	维修工程质量回访率			100%		(略)
4	地下停车场完好率	95%		98%		(略)
5	清洁保洁率	99%		99%		(略)
6	小区内治安条件发生率	1‰以下		因管理原因造成治安案件发生率为0		(略)
	自行车、摩托车、汽车被盗率	1‰以下		因管理原因造成治安案件发生率为0		(略)
7	大型及重要机电设备完好率	95%		99%		(略)
8	火灾发生率	1‰以下(年以下)		0.05‰以下(年以下)		(略)
9	违章发生与处理率	发生率 处理率		0.05‰以下 100%		(略)
10	业主有效投诉率	2‰以下		1‰以下		(略)
	业主投诉处理率	95%	98%	100%		(略)
	投诉回访率	95%	100%	100%		(略)
11	业主对物业管理满意率	95%	90%	98%		(略)
12	绿化完好率	95%		99%		(略)
13	化粪池、雨水井、污水井完好率			98%		(略)
14	管理人员专业培训合格率	80%		100%		(略)

2. ××教公寓指标承诺百分制

(1)指标承诺百分制考核标准

承诺百分制说明,承诺百分制所承诺项目分十大类总项和 35 类细项,以 100 分为总分,80 分为承诺达标分,按承诺内容及承诺完成时间,由我公司组织,定期邀请上级主管部门和公寓业主委员会对各项承诺指标进行考核。若考评总分低于 80 分,我们将自动退出公寓管理,由公寓业主委员会重新选聘物业公司,考评总分达到或超过 80 分,我们将对高教公寓管理处时行嘉奖。

（2）××公寓指标承诺百分制考核表（表 3-26）

表 3-26

序 号	承诺总项	承 诺 分 项	规定分值	评验得分	备 注
一	管理达标承诺言 20 分	在托管期内物业管理水平达到五级等级标准,两年内达以市级、省级优秀物业管理小区,三年内通过 ISO9002 质量体系认证	20 分		如未达到任何一项承诺指标,自动退出高教公寓的管理
二	制度管理承诺 4 分	小区各项管理制度完善,制定了业主公约及各项专业管理制度、办法及工作岗位考核标准	4 分		
三	现代管理手段运用手法 4 分	小区管理应用计算机网络管理系统等现代化管理手段,完善物业管理电脑软件,进行科学管理	4 分		
四	人员管理承诺 4 分	管理人员要有明显标志,整体素质高,遵守职业道德规范,主要负责人和业务骨干经过房地产管理及物业管理专业培训,有较强的事业心和开拓精神	4 分		
五	房屋及维修管理承诺 14 分	1. 房屋外观完好、整洁、无缺损现象;完好率达 99%以上;	2 分		
		2. 小区内围合及幢号明显标识及引路方向标识;	2 分		
		3. 空调统一安装在预留的位置,不乱搭晾衣架、遮阳蓬、不碍观瞻、装修房屋,不出现违章装修;	2 分		
		4. 物业管理费,水费(代收代缴)等收缴率达到 90%以上;	2 分		
		5. 房屋零修、急修及时率达到 98%以上,零修合格率达到 100%,并建立回访制度和回访记录;	2 分		
		6. 住宅区档案资料齐全,管理完善,并建立住房居住档案、装修档案、维修档案,随时可查;	2 分		
		7. 无违反规划私搭、乱建现象	2 分		
六	设备管理承诺 12 分	1. 小区内所有公共设备图纸、资料档案齐全,管理完善;	2 分		
		2. 设备良好,运行正常,无事故隐患,保养、检修制度完备;	2 分		
		3. 每日有设备运行记录,运行人员严格遵守操作规程及保养规范;	2 分		
		4. 电梯按规定时间运行;	2 分		
		5. 居民生活用水,高压水泵,水池水箱,有严密的管理措施;二次供水卫生许可证、水质化验单、操作人员健康合格证俱全;	2 分		
		6. 消防报警系统完好,可随时启用	2 分		

序 号	承诺总项	承 诺 分 项	规定分值	评验得分	备 注
七	市政公用设施管理承诺10分	1. 小区内所有公共配套服务设施的完好,不得随意改变用途;	2分		
		2. 供水、供电、通讯、照明设备齐全,工作正常;	2分		
		3. 道路畅通,路面平坦;	2分		
		4. 污水排施通畅;	2分		
		5. 交通车辆管理运行有序,无乱停乱放机动车,非机动车	2分		
八	绿化管理承诺5分	1. 小区公共绿地、庭院绿地和道路两侧绿地合理分布,花坛树木、建筑小品配置得当;	2分		自中标之日起,积极参与绿化规则设计,提出合理化建议
		2. 绿地管理及养护措施落实,无破坏、践踏及随意占用现象;	3分		
九	环境卫生管理承诺12分	1. 小区内环卫设施齐备,设有垃圾箱,果皮箱,大厦内设有垃圾桶等保洁设备;	2分		
		2. 小区实施标准化清扫保洁,垃圾日产日清;	2分		
		3. 小区内不得违反规定饲养家禽、家畜及宠物;	2分		
		4. 房屋立面,公共楼道及区内道路整洁,无堆放杂物现象;	2分		
		5. 定期杀来蚊、蝇、鼠,并做到无孳生源;	2分		
		6. 排放油烟,噪声等不超过标准	2分		
十	安全护卫管理承诺15分	1. 小区基本实行封闭式管理;	3分		
		2. 小区实行24h保安制度;	3分		
		3. 保安人员有明显标识,工作规范,作风严谨;	2分		
		4. 危及住房安全处设有明显标识和防范措施;	3分		
		5. 小区内无重大火灾,刑事和交通事故	4分		

第一部分　房屋及公用部位的维修养护,公共设施、设备及场所的使用、维修、养护和管理

设备及房屋本体的维修养护是××公寓物业管理的重要内容。在物业管理实践中,公司十分注意这项工作,积累了较为丰富的管理经验,既保障了广大业主的利益,也树立了良好的企业信誉。在高教公寓的机电设备及房屋修缮管理工作中,我们确立了"管养合一"的方针,制定了合理的养护计划,建立和健全科学的规章制度,切实做到为业主服务。实现业主满意,社会满意。在前述高教公寓各项管理的指标承诺言中,我们已对房屋及设备、设施的管理指标实施措施进行了阐述,此处对房屋及设备、设施的日常养护计划、定期养护计划作进一步的阐述。

1. 公共设备、设施及场所的维修养护计划

我们结合××公寓各种公用设施的使用年限,制订了公用设施日常维修方案和定期养护方案。根据《住宅共用部位、共用设施设备维修基金管理办法》规定,公用设施设备是指共用的上下水管道、水管、落水管、电梯、加压水泵、供电线路、照明、煤气线路、消防设施、绿地、区内道路、路灯、沟渠、池、井、地下停车库、公益性文体设施和共用设施设备使用的房屋等。每个方案,每一项内容均从工作计划、实施方案、执行标准、实施效果四个方面阐述,量化执

行标准,实现科学性和实操性的高度统一。具体方案如下所示:

(1)公共设施日常维修计划及实施方案(略)

(2)公共设施定期维护计划及实施方案(略)

2. 房屋本体维修养护计划

按招标书规定要求××公寓管理处负责住宅区房屋本体共用部位的维修养护。根据《住宅共用部位共用设施设备维修基金管理办法》中规定,共用部位是指住宅主体承重结构部位(包括基础、内外承重墙体、柱、梁、楼板、屋顶等)、户外墙面、门厅、楼梯间、走廊通道、本体消防设施、防盗监控设施等。为更好保护业主的利益,我们结合以往管理及贯标工作的经验,对上述房屋本体共用部位现制订详实的维修养护计划。该计划分日常维护和定期维护两个方案,每个方案均从维修工作计划、实施方案、执行标准、实施效果四个方面进行科学的阐述。具体内容如下:

(1)房屋本体共用部位日常维修养护计划及实施方案(略)

(2)房屋本体共用部位定期维修养护计划及实施方案(略)

第二部分 安全护卫,维持正常公共秩序

××公寓是在省、市领导和政府的支持下,由省教委直接组织南京大学等16所在宁高校和单位集资,请××市城市建设开发(集团)总公司代建的经济实用型普通高层住宅,其入住人群为各高校的教职工,文化素质高。安全保卫管理是小区物业管理的一项极其重要的内容。由于该小区××年×月交付,存在一个入住装修期,加之该小区为经济实用型普通住宅,存在技防设施相对不足等特点,决定了我们在安全保卫管理手段上必须采取“人防为主,技防为辅,全面防范”的整体治安管理方式,确保管理无盲点,治安无事件。同时我们将该小区的物业管理分为两个阶段,即入住期和常规期,根据入住期和常规期的不同特点,分别确定各个阶段的治安管理重点(如入住期以装修管理为重点),以达到我们在安全保卫管理上的承诺指标。

1. 治安队伍建设——建立一支高素质的治安队伍

治安队伍建设,按高标准,严要求的指导思想,严抓招聘、培训、上岗、考核等关键环节,实施“准军事化管理”,统一着装,尽职尽责。安保员选聘以优秀退伍军人为主,应具有良好的思想品质及业务技能,建立业务、绩效考核与工资、职位挂钩的机制。安保员管理引入轮换制和淘汰制,在年终考评中,实行×‰淘汰制,保持安保员的高素质和战斗力。对安保人员的选聘和培训要求已在第二节《拟采取的管理方式、工作计划》中作了阐述。

2. 入住期治安管理

(1)入住期治安形势分析:××公寓×年×月份交付,入住总户数将达到×户(北片),按85%的入住率,入住总户数仍将达到×户,入住户数多,入住速度慢。加之该小区设计基本为毛坯房,业主大都需进行二次装修,装修监管面大,装修期限长(预计半年)。这一阶段的治安形势为:

1)周边环境较为复杂与入住过程中外来装修、搬运人员往来频密的状态相互并存。

2)装修监管面大,装修防火任务重。

3)高层住宅装修电梯负荷大,电梯使用矛盾多,易发生磨擦事件。

(2)入住期治安管理手段

1)治安队伍建设——建立一支高素质的治安队伍已在第1点进行了阐述。

2）确立治安重点——加大对入住期人流、物流、车流的有效监控。①人流控制——对来访人员须进行访问登记和离去注销手续,对外来装修、搬运人员采取办理出入证管理,并交管理押金,对他们的活动范围、活动时间进行一定限制,严禁互相乱窜。经常与当地派出所联合查《暂住证》、《身份证》等证件,把可疑分子清出小区。对可疑陌生人采取追踪、监控的措施,必要时可上前有礼貌地执行验证工作。②物流控制——对装修材料流动实施申报制、盘查制和登记制。尤其是装修物品的搬出须提出申报,安保员有责任和义务对物资的出入进行礼貌盘查;所有的物资流动实行登记放行手续。③车流控制——运输物资进入小区的汽车要进行登记,记录车主身份、车牌号、车型等信息,针对实际情况,合理规划行车路线,防止对绿化等公共场所造成破坏。对汽车离开,实行登记放行手续。

3）治安防范——"三岗"结合。全面防范实施"三岗结合,即巡逻岗、门卫岗、机动岗三岗联合防范,着重安防点、线、面的配合与行动。"

4）尽快完善并发挥智能化监控系统的安防优势。鉴于《××公寓物业管理招标补充通知》中具体监控方案还未确定,我公司在中标以后,将和建设方协商,尽快完善监控设施,使智能化安防系统全面启动,正常运转,发挥技防在治安管理中的重要作用。

3. 常规期治安管理

根据《××省普通住宅区物业管理公共服务费等级收费暂行办法》及我公司管理指标的承诺,治安管理须达到五级等级标准,为此,我们拟采用封闭式管理,而且实际也具备了这样条件。根据××公寓规划总平面图及现场地形情况(以北片为例),××幢为一个围合,××幢为一个围合,×××三幢为一个围合,各围合均修建了铸铁花镂空围栏,×幢大厦各幢只有一个出口。常规期的治安管理拟采取的具体措施为:

（1）根据招标书要求及文件规定,我公司在出入口实施 24 小时值班,安全护卫人员 24 小时巡查,对入口,重要部位(如电梯机房)实施 24 小时监控。

（2）屋面水箱、地下室贮水池入孔采取加锁防范措施,上屋面楼梯间的大门上锁,防止投毒及水源二次污染事件的发生。

（3）对地下室、通道、应急楼梯等部位设置明显标识,以利于人员的进出。

（4）围合处及大厦值班室的安保值班人员要禁止小商小贩进院内高声喊叫,杜绝院内、大厦内私设摊点、广告牌、广告字画、乱贴乱画现象。

（5）对外来探访人员,建立询问登记制度,登记时一定要做到礼貌用语、文明用语、温情服务。

（6）流动岗与固定岗相结合,分别在上下班高峰期与平时正常期采取不同的治安防范措施,确保地下停车场等重要部位的安全(在第四部分《交通车辆管理》中详细阐述)。

（7）设计安保服务应急预案,遇突发事件能应急处理。根据物业、业主的实际情况,对可能发生的突发事件做好预案,是物业管理安保服务的一项重要工作。预案工作做的好不好,直接影响到业主的生命财产是否有安全保障,间接地也会影响到物业管理公司的经营状况。我公司已制定了详尽的《小区突发火警火灾反应预案》以及《刑事突发事件反应预案》,在预案中要求管理处全体员工增强对火警、火灾、刑事突发事件的反应能力,做到遇突发事件不慌不忙,有步骤、有秩序地实施各项紧急措施,以确保小区内的财产及业主的人身安全。

4. 治安承诺的相应惩罚条款我们在前面已承诺因管理原因而产生的治安案件发生率为零。为严守诺言,特制定如下惩罚条款,以保证履行各项赔偿承诺。

（1）因管理原因造成被盗赔偿承诺：凡同时满足下列两种情况的小区被盗案件发生，管理处将承担责任并给予一定赔偿；

1）经公安机关鉴定属于外来犯罪分子以非法手段进入小区进行盗窃或抢劫的；

2）经我公司和有关职能部门鉴定属于管理不到位、人员失职等管理因素造成小区被盗或被抢劫。

（2）其他赔偿：凡经我公司和上级主管单位鉴定属于管理不到位、人员失职等管理者自身原因造成业主损失的，如道路、交通设施、各类标牌、各类装置等，因安装有误、保养不善、标识不清等原因造成业主损失等，我们将视情况给予相应的赔偿。

5. 治安管理的几点建议

为确保无重大火灾，刑事和交通事故的发生，治安管理不留"盲点"和"死角"，根据我公司的多次现场观察，特提出以下建议供建设单位参考：

（1）地下自行车停车库因是剪力墙结构，不是结构柱大空间结构，在结构设计中存在着一定弊端，内部隔间多，宜给治安管理留下"死角"。在我公司加强人防、加强巡视的前提下，建议建设方在监控设计过程中在地下室增加监控摄像头，这样做到人防、技防相结合，不留管理盲点。

（2）小区院落围栏为铸铁花镂空式围栏，攀越容易，给住户造成的心理压力大，同样在我公司加强巡视、加强人防的前提下，建议在建设监控方案设计中，在院落内增设高杆 180°可旋转监控摄像头，增加防卫设施，做到人防、技防相结合，进行全面防范。

（3）部分大厦的值班室监控窗户的朝向没有正对门厅，给安保值班人员对大厦的进出人员监控带来一定难度，我公司建议在不破坏结构及整体美观并征得建设方同意的前提下，采用同样规格材料（铝合全），在正对门厅的值班室墙面上增开监控窗口，利于对大厦进出人员的管理。

相信经过我们共同的努力，充分利用人防、物防、技防三结合，任何犯罪嫌疑人想在此作案均将不能得逞。

6. 消防管理措施

消防管理是高层住宅管理的一项极其重要的内容。我公司十分重视此项工作。我们将在高教公寓实行全员义务消防员制，在员工中牢固树立"隐患险于明火，防范胜于救灾，责任重于泰山"的意识，加强巡逻，加强监控，同时做好消防设施的维护保养工作，保证设备可随时启用。另外我们已制订了《小区突发火警火灾反应预案》，增强员工对火警、火灾突发事件的反应能力，以确保小区的财产及业主的人身安全，保证我公司对消防安全管理承诺指标的实现。

第三部分　环境清洁卫生

××公寓在建筑设计中没有设计垃圾道，居民的生活垃圾靠垃圾袋收集以后临时贮存于大厦一层的垃圾贮藏间内并定期清运，这样易造成环境的二次污染，为此，我们将在 ISO9002 的基础上，进行"高标准、严要求"的环境卫生管理和"高质量、高频度"的环境卫生维护，同时培养居民良好的环境意识和卫生习惯，创造一个优雅、整洁、文明、静谧的住宅环境，让广大教师能住的安心、放心、称心和舒心。

1. 保洁

建立清扫保洁制度，小区内实施全天候全方位的保洁，无脏、乱、差现象，房屋立面、公共楼道及区内道路整洁,无堆放杂物现象。每层放置统一的垃圾桶,居民的生活垃圾上门收集,日产日清,及时清运,决不允许产生二次污染现象。在狠抓环境管理和培育业主环保意识的前提下,我们将逐步推行对业主生活垃圾实施"三化"管理,即垃圾收集袋装化、垃圾回收资源化、垃圾处理无害化,进行有效的垃圾分流工作,使整个回收系统做到良性循环。

(1) 垃圾收集袋装化:业主生活垃圾的收集,统一采用标准的垃圾袋进行袋装清运(管理处可以成本价提供,必须以业主自愿为前提)。

(2) 垃圾回收资源化:通过垃圾贮藏间的再次分类收集,从中分检出可回收物品进行回收利用,避免资源浪费。

(3) 垃圾处理无害化:再次分检后出现的有害垃圾可统一交给环卫部门集中处理,无害垃圾则委托环卫部门运出小区。

在入住期内,大部分业主进行二次装修,装修垃圾将大量集中产生,极易对小区的环境造成污染,同时存在许多不安全隐患。为此,对装修垃圾的管理我们将规定地点集中存放,并增设隔离措施,严禁乱堆乱倒,并委托环卫所及时的清运,绝不能使××花园装修垃圾中废旧油桶爆炸伤人的悲剧在这里重演。

2. 卫生

(1) 楼顶水箱、地下室贮水池按规定每年委托自来水公司进行清洗消毒一次,清洗人员必须两证齐全(《卫生许可证》《健康证》)、持证上岗,水质必须经过卫生防疫站的水质检定,使供水符合水质标准。同时对贮水池、楼顶水箱采取加锁等防范措施,防止有人蓄意破坏及二次污染,消灭一切隐患。

(2) 和当地街道的城管科(灭"四害"的职能部门),定期杀灭蚊、蝇、鼠,做到无孳生源。

(3) 制订业主公约(精神文明建设公约),规定区内不得违反规定饲养家禽、家畜和宠物。

(4) 区内噪声污染源控制:噪声污染已是一个现代都市普遍存在的环保问题,××公寓所住业主基本为各高校的教师,他们更需要一个静谧的生活居住环境,我们控制区内噪声污染源的具体措施主要包括以下几个方面的内容:

1) 进入小区车辆一律不能鸣放喇叭,并限速行驶。

2) 控制小商小贩进入小区高声喊叫。

3) 在入住期装修阶段,要求施工队在规定时间内作业。

4) 培养业主高度自律意识,让其自身不产生噪声,对产生噪声者以说服为主,劝其改正。

3. 绿化

根据×月×日招标答疑会建设方的答疑解释,公寓的绿化规划正在设计中,×月底完成。我们在中标以后,在建设方同意的前提下,将参与绿化规划设计,提出我们的看法和建议,使绿化规划设计适合业主们的欣赏特点。同时我们接手管理以后,将安排专业的绿化工进行养护和管理,做到花草树木长势良好,无枯花、无破坏、无虫害,修剪及时整齐美观。我们还将和植物园合作,对××公寓内各种植物进行标识、归类,竭力营造一种清洁、安静、舒适、优美的小区环境,让花更美、草更青,使公寓成为独具特色的植物园。

第四部分 交通车辆管理

公寓在设计中设有地下停车场,每幢地下停车场可停放自行车××辆左右。而一幢大厦共有××户住户,按每户家庭有×辆自行车计算,共有了××辆自行车,这样将有××辆自行车无处停放,即使按每户×辆自行车停放,将有××辆自行车无处停放。加之有的住户家庭拥有摩托车和助力车,而摩托车和助力车因尾气污染环境问题不允许停放入地下停车场,摩托车和助力车也将无处停放,另外地下停车场为隔间结构,弯多,在上下班高峰时将极易拥挤,如不进行有效管理和疏导,势必会耽误车辆进出停车场的时间。所有这些问题带来了交通车辆管理的极大难度,也极易引起矛盾和纠纷,为此我公司经过反复研究拟采取以下几项管理措施:

(1)划分停车区域,努力增加地下停车场有效停车车位,提高地下停车场的使用效率,地下停车场因设计原因为剪力墙结构而非结构柱大空间结构,造成隔间多,拐弯多,通道多,占去了许多有效停车空间,如不划分停车区域,进行有序摆放,势必会造成停车无序将更加减少有效停车车位。为此,我公司将地下停车场的各个隔间划分为各个停车区域,如:××层住户的自行车规定停放在×号区域,××层住户的自行车规定停放在×号区域等。在区域的划分上,将按照效率优先、公平合理的原则,即低层住户的停车区域靠近里端,高层住户的停车区域靠近外端即出入口,这样平衡了各层住户上下班进出时间,也体现了公平合理的原则。各个区域,我们要做明显的标识,同时在出入口处要贴出地下停车场区域划分平面图,便于住户的识别。管理处的地下停车场管理人员将维护地下停车场的停车秩序,指导和规定住户按指定区域停车,并逐步促使住户的停车行为成为其自觉行动。通过这样的有效管理,预计能够增加×个车位,满足一户住户在地下停车场停放×辆自行车的条件,同时管理人员的有序疏导,也能够缩短自行车进出地下停车场的时间。

(2)规定每户停车数量,凭证停车。根据地下停车场的实际现状,每户最多只能×辆自行车停放于地下停车场内,为此我们为每户办理×张停车证,住户凭证停车。

(3)禁止摩托车、助力车停放于地下停车场。由于摩托车、助力车排放的尾气会造成地下停车场的环境污染,我们将禁止摩托车、助力车停放于地下停车场内。

(4)小区内禁止停放汽车。近几年来,随着业主收入的不断提高,业主家庭中不乏有高收入阶层拥有私家轿车者,因小区公共场地有限,加之停放汽车带来管理难度,汽车(无论公车、私车)均一律不允许停入区内,可以指导他们将汽车停入社区公共停车场。此处所指不允许停放汽车系指不能在小区内长时间停放汽车,如汽车过夜等。对于进入区内办事,短时间停放汽车,我们将合理规划停车路线,减少汽车行驶和停放给其他业主带来的不便。

(5)和有关部门协商,在不违反小区规划,不违反区内美化及环境的前提下,在区内公共场地上指定一停车地点,建立一个活动或可折叠式车棚,停放住户的摩托车、助力车以及无法停入地下停车场的自行车。车棚的设计一定要结合区内的整体环境,让车棚也成为小区内一道风景。

(6)加强地下停车场的治安防范与管理,确保地下停车场的安全,减少地下停车场车辆进出的拥挤状况,缩短车辆进出的时间,地下停车场因设计原因是剪力墙结构而非结构柱大空间结构,带来的影响就是在上下班高峰时车辆进出拥挤,安全上易留盲点和死角,给犯罪分子以可乘之机。为此,管理处树立全员均为地下停车场管理员的观念,合理规化、统筹安排工作时间,确保地下停车场的安全与有序。巡逻岗的安保人员既是小区安全的护卫者同时又是地下停车场的管理者,在业主上下班的高峰时间他们值守在地下停车场内,管理和疏导车辆的进出与安全,保洁员的保洁工作时间,尽量避开教师们上下班高峰时间,在上下班高峰时间他们也参与到地下场的管理与疏导之中,加强管理与疏导力量确保自行车进出有序,缩短进出时间。在平常时间,巡逻岗的安保人员要加强对地下场的巡查,不留盲点和死角。在我公司加强人防,加强巡视的前提下,我们还建议建设方在监控设计过程中在地下室增加监控摄像头,这样做到人防、技防相结合,不留管理盲点。

要建立一个良好的停车秩序,做好交通车辆的管理,首先必须取得业主的理解、支持和配合,我们接手管理以后,一定要加强与业主的沟通,做好宣传和解释工作,取得业主的理解,将停车的管理行为逐步转化为业主的自觉行动,创建一个良好的停车秩序和环境。

第五部分 住宅区档案资料管理

随着建筑设计高科技、专业化的发展,信息成为管理资源中一个重要的因素。为此,××公寓物业管理的档案建立与管理必须采用先进电子计算机技术,通过档案的"集中化、有序化、信息化"科学程序,筹建管理处与××公司的外部互联网络,运用先进的资料检索软件,便于上级主管单位的工作检查和监督;此外,我们将对小区内所有物业管理与服务的项目,从主体到配套,从建筑到环境,从硬件到软件等都建立相应的管理档案,并树立档案管理的财富观、资源观和服务观,使档案管理在物业管理工作中真正起到重要的作用。

1. 档案管理运作环节

(1)资料的收集

1)建立档案室,采取系统化、科学化、电脑化的先进手段,实施现代化、系统化、科学化、多元化、规范化、经常化等"六化"管理,建立相应的规章制度,对所有档案资料进行严格管理。

2)资料的收集坚持系统、完整的原则,根据实体资料和信息资料的内容,从实际需要出发,扩大信息资料的来源,从时间上讲是指从规划设计到工程竣工的全部工程技术维修资料,从空间上讲是指物业构成的方方面面,大到房屋本体、公共设施,小到一树一木都有详细的资料收集。

(2)资料分类整理

收集后的所有信息,统一由档案室集中整理。整理的重点是去伪存真,根据档案的来源、信息的内容、信息的表现形式等特点进行细分,做到条理清晰、分类合理。

(3)资料归档管理

归档就是按照资料自身规律、联系进行分类保存。根据实际需要,××的管理拟采用原始档案和电脑档案双轨制。采用多种形式的文档储存方式,便于原始档案的保存,如录像带、胶卷、照片等。档案按不同业务性质、编号、造册、编辑并分柜保存,运用计算机等先进的管理手段,尽可能的把其他形式的档案资料转化为电脑储存,便于查找和调用。档案的出、入室都有严格的规定:出室必须由具备资格的人员经登记后方可借出,入室时须由专人进行检查,如有破损,立即修复,并追究有关人员的责任。档案管理人员需及时收回在外文件,严防文件的流失。档案的管理环境必须做到"三防",即防火、防潮、防变质。

(4)档案的运用

采用先进的检索软件,逐步建立电脑网络系统,充分发挥档案的贮存和使用价值。

1)外部网:与广大业主、主管部门进行联网,所有管理资料如住户资料、装修资料、财务状况等,随时可以查阅调用,便于工作监督和检查。

2)内部网:管理处内部联网,运用现代化办公手段和设施,对文件进行分级管理、分层使用。

2. 档案资料的类别

档案资料大体分为物业管理政策、法规资料，竣工验收资料、房屋的单体竣工图、住户档案、装修管理档案、维修档案、巡视记录、运行记录、运行档案、投拆与回访记录、其他管理服务活动记录及档案。

（1）竣工验收资料（表 3-27）

表 3-27

名　　称	资　料　内　容
工程建设 产权资料	A　规划图纸、项目批文、用地批文 B　建设许可证、投资许可证、开工许可证 C　拆迁安置资料
工程技术资料	A　竣工图—总平面图、建筑、结构、设备、附属工程及隐蔽管线的全套图纸 B　地质勘察报告 C　工程合同及开工、竣工报告 D　工程预算 E　图纸会审记录 F　工程设计变更通知及技术核定单（包括质量事故处理记录） G　隐蔽工程验收签证 H　沉降观察记录 I　竣工验收证明书 J　新材料、构配件的鉴定合格证书 K　水、电、暖、卫生器具、电梯等设备检验合格证书 L　砂浆、混凝土试块试压报告 M　供水、供暖的试压报告 N　园林绿化的图纸和清样 O　设备清单、安装调试记录、使用注意事项说明、质保书和保修单，操作手册等 P　有关工程项目的其他重要技术决定和文件

（2）管理档案资料（含业主档案、装修管理档案和巡视记录）（表 3-28）

表 3-28

名　　称		资　料　内　容	
物　业　资　料		大厦基本资料、分区资料、环境文化设施资料	
事务管理资料	住户资料	A　住户迁入资料 B　住户人员档案 C　住房维修档案	
	事务资料	A　事务值班表 C　业主搬出（入）物品登记表 E　业主回访登记表	B　事务交接记录表 D　日常事务巡视记录
合格分承包方资料		A　维修申请表（附图纸） C　临时施工人员登记表	B　维修工程队安全责任书 D　施工单位营业执照

（3）投诉与回访及其他管理服务（表 3-29）

表 3-29

名　称	资料内容
维修资料	A　维修申报表　　　　B　维修服务派工单 C　维修回访记录本　　D　公共设施维修记录
治安交通管理资料	A　日常巡查记录、交接班记录、值班记录 B　查岗记录、闭路电视监控系统录像带 C　物资搬运放行记录、紧急事件处理记录 D　车辆管理记录、车辆详细资料、车位使用协议
设备管理资料	A　公用设施保养维修记录 B　各项机电设备保养维修运行记录 C　设备分承包方维修保养记录 D　设备检查记录
社区文化资料	A　活动计划实施方案、总结记录 B　文化活动图片及录像记录 C　传媒报导
员工管理资料	A　员工个人资料　　　　　　B　员工业绩考核及处罚记录 C　员工培训计划及实施记录　D　员工培训考核记录 E　员工外出考评及处理记录表　F　员工住房及内务管理记录
业主反馈资料	A　服务质量回访记录表　　　B　业主意见调查、统计记录 C　业主投诉及处理记录表
行政文件资料	A　管理处主管值班及督察记录 B　政府部门文件 C　物业公司及主管领导部门文件 D　管理处规章制度、通知、通报等文件 E　管理处荣誉一览表 F　管理处接待来访参观记录表
业主管委员会资料	A　筹备成立文件　　　　B　成立后运行文件

第六部分　服务质量效果

（1）服务人员统一着装，尽职尽责，各工种岗位职责上墙公布，代办生活服务项目及价格上墙公布，接收业主的监督。这也是我公司实施形象战略的重要组成部分，全面提高企业的美誉度。

（2）公共服务费收支情况每半年以书面形式公布财政收支账目，接受业主委员会和使用人的监督，同时将本年度收支决算报告，下半年度收支预算报告及重大的费用支出项目提请业主委员会讨论通过。

（3）维修基金由公寓业主委员会管理，专户存储、专款专用，实行收支两条线，我公司需要使用维修基金时，报请业主委员会审核，经批准后方可动用，同时使用情况及账目要定期向业主汇报。

（4）认真接待群众投诉，建立群众投诉档案记录，我公司承诺的有效投诉办结率为100%，投拆回访率100%。

（5）按我公司 ISO9002 贯标要求，定期对住户进行走回访，同时了解业主对服务的满意率,建立信息反馈渠道,管理处主任既是指挥员,又是督促检查者,保证反馈渠道的通畅。我公司承诺业主对物业管理满意率98％以上。"业主永远是我们的上帝"这是我们的宗旨,业主的需要就是我们工作的目标,为各位业主提供优质高效的服务,是我们应尽的义务。在提高对业主的服务质量上,我们千方百计,想方设法,一切从业主的利益着想,努力强化员工的优质服务意识,做到"你想到的我为你做好,你没想到的我为你做到"。公司的理念是"全心全意、业主第一;说到做到、讲求实效;诚信服务、追求完美",服务宗旨是"科学管理、规范服务,设身处地为业主着想;精打细算为业主计算;体贴入微为业主服务"。我们愿通过自己的努力,通过自己对业主的全心服务,取得政府、社会和业主的认同。

我们的服务效果就是要让公寓的业主住的"安心、放心、舒心、称心"。

第七部分　装修管理

为维护公寓外观形象的统一、美观,保障大厦的正常使用功能不被破坏,我们将从实际出发,以大厦结构、设施、外观为装修工作的监管重点,对业主装修实施严格管理。依据我们多年来所获得装修管理的经验与教训,将在××公寓的装修管理上实施"一把手工程",由主任亲自抓装修管理,着重抓装修宣传培训——装修审批——装修跟踪——违章装修即时处理——装修验收五个环节的工作,力争服务在一线,监管在一线。为正面引导业主装修,我们将为业主提供装修咨询、装修设计服务。

拟采取的违章装修控制措施:

(1) 业主办理入住手续;

(2) 对业主、装修施工队伍进行装修须知培训;

(3) 申报装修,严格方案审核、签订装修合约、提交装修押金、办理入场手续;

(4) 装修监督:环境、治安、消防;

(5) 发现违章,立即发出通知,上门工作,晓之以理、动之以情,说服业主整改,说服无效,配合有关部门,以经济、法律手段解决。

为加大装修宣传培训的力度,我们将充分发挥社区文化的导向功能、约束功能,并架起管理处与业主的桥梁,真正提高业主按章装修的自觉性。

为做好业主的装修培训工作,我们将提前对每一个业主进行培训,向业主和装修队发放《装修管理指南》,明示装修规定、违章装修的危害性和处理措施。

1. 装修审批,严格把关

针对装修管理上对房屋结构、外观保护的特殊要求,我们对业主申报的装修方案进行严格审批,并加强装修审批人员的内部管理,以确保装修审批严格把关。装修审批重点如下:

(1) 保证房屋设施的正常使用功能。审核重点:房屋结构、管线,电梯、供水、供电、供气管线。

(2) 保证房屋外观统一美观。审核重点:阳台、窗台、空调安装、晒衣架、遮阳篷安装及管线走向。

(3) 装修材料符合防火规定。

2. 建立细致严密的装修跟踪监管体系

业主装修、施工,指定专职责任人,实施"全过程"追踪监管。每天巡视施工现场不少于2次,通过现场巡查及时与业主沟通,了解施工方案及装修工程进展,把违章装修消灭在初始阶段。

3. 处理违章装修的四个手段

（1）情理手段

业主出现违章装修，做到以理说服业主，以情感化业主，争取业主的支持和理解，让业主自觉接受整改要求。

（2）经济手段

在业主装修申报时，需交纳装修押金，出现违章装修，除了采取说服教育、行政压力促使其整改外，针对违章情况，采取扣除装修押金等经济手段控制，从经济上控制业主的违章装修。

（3）行政手段

在业主不愿整改的情况下，向上级机关及业主的所在单位反映情况，取得行政上的支持，通过行政压力督促整改。

（4）法律手段

业主装修申报手续中，管理处分别与业主和装修施工单位签订具有法律效力的《装修协议书》和《装修责任书》，划清管理处、业主、装修施工单位之间的责、权，对住宅装修进行法制管理。对违章装修并无视一切的业主，我们将通过法律途径予以解决。

4. 提供装修服务

××公寓所住业主许多为大学文理科的教师，他们对装修的设计、施工、监理和结算上，可以说基本不在行，而高教公寓在设计上为毛坯房，业主进住前都需进行二次装修，装修对他们而言将是一件极为头疼和烦心的问题。而我们的优势之一就是人才优势，我公司集中了一批建筑、装修方面的专业人才，尤其是经过我公司所管主要物业"××大厦"装饰工程的洗礼之后，既锻炼了队伍又积累了经验，同时与多家名牌装饰企业和材料供应商建立了良好的合作关系。所以说，为广大教师们提供各类装修服务既是我们的责任，同时也是我公司的品牌和实力的体现。在××年×月份，我公司所管主要物业"××大厦"的产权人将整个大厦的装饰全过程交与我们，从设计、招投标、材料采购到施工监理、竣工验收、审计结算等均由我公司全权负责。在整个装修管理过程中，我们牢固树立"质量第一"的方针，狠抓工程质量的管理，同时还做好进度控制和造价控制工作。经过我公司上下齐心，共同努力，在短短半年时间内，××大厦近×千万元的装饰工程得以优质、高速地完成，获得了优良工程证书，同时为产权人节余装修资金×余万元，得到了产权人的高度赞誉。自此以后我公司所管的物业许多业主都委托我公司提供装修服务，最终都获得了他们的好评。我们将充分利用我公司在装修管理上的优势，为广大教师们提供各具特性的设计、优良的施工质量、高效的施工速度、低廉的施工造价等一系列装修服务。我们服务的目的就是要让广大教师从劳心、烦心、费心的装修过程中解脱出来，全身心地投入教学科研之中去。

我们提供的装修服务主要有以下四个方面：

（1）提供各具特性的装修设计

同我们合作的装饰企业均拥有一流的设计力量，可以针对公寓各种户型、套型，和各位业主的口味、喜好及特点，为业主们提供各具特性的装修设计，做到决不雷同。

（2）提供一流的施工队伍

我们已与多家名牌装饰企业建立了良好的合作关系，他们均向我公司承诺，如我公司在此次竞标中获胜，他们将以最低的收费，优良的质量，高效的速度为广大业主们进行装修，进军家装市场,将"游击队"挤出市场。

（3）提供优质价廉的装饰材料

根据我公司已建立的材料供应网络,可以统一进货,批量进货,以最低的价格进到质优价廉的材料,从而降低装饰造价,让业主得到最大的实惠。

（4）提供规范的施工监理

我公司的专业技术人员将严格按照施工的监理规范,为教师们提供一流、规范的施工监理服务,保障业主利益。

由我公司提供装修服务好处还在于:

1）贴近了业主,加深了住管双方的沟通与交流,为我公司向业主提供一流的物业管理服务奠定了基础。

2）便于装修监管,杜绝违章装修现象的发生。

我们为广大业主提供装修服务,目的不是赚钱,而且我们承诺绝不赚教师们的一分钱。我们的目的就是要让业主们从费心、劳力的装修中解脱出来,全身心地投入到为社会主义现代化建设作出贡献,同时也是我公司为规范家装市场,树立高层住宅装修典范,提升企业形象品牌的需要。

第八部分　无偿便民服务与代办生活服务项目及收费标准

提供便利、高效、经济的便民服务是物业管理单位服务社区提高业主生活质量的一项重要的保障。经过 ISO9002 贯标工作的实践,形成了一整套便民服务工作体系。在公寓,我们将根据小区的结构,地理位置及周边的配套设施情况,对业主调研的结果,并结合我们多年来开展便民服务的成功经验,充分考虑公寓业主生活的每一细节,通过提供丰富的便民服务项目,切实提高公寓业主的生活质量。围绕业主的切身需求,我们将秉持"以业主为中心,优质服务,低价收费"的经营方针,在公寓开展便民服务项目。

1. 装修服务

（1）设立装修服务办公室,充分利用专业人才和经验的优势,同时联合多家名牌装饰公司,针对公寓各种户型,向业主提供装修咨询、设计和施工监理服务。从而引导业主遵守装修规范,实施家庭装修。

（2）我们将组织一批品质好、信誉好的装修材料供应商入区,在管理处安排的固定场所,为业主提供质优价廉的装修材料供应服务。

此点内容在第七部分已作了详细的阐述。

2. 日常便民服务

（1）无偿服务项目（略）

（2）有偿服务项目（略）

第四节　公共服务费的测算

1. 经费收支测算

（1）经费测算的依据及说明

1）依据:①国家、建设部有关物业管理法规;②《××省普通住宅区物业管理公共服务费等级收费暂行办法》;③《××市物业管理服务收费管理办法》;④《××公寓物业管理招标通告》及补充通知;⑤本公司物业管理的成功经验。

2) 说明:①按公寓建筑面积××万 m²,物业管理费××元/m²·月测算收入;②维修基金的收缴及使用另行测算;③特约服务费的收入只作估算;④按 100% 入住率,100% 收缴率测算收入;⑤以××为第一年正常期测算收支。

(2) 收入测算(除备注外,空格处均略去)(表 3-30)

表 3-30

序 号	项 目	测 算 依 据	月收入(元)	年收入(元)	备 注
1	公共服务费			613200.00	
2	特约服务费			12000.00	
3	自行车停车费			92952.00	
	合　计			718152.00	

(3) 支出测算(除备注外,空格处均略去)(表 3-31)

表 3-31

序 号	项 目	测算依据和测算式	月支出(元)	年支出(元)×12月	备 注
一	工资及福利			359580.00	
1	保洁绿化工			36000.00	
2	安 保 员			144000.00	
3	维 修 工			36000.00	
4	管 理 员			18000.00	
5	经 理			24000.00	
6	养 老 保 险			64500.00	
7	公 积 金			30960.00	
8	培 训 费			6120.00	
二	行政办公费			39780.00	
1	交 通 费			18360.00	
2	通 讯 费			1800.00	
3	书 报 费			3060.00	
4	办公用品及设备			3060.00	
5	物管用房租金			9000.00	
6	物管房水电费			4500.00	
三	公共设施设备日常维修			110088.00	
1	化粪池清污			4800.00	
2	水 箱 清 洗			1200.00	
3	水 池 清 洗			2400.00	
4	污 雨 水 井			1200.00	
5	生 活 泵			1580.00	
6	排 水 泵			49900.00	

序号	项　目	测算依据和测算式	月支出(元)	年支出(元)×12月	备　注
7	电梯			11304.00	日常维保
8	消防报警			11304.00	
9	安保监控			7200.00	
10	管道闸更换			6000.00	
11	灯泡、开关更换			7200.00	
12	低压配电设备维修			6000.00	
四	保洁工费用			70531.20	
1	垃圾清运			46476.00	
2	保洁工具			3098.40	
3	保洁用品			3098.40	
4	消杀药品			3098.40	
5	大垃圾袋			14760.00	
五	安保			7200.00	
1	服装费			3600.00	
2	装备费			3600.00	
六	其他支出			83815.20	
1	标识社区文化支出			12000.00	
2	折旧			37000	
3	不可预见费			25447.17	
4	管理佣金			13232.52	
七	税金			37117.24	
	合计			711976.12	

(4) 分析说明

1) 正常期为一年

①年收入 718152.00 元②年支出 711976.12 元③结余 6175.88 元,上述三项的实际运行情况预计达到 90%。

2) 入住期为 6 个月

①月收入为正常期的 60%:35907.60 元②月支出为正常期 80%:47465.07 元,③月亏损 11557.47 元,6 个月亏损 69344.82 元,亏损部分公司补贴。

3) 交接验收期为 30 天

①月收入为正常期的 50%:29923.00 元②月支出为正常期 60%:35598.80 元③月亏损 5675.726 元,亏损部分公司补贴。

(5) 增收节支措施

1) 与本公司其他管理处密切合作,优势互补,资源共享,降低管理成本,提高管理水平。

2) 在交验入住期内,采取积极有效的措施,与有关部门协作,尽快完善小区的配套设施,迅速提高管理水平,营造良好的居住环境,消除未入住业主的后顾之忧,迅速提高入住率,增加管理费收入。

　　3)我们将进一步全方位为业主提供多项便民有偿服务,既服务于业主,又增加了收入。

　　4)公司将全力支持管理处的工作,从管理佣金中拿出部分,贴补亏损,保持收支平衡。

第五节　社区文化与环境文化

　　随着物质文明的提高,人们越来越注重生活质量,注重精神文明,注重人生价值,针对公寓入住人群的特点,"以人为本"、"延年益寿"已成为公寓业主的普遍追求。省质量协会与××大学曾经对住宅区的业主进行物业管理抽样调查,调查结果为:

　　(1)对住宅及居住环境规划设计

　　满意:15.00%　　基本满意:51.64%　　不满意:33.36%

　　(2)对住宅小区物业管理

　　满意:4.65%　　基本满意:40.65%　　不满意:44.46%

　　(3)对休闲娱乐条件不满意:50.6%

　　(4)对文体设施不满意:66.23%

　　(5)对小区绿化不满意:42.41%

　　从上述调查结果可以看出,如果仅有商业性的服务而没有非盈利的社区文化与环境文化建设,那么这个社区的生活一定是不完善的,将不能取得业主的满意与认同。在多年的物业管理实践中,十分注重社区文化与环境文化建设,吸收国内外管理精华,不断创新,做人之未做,人之难做,保持在同行业中的领先地位。物业管理所推行的是一种富有人情味的住宅文化,一种富有人文情调的生活方式,从社区意识的角度上说,最终要转化为社区居民的归宿感,这种归属感很大程度上源自管理处与居民感情上联系的投入。管理处尽心竭力,肝胆相照,极富人情味的经营作风,将使广大教师们感到最大便利和无限温馨。

　　通过对××公寓的调查,我们认为:

　　(1)公寓居住业主文化素质档次高,因此在条件允许的情况下,我们将利用各种方式向业主学习,使我们的员工素质得到不断提高。

　　(2)公寓居住业主健身娱乐、延年益寿是他们的普遍追求,而小区高层住宅的特点,决定了人们之间的交往少,居住环境相对封闭,而且小区内没有休闲娱乐健身场所和设施,给我们组织社区文化活动带来难度。我们一定要依托小区内的公共场地,同时借助公寓紧邻××休闲广场的优势,在组织文化活动中形成强有力的住户参与氛围。这种参与活动包括两个层面:一是吸引业主参与各种社区文化活动,如健身、交友、娱乐、竞赛,二是公寓作为一个社区的整体形象,也应不断参与×市的活动。在电视、广播、民俗、各种文化交流中能经常见到××公寓生气勃勃的形象,这种软环境能够对业主的心理归属感产生不可忽视的影响,本公司将认真对待。

　　1.××公寓社区文化活动实施方案

　　(1)订立业主精神文明公约,创造文明的生活风气

　　××公寓住宅小区精神文明公约

爱党爱国	热爱公寓	遵守秩序	举止文明
讲究卫生	保持清洁	爱惜公物	保护环境
上孝父母	下爱子女	夫妻和谐	相敬如宾

求同存异	胸怀开阔	与人为善	和睦邻里
热心公益	关心他人	见义勇为	维护安定
爱党爱国	热爱公寓	遵守秩序	举止文明

热爱祖国,拥护共产党,热爱自己的家园,热爱××公寓,遵守各项规章制度,举止端庄,守时正点,待人和气。

讲究卫生	保持清洁	爱惜公物	保护环境

不乱张贴、乱涂、乱建,不乱吐、乱倒,不在小区内擅自饲养宠物,不养家畜;维护道路、水电、通讯等公共设施;爱护花草树木、××公寓自然环境,节约水电。

上孝父母	下爱子女	夫妻和谐	相敬如宾

孝敬双方父母,尊重长辈,抚育子女,不溺爱、不打骂,鼓励子女全面发展,夫妻平等,彼此尊重,重事业,重家庭;计划生育。

求同存异	胸怀开阔	与人为善	和睦邻里

胸襟开阔,平等相待,和谐相处,正确对待不同生活习俗,求大同、存小异,互相尊重、互相沟通、互相帮助,多为他人着想,关心××公寓建设,爱护小区,积极参加社区活动。

热心公益	关心他人	见义勇为	维护安定

热爱集体,积极参与社区公益活动,拥军爱民,济困扶贫,主持公道,伸张正义,不打架斗殴、不吸毒、不赌博、不搞色情活动,见危相救,遇难相帮,挺身而出,制止犯罪。

（2）引导扶植各种无序自发的有益活动

对各种无序自发的活动积极引导、扶植,同时也举行一些以前没有的活动。因此,我们将成立小区文化活动小组,进行组织管理,使得居民能在广场及小区公共空地上唱歌、跳舞、打拳、练功、做晨练,各得其所。我公司还将依托隶属于××公司的优势,组织艺术精品展卖,开展艺术讲座,举办投资知识讲座等。根据××公寓居住业主的特点,我们定期或不定期地邀请有关业主举办各类讲座,如高科技知识讲座,国际时事讲座等,还要与业主一起办板报和宣传栏,宣传互助互帮、互敬互爱、见义勇为、热心公益等中华好风尚,做到小区内一年四季活动不断。

2. ××公寓环境文化建设实施方案

（1）加强绿化和管理,进一步改善业主的生活环境

我们接手管理以后,会大力改善绿化环境,进行花草、树木的养护,使之达到绿草如茵。我们将与植物园合作,对所有植物进行分类标识介绍,增加居民的植物知识。今后我们还将逐步增加绿化造型,做到颜色搭配合理,绿化造型错落有致。同时加强管理,使绿化设施保持完好,并大力宣传文明意识,使住户珍惜爱护优美的环境。我们还将采取"租绿"的方式,在住宅大厦的门厅入口处摆放盆花,利用消防报警广播,适时播放一些轻音乐,营造大厦一种温馨自然的感觉。

（2）实施小区环境形象战略,如小区内设置公共信息显示屏,显示天气预报、大气质量、声音分贝和重要通知等,整合小区环境形象,我们将拟定视觉手册、环境手册,制订全面的环境管理方案。

第六节　物业维修基金的建立和使用

根据《×市物业管理暂行办法》有关规定,"物业产权人、房屋建设单位应当向房屋行政

主管部门一次性缴纳公共部位、公用设备设施维修养护费,专项用于房屋共用部位、共用设备设施维修养护和高层住宅的大型设备更新改造,以及市政公用、园林部门管理范围以外的公用设施、绿地的维修和养护。"根据招标书说明,此次××公寓物业维修基金的建立通过两条渠道,一是按××年房改成本价××元 的×‰提取维修基金,二是物业管理企业承租物管用房的租金纳入维修基金。通过计算,××公寓三年期维修基金累计归集约××万元(北片),维修基金由公寓业主会管理,专户存储、专款专用,实行收支两条线。根据住宅《住宅共用部位、共用设施设备维修基金管理办法》及《物业管理企业财务管理规定》规定:"物业维修基金专项用于住宅共用部位、共用设施设备保修,期满后的大修、更新、改造。"所以××公寓维修基金专项用于道路、路灯、消防设施、电梯、机电设备、屋面、外墙等共用部位、共用设施的大修、更新和改造。我公司将严格按照政策规定,报请业主会审核,经批准后精打细算地使用维修基金,同时使用情况及账目要定期向业主汇报。

在近几年的物业管理实践中,一直将如何保障房屋使用寿命,坚持七十年如一日的房屋、设备养护视为重要战略,在建设方的积极配合下,不断摸索,进行了较为有效的尝试,探索出成功的经验,在所管理物业范围已广泛地加以运用,既保障了广大业主利益,又促进了建设方项目投资的良性循环。我们将按照政府的有关规定,结合公寓的实际情况,灵活运用所取得的实践经验,在做好公寓物业管理工作的同时,更注重房屋维护的最大的效用,保障房屋始终完好如新,保值增值,让业主满意,使政府放心。

第七节 本公司物业管理业绩及获得的荣誉证书

公司所受托管理的物业类型包括大厦、工业园、住宅小区等,其中"××大厦"的物业管理已于获得市级、省级"城市物业管理优秀大厦"称号(荣誉称号证书(略))。

本公司致力于运用先进的管理方法提高企业的服务质量,在市物业管理行业中率先导入 ISO9002 国际质量保证模式,以提高公司管理水平和服务质量,为业主提供更满意的服务。该体系一次通过英国"SCS"国际通标公司的第三方国际认证,成为省级物业管理企业和市物业管理行业中首家通过 ISO9002 国际认证的物管企业。为市物业管理行业的发展做出了积极的贡献(英国"SCS"国际通标公司的第三方国际认证证书(略))。

第二章 附件:××公寓物业管理

规章制度汇编(目录)

1. 岗位职责

(1)××公寓物管处主任岗位职责

(2)××公寓物管处副主任岗位职责

(3)××公寓物管处综合组主管职责

(4)××公寓物管处综合组管理员岗位职责

(5)××公寓物管处安保员职责岗位职责

(6)××公寓物管处安保领班岗位职责

(7)××公寓物管处保洁员岗位职责

(8)××公寓物管处绿化员岗位职责

(9)××公寓物管处车辆管理员岗位职责

（10）××公寓物管处物管组主管岗位职责

（11）××公寓物管处工程设备组主管岗位职责

（12）××公寓物管处消防、安全监控员岗位职责

（13）××公寓物管处机械电工岗位职责

（14）××公寓物管处弱电维修工岗位职责

（15）××公寓物管处电梯维修工岗位职责

（16）××公寓物管处变、配电所值班电工岗位职责

（17）××公寓物管处房产维修工岗位职责

2. 公众制度

（1）小区业主委员会章程

（2）物业管理合同

（3）小区消防管理规定

（4）业主公约

（5）消防安全责任书

（6）环境、绿化、卫生管理规定

（7）业主装修、安装施工管理规定

（8）安全用电、用水、用煤气及弱电系统使用规定

（9）小区出入、户籍、治安管理规定

（10）业主装修、安装施工责任书

（11）车辆管理规定

3. 运作制度

（1）员工守则

（2）管理处办公设备使用制度

（3）管理处文件管理制度

（4）管理处财务管理制度

（5）管理处值班管理制度

（6）管理处保安员内务管理制度

（7）管理处消防设施养护及使用规范

（8）管理处内勤管理规定

（9）管理处员工工作服管理规定

（10）管理处员工考核及奖惩规定

（11）管理处员工培训制度

（12）管理处变、配电所管理制度

（13）房屋安全检查制度

（14）防火安全检查制度

（15）电梯机房管理制度

（16）水泵房管理制度

第三章　附件:××公司

ISO9002 质量手册(目录)

1. 颁布令
2. 企业概况
3. 质量方针、质量目标
4. 《质量手册》更改控制
5. 《质量手册》的控制
6. 《质量手册》的管理
7. 质量管理网络图
8. 组织架构网络图
9. 管理者代表认命书
10. 质量要素分配表
11. 管理职责
12. 质量体系
13. 合同评审
14. 设计控制
15. 文件和资料控制
16. 采购
17. 业主提供产品控制
18. 服务标识和可追溯性
19. 过程控制
20. 检验和试验
21. 检验和试验设备控制
22. 检验和试验状态
23. 不合格品的控制
24. 纠正和预防措施
25. 搬运、贮存、包装防护和交付
26. 质量记录的控制
27. 内部、质量审核
28. 培训
29. 服务
30. 统计技术

第四章　附件:××公寓物业管理运作程序(目录)

1. 各级各类人员管理职责
2. 管理评审程序
3. 质量体系管理程序
4. 质量计划控制程序

5. 合同评审程序
6. 文件和资料控制程序
7. 合格分承包方控制程序
8. 采购控制程序
9. 业主提供产品控制程序
10. 服务标识可追溯性控制程序
11. 安保服务过程控制程序
12. 保洁、绿化服务过程控制程序
13. 入住、代办特约服务过程控制程序
14. 维修过程控制程序
15. 检验和试验控制程序
16. 检验、测量和试验设备控制程序
17. 检验试验状态控制程序
18. 不合格品控制程序
19. 纠正、预防措施控制程序
20. 搬运、贮存、包装、防护和交付控制程序
21. 质量记录控制程序
22. 内部质量审核程序
23. 员工培训控制程序
24. 服务控制程序
25. 统计技术应用程序

十、物业管理常用文明礼貌用语

招呼：您好、早安、午安、早上好、下午好、晚上好

同志（先生、女士、小姐）您好

劳驾您（先生、女士、小姐）×××

再见、晚安、明天见

询问：您好！我能帮您做些什么？

请问您随身带证件了吗？

您好！您要找什么人？

还需要什么？

问候：您好！欢迎您！

祝您好运！

请向您的家人问好

祝您工作（旅途）愉快

反问：对不起，请您再说一遍好吗？

您明白我的意思吗？

相信您能理解我的意思吧？

请问，不会妨碍您吧？

您看这样好不好？

道歉：对不起,请您不要×××

同志(先生、女士、小姐)给您添麻烦了,实在抱歉

对不起,麻烦您到×××处来一下

请原谅、打扰了、失礼了

感谢：谢谢您的合作

对您的支持表示忠心的感谢

感谢您的帮助

感谢您的光临,欢迎您再来

非常感谢

通话：您好! ×××物业公司

请问您有什么事情吗?

请问您找那一位?

请您稍候

不要客气,再见

十一、调查报告参考样本

××市××区住宅小区和业主基本情况的调查报告

物业管理是广大业主普遍关心的问题,目前对××市××区共 49 个住宅小区和 12 个业主会的基本情况展开了调研,并与 12 家物业管理公司、10 个业主会进行了座谈,并对在小区物业管理中存在的问题进行了了解,现将调查情况整理如下：

（一）××区住宅小区管理的总体情况

本次调研的项目为住宅小区 49 个,涉及 33 家物业管理企业,业主会 12 个。在 49 个住宅小区中盈利的项目只有 4 个,占 8％,亏损的项目 45 个,占 92％(包括 11 个为收费小区)。从小区规模上看,5～8 万 m² 的小区 13 个,占 26.5％;3～5 万 m² 的小区 17 个,占 34.7％;8 万 m² 以上的小区 4 个,占 8％;3 万 m² 以下的小区 15 个,占 31％;可以看出××区物业管理小区的规模普遍较小;从建成年份看,1999 年以后新建的小区共 24 个,占 49％;从绿化上看,在 20％～30％之间的为大多数,共 36 个,占 73.5％。在管理 49 个小区的企业中,有两家企业为房管站转制的物业管理公司,共同管理 6 个项目;三家为企业转制的物业管理公司,管理 7 个项目;其余均为开发商派生出来的物业管理公司。

（二）企业在经营过程中存在的主要问题和困难

从总体情况看,企业处于亏损状态,大多数企业要依靠开发商补贴和开展多种经营弥补费用的不足,其主要原因是：

1. 小区收费难,收费标准低

在 38 个收费小区中,只有两个小区收费率在 70％以上,其余均在 50％以下,最少的只收取不足 20％的服务费。造成收费难的原因是多方面的,一是由于开发商遗留的问题多,造成业主对缴费有抵触情绪,问题主要集中在房屋质量问题和配套不齐的问题上,因此造成不缴费的比例近 30％;二是由于业主在入住之初,物业管理企业同业主在某些问题上关系处理不当或由于服务不及时造成不缴费的比例近 10％;三是有的小区多数为还迁房和商品房混合区,还迁居民百分之百不缴纳管理费;四是由于小区车辆管理不善造成扰民,而物业

管理公司又很难解决这些问题,造成不缴纳管理费;五是由于部分业主不交费,长此以往,影响其他业主也不缴纳管理费。除了以上客观原因外,最主要的一点原因是:业主对物业管理费的标准认识不清,认为只要交纳物业管理费,物业管理公司就要提供各种各样的服务,只要不和业主的心意就停止缴费。这同业主的消费意识和企业的宣传力度有着直接的关系。另外,目前由物价部门核定的收费标准偏低,企业为了维持运营,只能在节约成本上下功夫,因而造成了一些小区服务标准降低,导致收费率一降再降。

2. 各种税费和不可预见费给企业造成经济负担

企业在经营过程中,均按照国家政策照章纳税,但在税务部门收取税费上存在问题。目前,物业企业经缴纳营业税税率为×%,所得税税率×%,大多数企业由于处于亏损状态,无利润可言,而税务部门还要求有的企业缴纳一部分所得税。另外,物价部门每年要向各企业收取 1200～1800 元的咨询费;车辆管理部门对其存车收入收取×%的管理费和×%的营业税,造成重复纳税;保安公司每月要向物业企业收取每个治安维护人员 100～200 元的管理费,而同时保安公司所提供的治安维护人员又存在着素质不高和不好管理的问题。除此以外,街道、派出所、占道、环卫等部门也打着各种旗号收取费用,给企业管理造成了一定困难。

3. 企业自身管理水平和人员素质不高

由于物业管理属于新兴行业,精通物业管理的人本来就少,而企业由于工资标准过低,高水平的管理人员聘用不到,企业自身功能有限,造成人员素质不高,人员流动过于频繁,因而对管理造成很大的影响,管理水平长期得不到提高。从而使企业在管理过程中出现服务不及时,服务不周到,掌握政策标准不一的现象发生,导致业主的信任程度下降,直接影响收费。同时,由于多数企业为开发商的子公司,开发商过多干预物业企业的管理,一些物业管理企业的经营管理工作必须要经过开发商的同意方能实施,而开发商在处理同业主在房屋上存在的问题时,又将物业管理企业推到一线,使业主同开发商的矛盾直接转嫁到物业管理企业身上。

(三)业主会对小区管理的看法和意见

近来,随着业主会逐步成立,使住宅小区的管理正在走向规范化,但由于各种原因,业主会的参与监督能力还不强。通过此次调研,业主会对小区管理的看法和意见可以归纳为以下几点。

1. 业主会对物业管理公司的看法是基本认可,有待提高

本次调研对小区管理的总体评价是满意率为 58%,基本满意率为 42%,对小区车辆管理不满意的达到 16%,对保安和维修及时率不满意的各占 8%。从这个比率可以看出广大业主对小区管理是认可的,由于对物业管理公司在管理不到位的问题上反映不是很强烈,业主们要求企业在热情服务,通过服务及时率以及加强车辆管理、治安维护管理上要多下功夫。

2. 希望新收费标准政策尽快出台,明明白白消费。

业主们认为目前实行的收费标准并不科学,应当由政府相关部门特别是行业主管部门制定详细的标准,按服务标准和设施标准分类定价。物业管理企业在实施收费时,应将收费的标准同所提供的服务标准公布于众,便于业主监督。同时在价格标准上可以同业主共同商定,充分体现业主自身的权利。只有这样,才能是业主明明白白消费,避免矛盾的产生,提高小区的收费率。

3. 寻求解决同开发商矛盾的问题

开发商给小区造成的问题颇多,如质量问题、跑冒滴漏问题、配套不齐问题、绿化率低的问题,政府应有相应的政策对开发商加以制约,避免这些问题转嫁到物业管理公司身上。

4. 加强沟通,提高管委会的监督作用

行业主管部门应多组织管委会之间的交流和沟通,组织培训,相互借鉴好的经验和做法,有利于和物业管理公司搞好关系,同时充分发挥物业监督员的作用,扩大监督面,从而提高监督能力。

(四)推动小区管理发展的建议

结合调研的情况以及企业和业主会提出的意见,可以归纳为以下几点建议。

(1)尽快解决收费标准界定问题,对业主不交费的情况能否制定相应的法规加以制约。

(2)严格资质审批,对开发商派生的物业管理公司严格控制,避免矛盾进一步产生。

(3)加大对物业管理公司的扶持力度,政府在政策上应有所倾斜,协调好各部门之间的关系,界定管理权限。

(4)对开发商又有制约的措施,依法约束开发商的不规范行为,净化业主的生活空间。

(5)正确引导舆论导向,扩大宣传,政府要重视物业管理的发展,积极研究制定政策。

十二、物业管理专业毕业论文参考题目

1. 浅析物业管理的现状及发展趋势

2. 浅析物业管理对房地产市场的影响

3. 浅析物业管理对房地产企业的影响

4. 浅析物业管理的专业化、社会化和规模化经营

5. 物业管理难点分析

6. 浅析物业管理的现状及对策

7. 浅析物业管理前期介入的必要性

8. 旧住宅区物业管理问题探讨

9. 物业管理公司经营与管理模式探讨

10. 浅析物业管理规模化经营

11. 物业管理招投标问题研究

12. 物业管理运作模式与发展战略

13. 物业管理企业品牌塑造研究

14. 物业管理收费难的成因及对策

15. 浅析住宅小区智能化管理

16. 物业管理从业人员必备知识的研究

17. 浅析在规范物业管理过程中应注意的问题

18. 浅析物业管理与环境保护

19. 物业管理资金来源分析

20. 物业管理资金形成良性循环的探讨

21. 物业管理企业经营战略研究

22. 物业管理从业人员素质研究

23. 物业管理中的市场营销理念研究

24. 物业管理前期介入时机与应注意的问题研究

25. 物业管理与服务关系研究

26. 房地产开发商遗留问题对物业管理的影响与解决对策研究

27. 物业管理企业文化的研究

28. 物业管理企业经济效益指标体系研究

29. 物业管理企业财务管理目标问题的研究

30. 物业管理企业工作定额制定研究

31. 当前物业管理的纠纷出现形式及其对策

32. 引导社区人文消费 丰富物业管理内涵

33. 物业管理——改善和提升居住环境质量的有效途径

34. 物业管理企业竞争力分析

35. 物业管理行业跨区域经营发展趋势展望

36. 优质的服务是增强物业管理企业的实力和市场竞争力的基础

37. 前期物业管理中物业管理企业的法律地位

38. 影响物业管理企业管理运作难点问题的探讨

39. 试论服务品牌的文化特征

40. 面对加入 WTO 物业管理市场何以应对

41. 物业管理中的增值性服务

42. 网络化——物业管理大趋势

43. 解决物业管理收费难的初探

44. 物业收费应遵循市场规律

45. 浅析从管理物业到经营物业

46. 试论物业管理前期介入的作用及其立法意义

47. 物业管理企业自身的缺憾

48. 物业管理中业主公约的法律问题

49. 物业管理如何成为房地产开发经营主角

50. 中国物业管理招投标方法的分析与思考

51. 突破物业管理企业项目管理中的不利制约

十三、毕业论文格式要求及参考样本

（一）论文封面

××市××大学××科毕业论文(3号宋体加粗)

论文标题(2号黑体加粗)
——副标题(小2号黑体加粗)

作者：×××

院系：×××××××

专业：物业管理

年级：××级

学号：××××××

指导教师：×××

答辩日期：××年×月×日

成绩：

（二）第一页（论文摘要）

内容提要(3 号黑体)

　　物业管理收费难的问题始终制约物业管理企业乃至物业管理行业的健康发展。只有正确的对物业管理收费难的原因进行分析，才能找到有效解决该问题的办法。（内容5号宋体，不少于300字）

关键词：(4 号黑体) 物业管理；物业管理收费难；业主；使用人(5 号黑体)

（三）第二页（论文目录）

目录（3号黑体）

内容小4仿宋

（四）第三页及以后各页（论文正文）

物业管理收费难成因探析（3号黑体）

物业管理于 20 世纪 80 年代初期被引进国内后，伴随着我国房地产市场的快速发展，而成为备受瞩目的朝阳产业。它正逐步取代传统的、单一的房地产管理模式，这种高度集中的企业化、社会化、专业化的房地产管理模式在实践中其职能不断深化，内容越来越丰富，手段越来越先进。目前，我国物业管理覆盖率已占物业总量的 30％，深圳等一些经济发达城市已超过 95％。然而在实践中物业管理收费难的问题始终制约物业管理企业乃至物业管理行业的健康发展。收费问题既是物业业主或使用人关注的问题，同时也是物业管理企业工作的难点问题，如何把物业管理收费难的问题解决好，真正做到既能保护物业业主或使用人的合法权益，又能促进物业管理企业和物业管理行业的健康发展，是一个亟待解决又非常重要的问题。（小 4 宋体）

一、物业管理费的含义及其构成（4号黑体）

物业管理企业服务收费是按照物业管理服务合同的约定，对房屋及其配套的设施设备和相关场地进行维修、养护、管理，维护相关区域内的环境卫生和秩序，向业主所收取的费用。物业管理企业为业主或使用人提供标准服务和委托服务所收取的有偿服务费，其构成包括两大类型：一是公共性服务费；另一是特约服务费。公共性服务是物业管理企业面向所有业主或使用人提供的最基本的管理与服务，基本项目包括：房屋修缮装修及其管理、房屋设备设施的管理、环境卫生管理、绿化管理、治安消防管理、小区内道路车辆管理等，其费用构成包括物业管理企业管理服务人员的工资、社会保险和按规定提取的福利费；物业共用部位、公用设施设备的日常运行、维护费用；物业管理区域清洁卫生费用、物业管理区域绿化养护费用；物业管理区域秩序维护费用；办公费用；物业管理企业固定资产折旧；物业共用部位、公用设施设备及公众责任保险费用；经业主同意的其他费用等。特约服务费是为满足物业产权人、使用人的个别需求，物业管理企业事先设立服务项目，并将服务内容、质量与收费标准公布，当

146

业主或使用人需要这种服务时，接受其委托而提供服务所收取的费用。物业管理企业在收取物业管理费时，计费单位通常以"元/m²"为标准，即以每平方米（建筑面积）为单位核定综合管理费用标准。

从以上分析的物业管理费的含义及其构成上看，收费难主要集中在面向全体业主或使用人收取的公共性服务费方面。（小 4 宋体）

二、物业管理收费难的成因（4 号黑体）

首先看一组统计数据（表 3-32）：

统 计 表　　　　　　　　　　　　　　　　　　　表 3-32

项　目	所在城市	小区规模	建成时间	收费标准	收缴率
××小区	××市	10 万 m²	2000 年	0.8 元/m²	80%
……	……	……	……	……	……
××小区	××市	20 万 m²	1998 年	0.7 元/m²	75%

（表中数据略）

物业管理收费难的现象不只是在一个地区或某几个地区存在，它具有一定的普遍性。在一些新建住宅小区，物业管理费的收缴率能达到 80%～90%，而对于一些普通小区则只能达到 30%左右，甚至更低。造成物业管理收费难的主要原因有以下几个方面：

（一）物业管理企业方面的原因（小 4 宋体）

1. 认识上存在着偏差（小 4 宋体）

物业的所有权是业主的，业主与物业管理企业是合同关系。作为一个服务行业，物业管理企业应依据合同和有关法律法规对物业进行管理，为业主或使用人提供一个舒适、安全、方便的生活环境，其管理的对象应该是物业而不是业主或使用人。而在实际生活中，业主或使用人所感受到的却并非如此，有的物业管理企业甚至还把关系搞颠倒了。近年来，对物业管理的投诉逐年增多，其原因之一就是不少物业管理企业在认识上存在着偏差。有的物业管理企业没有摆正自身位置，认为管理就是管理业主或使用人；有的物业管理企业单方面制定收费标准，强迫业主或使用人按其收费标准交费；有的物业管理企业把治安维护人员当"家丁"，在物业管理区内制造小帝国，甚至直接侵犯业主或使用人的人身权利；还有的物业管理企业是由原房管所或房管站转制成立的，原有的"衙门"工作作风没有改变，没有树立良好的服务意识，管理重于服务，造成本末倒置，这些在认识方面的偏差自然无法取得业主或使用人信任。（小 4 宋体）

2. 管理水平低下，服务劣质

物业管理企业作为具有法人资格的经济实体，在其经营管理过程中，必须要有资金的支持，并使其资金在循环中得到增值，才能实现自主经营、自负盈亏、自我发展。目前在物业管理行业中，各物业管理企业的利润普遍较低，有些企业甚至亏损,开展多种经营活动便成为其资金的主要来源,以弥补物业管理费的不足。多种经营活动应在搞好主营业务的基础上开展。然而一些物业管理企业在向业主或使用人提供服务(即物业管理的主业)过程中马马虎虎,服务不到位,而副业(即开展多种经营活动)却干得非常起劲。由于物业管理企业服务不到位,又对业主或使用人的合理要求置之不理,业主或使用人花钱买不到称心的服务,使得向业主或使用人收取的物业管理费与其提供的服务不等值,这样往往会导致业主或使用人拒缴物业管理费,而物业管理企业动辄停水停电,使广大业主或使用人苦不堪言。常此下去,酿成了业主或使用人拒缴物业管理费的心理。于是,这些物业管理企业在业主或使用人眼中便成了"无用之物",收取物业管理费也被看作是"敲诈"。

3. 缺乏合理、公开、透明的收费制度

1996 年国家计委、建设部出台了《城市住宅小区物业管理服务收费暂行办法》,有些地方也制定了相应的具体收费标准。2003 年 11 月 13 日,国家发展和改革委员会、建设部根据《中华人民共和国价格法》和《物业管理条例》制定了《物业服务收费管理办法》。物业管理企业在收取物业管理费时应执行国家和地方的法律法规,并做到收费合理、公开、透明。但事实上,仍有一些物业管理企业依然我行我素,擅自设立收费项目;不按规定明码标价;只收费不服务或多收费少服务等现象依然存在。在物业管理收费的公开度、透明度方面,一些物业管理企业暗箱操作,特别是没有成立业主会的住宅小区,物业管理收费更是缺乏透明度。物业管理企业在收费的同时应该让业主或使用人了解收费标准,所收取的费用都用在哪些地方,并定期向业主或使用人公布财务收支账目,做到心明眼亮,对此隐讳,必定会引起业主或使用人的怀疑和不信任,无益于双方的沟通,增加了收费的难度。

4. 部分物业管理企业的独立法人资格尚未确立,"谁建谁管"现象依然存在

目前,我国的物业管理企业大体有四种类型:第一种是由房地产开发商为解决商品房售后服务问题而自行组建的隶属于房地产开发商的物业管理企业;第二种是由过去的房管所(站)转制而来的物业管理企业;第三种是由其他组织(如企事业单位的后勤机构)创办的物业管理企业;第四种则是按《企业法》要求组建的专业从事物业管理的企业。近年来,许多城市新建住宅小区的物业管理,是由第一种类型的物业管理企业来承担。在这种"父与子"式物业管理模式下,物业管理企业名义上是独立核算企业,可其人、财、物由开发商所控制,法人地位难以确立,其资金来源主要依赖于开发商的补贴,无论经营好坏,开发商所建住宅小区总会交其管理,其总有新的业务和新的收入来源。这种"谁建谁管"现象的存在,往往会使得物业管理企业在工作中不思进取,缺乏市场观念、竞争观念和服务意识。当业主或使用人入住并实施物业管理后一些开发商遗留问题便反映出来,而建管

之间缺乏有效的衔接和协调,责任难以分清,使得问题很难解决,致使业主或使用人利益受到损害,从而导致业主或使用人拒缴物业管理费。

5. 物业管理从业人员素质偏低,专业人才短缺

物业管理企业要想搞好服务并很好地发展,其员工素质的高低是决定因素之一。物业管理人员应意识到一个成熟的物业管理企业,其职责不仅仅是保洁保安、绿化养护,而是与业主或使用人共同营造完美、温馨、文明的现代生活氛围。目前物业管理企业许多员工对物业管理的概念还停留在修修补补、收取费用上,把物业管理仅仅看成是简单的保安及清洁工作。缺乏一种成熟的物业管理经营理念,跟不上日益发展的物业管理的需要。目前物业管理企业大部分上岗人员是临时招聘的,没有经过必要的培训,缺乏专业技能、市场观念及竞争意识,加之物业管理的利润比较低,其琐碎的日常工作不能吸引优秀的人才加入进去,专业人才更是短缺,由此造成物业管理企业人员素质低下。一些物业管理人员在与业主或使用人打交道时,由于其素质相对较低,致使正常的工作不能很好的、顺利的展开;更有甚者,一些员工在工作中缺乏敬业精神和服务意识,在一些住宅小区中,有的业主或使用人发现物业管理人员上班时间不务正业,关起门来打牌、下棋、闲聊,虽然这种现象并不普遍,但是所造成的影响非常不好,借用一位业主或使用人的话说,这是"拿钱养了一群老爷"。物业管理从业人员素质低下在一定程度上也造成了物业管理收费难。

(二)业主或使用人方面的原因

1. 对物业管理的认识存在着误区

(1)部分业主或使用人的消费理念存在误区

一些业主或使用人购买住宅花费大一些能够承受,而诸如小区内公共环境卫生、绿化建设、保安等都与自己无关,缴不缴物业管理费无关紧要,没有形成一种像缴电、煤气、水、电话及有线电视费那样的习惯,没有认识到物业管理企业的运作是在营造舒适的居住环境,是在一定程度上使物业保值与增值;也没有认识到物业管理企业的运作要靠经济来支撑。有的业主或使用人认为物业管理企业是我们请来的保姆,让你们做什么就得做什么,没有认识到物业管理双方在法律地位上具有平等性。这些认识上的误区,造成一部分业主或使用人拖延、少缴或拒缴物业管理费。

(2)部分业主或使用人消费观念滞后,对物业管理有偿服务还不适应

长期以来由于我国实行福利型住宅消费模式,使得人们习惯于由国家或单位无偿提供住房,缴纳低租金,近似于无偿管理的思维模式。随着我国福利分房制度的取消,"花钱买房子"的消费观念正在被老百姓所接受。人们在购买住宅后,又让他们再支出一笔钱用在物业管理上,就容易产生不易接受的心理状态。即使某些业主或使用人已经切实感受到了物业管理的优越性(为业主或使

用人提供了一个较舒适的居住环境;在一定程度上实现了物业的保值与增值),但往往还是对花钱买服务的现代市场经济消费观难以适应。这固然与我国长期以来形成的社会文化背景有关,而广大业主或使用人的落后市场经济观念则起着更为重要的作用。人们思想观念未能转变,部分业主或使用人享受惯了福利管房的种种好处,对物业管理这种有偿服务方式不理解,产生抵触情绪,造成物业管理收费难。

(3) 部分业主或使用人随意拓宽物业管理的外延和内涵

一些业主或使用人对物业管理的含义不甚了解,认为物业管理企业不过是由业主或使用人或者政府请来的"管家"和"佣人",从而把社会治安、计划生育、劳动就业、福利救助、环境治理等等统统加到物业管理企业头上;有的业主或使用人认为物业管理企业收了钱,就应对业主或使用人的一切损失(包括人身伤害和财产损毁丢失)承担责任。这种认识还表现在对物业管理企业所进行的服务和责任的主张上,随意拓宽了物业管理的外延和内涵,从而对物业管理企业的责任要求超出了合理的范围,忽视了物业管理企业是独立的民事主体的地位。这种认识也是造成物业管理收费难的原因之一。

2. 下岗失业职工生活困难、部分业主或使用人经济承受能力差

随着我国经济体制改革的不断深化,企业制度、用工制度、医疗卫生、教育等发生了很大的变化,下岗失业及职业的不稳定性增加。在企业改革过程中,一部分企业职工下岗失业,其中一些年龄偏大的下岗失业人员再就业存在一定难度,这些人员的家庭生活比较困难,尤其是那些拆迁户较多的旧小区或是下岗失业人员聚集的小区,困难家庭比较多,这些家庭除了维持日常生活支出外,就医、子女教育等同样需要数额不小的支出。居民生活本来已经相当拮据,再缴纳物业管理费显然是力不从心。从而造成欠缴、拖延或拒缴物业管理费。

3. 有些业主或使用人在"从众心理"的驱使下不缴物业管理费

随着我国改革开放的不断深化,一部分人已率先致富。在一些住宅小区中,一部分业主或使用人有稳定的工作及收入,家庭生活已经比较富裕;还有一部分业主或使用人收入颇高,家庭生活相当富裕。在这些业主或使用人中有的各方面消费意识很超前或比较超前,其中有些业主或使用人还拥有私家车。他们在享受到物业管理企业提供的完善的物业管理服务后,缴纳物业管理费不会对其基本生活造成任何经济压力。但是这部分业主或使用人在看到物业小区内其他业主或使用人欠缴、拖延或拒缴物业管理费时,由于存在着"从众心理",也故意欠缴、拖延或拒缴物业管理费。

(三) 政府方面的原因

物业管理行业作为一个新兴行业,在其发展的初期阶段离不开政府的大力支持和正确的引导监督。然而,现实中存在的状况是有些政府职能部门对物业

管理的认识不足。有些领导认为,卫生保洁有环卫局,道路、下水管道维护有市政局,绿化有园林局,保安有公安局,城市建设及管理部门的职能已很明确,住宅小区是否实行物业管理无关紧要。由于这种观念的存在,在一定程度上消弱了政府对物业管理这一朝阳行业市场发展所需的良好外部环境的支持,不能使物业管理成为推动城市文明建设和塑造现代化城市形象的一支重要力量。政府在发挥其有效的监督指导作用方面的欠缺,使得物业管理市场化、规范化的进程缓慢。在市场准入、收费标准、纠纷处理、法律责任等方面未建立起有效的约束机制,没有形成对开发商、物业管理企业和业主或使用人三者之间一个有效的监督制约规范,使得一些物业管理企业在发展中难免会出现这样或那样的问题,最终会集中反映到物业管理收费问题上。

（四）其他方面的原因

1. 开发商遗留问题使物业管理企业成为替罪羊

住宅的质量是在生产建设中形成的,房地产开发商生产的建筑商品质量合格与否直接关系到将来的物业管理问题。存在质量缺陷的住宅必定会给物业管理留下祸根。由于房地产商品本身的特点决定了商品房属于非标准产品,开发商无论主观愿望如何良好都会存在一定的质量问题,诚信的开发商当发现了质量问题后会及时的将其解决好;而不讲诚信的开发商会将质量问题遗留给物业管理企业。这样使得住宅存在质量问题的业主或使用人把对开发商的怨气发泄在物业管理企业身上,使得物业管理企业成为商品房遗留问题的替罪羊,遗留问题得不到解决,物业管理费就很难收上来。

2. 物业管理的宣传力度不够

物业管理工作有赖于广大业主或使用人的支持。在物业管理发展的初期阶段,广大业主或使用人在认识上还存在着一定的偏差,没有认识到物业管理的重要性及必要性,也没有认识到不缴物业管理费是对缴费业主或使用人及物业管理企业权益的侵犯。作为政府的职能部门、社会舆论部门及物业管理企业在日常的工作中对物业管理的宣传力度不够,在引导人们对物业管理的正确认识上还存在着不足,使得一些业主或使用人对物业管理不是很了解,导致物业管理企业与业主或使用人在收费问题上存在分歧,从而造成收费困难。

3. 物业管理企业过多地承担了社会上其他部门的收费责任

在市场经济条件下,物业管理企业向业主或使用人提供完善的服务并收取与其相适应的物业管理费,这本身就体现出公平、等价的交换原则。但是在住宅小区实行物业管理后,一些本应由社会相关部门向业主或使用人直接收取的费用,诸如供暖、供水、供电、供气以及有线电视等费用,都交由物业管理企业来代为收取。虽然《物业管理条例》已经出台和实施,但在现实中,一些地方的这种做法并没有改变。物业管理企业在收取物业管理费时，业主或使用人对供暖、供水、供电、供气以及有线电视等方面的服务不满意，就有可能将矛盾转嫁到物业管理企业身上，造成物业管理企业收费风险增大，进而影响到其正常经营活动的展开。

综上所述，造成物业管理收费难的原因是多方面的，要解决好这一问题，使物业管理行业及企业得以健康发展，亟需政府的宏观指导和政策扶持，亟需社会各界的支持和理解，亟需业主或使用人的配合，同时也需要物业管理企业转变观念摆正自身位置。解决好这一问题，物业管理行业和物业管理企业的发展前景还是充满阳光的。

（五）最后一页

参考文献（4号黑体）

1. 作者名：文章标题，刊物名，期数（年、期号）（5号宋体）
2. 作者名：著作名，出版社，日期
3. 作者
4. 作者
5. 作者

十四、学生求职及简历写作参考样本

（一）中文求职信范例：

××经理：

我从《××报》上的招聘广告中获悉贵公司欲招聘一名经理助理，特冒昧写信应聘。

两个月后，我将从××学院物业管理专业毕业。身高1.65米，相貌端正，气质颇佳。在校期间，我系统地学习了现代管理概论、社会心理学、酒店管理概论、酒店财务管理、酒店营销、酒店物业管理、物业管理学、应用写作、礼仪学、公共关系学、专业英语等课程。成绩优秀，曾发表论文一篇。熟悉电脑操作，英语通过国家四级，英语口语流利，普通话运用自如。

我曾在 ××五星级酒店客房办公室实习6个月，积累了一些实际工作经验，我热爱酒店管理工作，希望能成为贵酒店的一员，和大家一起为促进酒店发展竭尽全力，做好工作。

我的个人简历及相关资料一并附上，如能给我与您面谈的机会，我将不胜荣幸。

联系地址：××××××
邮政编码：××××××
联系电话：××××××

此致

敬礼

求职人：×××
××××年×月×日

（二）中文个人履历范例：

××学院
—— 王 立

个 人 履 历

×年×月

目 录

自荐书
    毕业求职自荐书
个人简历
    中文简历
证书
    英语四级合格证书   计算机等级证书
    荣誉证书   居民身份证
    学生证
成绩单
    大学课程成绩单

个人简历（中文）

个人资料：

姓名   性别
出生年月   民族
政治面貌   健康状况
籍贯   最高学历
身高   婚姻状况
通讯地址
邮政编码
联系电话

个人简历：

* 1982.9.————1988.7.   就读于××小学

* 1988.9.————1991.7.   就读于××中学

* 1991. 9. ————1994. 7.　　　就读于××中学

* 1994. 9. ————1998. 6.　　　就读于××学院

所学专业课程：

* 管理类：现代管理概论、酒店客房管理、酒店餐厅管理、酒店前厅管理、住宅小区物业管理、酒店物业管理、物业管理学等

* 营销类：市场营销学、社会心理学、消费心理学等

* 财会类：会计学原理、酒店财务管理等

* 素质类：应用写作、公共关系学、礼仪学等

* 英语类：英语、专业英语

* 计算机类：计算机在管理中的应用

* 法律类：物业管理法规、经济法

学生工作：

* 1996————1997　担任学生会主席

* 1994————1997　担任班长

* 1995————1996　担任学生会宣传部长

社会实践：

* 1994 年 4 月————7 月　参加××酒店实践活动

* 1997 年 4 月　　　　　　对××地区餐饮业进行市场调查

* 1997 年 9 月————12 月　在××五星级酒店客房办公室实习

大学获奖情况：

* 1994————1995 年度荣获"优秀团员"称号

* 1995————1996 年度荣获"优秀学生干部"称号

* 1996————1997 年度荣获"优秀学生干部"称号

* 1994————1997 年荣获三等奖学金和多项单项奖学金

计算机能力：

* 熟练掌握 FoxBase 数据库

* 熟练使用 Word 及 Excel 等办公软件

* 熟练掌握中英文打字

语言能力：

* 熟练掌握普通话

* 具有较强的语言表达能力

* 良好的英语听、说、读、写、译能力

特长和爱好：

计算机、社交、写作、书画、文艺、阅读等

自我评价：

* 思想品德好，责任心强，团队意识佳

* 工作踏实勤奋，积极进取，富创造力

* 知识全面，专业基础扎实，知识广博

* 人际关系融洽，有较强的协调沟通能力

* 善于独立思考,有组织能力和工作能力

十五、物业管理企业常用公文写作参考样本

(一) 通知

通知是公文中最常见的一种形式,因其适用范围广,种类多,所以在撰写时不适宜机械划一,通常的写法有转述式和直述式两种。

转述式适用于指示性通知和发布性通知。指示性通知的标题是发文机关名称加"印发"、"转发"字样再加原文标题,最后加通知两字,在结尾部分选用"参照执行"、"遵照办理"、"认真贯彻执行"等用语。发布性通知的标题一般是由发文机关名称、事由和文种组成。转述式通知在写法上,正文要用"批语"、"按语"式写法,一般全文开门见山。

直述式适用于布置安排性内容的通知、指示,规定性内容的通知、告知,办理性内容的通知。

通知正文由通知的缘由、通知的事项和通知的结尾三个部分组成。

1. 转述式通知范例:

关于印发《房地产统计报表制度(试行)》的通知

建住房[2002]67 号

各省、自治区建设厅,直辖市建委及有关部门:

经国家统计局审核批准,《房地产统计报表制度(试行)》将于 2002 年 3 月 11 日开始试行。此报表制度主要包括"房屋概况、房地产交易、住房置业担保、房地产权属管理、住房公积金管理、房改及住房保障政策落实情况、住房公共维修基金、物业管理、经济适用住房建设"等九个方面的内容。现将《房地产统计报表制度(试行)》印发给你们,请按制度要求认真做好组织、上报工作。

附件:一、《国家统计局关于建设部房地产统计报表制度审核意见的函》(略)

二、《房地产统计报表制度(试行)》(略)

中华人民共和国建设部

二〇〇二年三月二十日

2. 直述式通知范例:

会 议 通 知

谨定于 2004 年 5 月 8 日下午 2 时 30 分在公司会议室召开修订各项规章制度的会议,请各部门的参会人员准时参加为荷。

随本通知送提案书一份,若有提案请填写后于开会前提交为荷。

此致

二〇〇四年四月三十日

(二) 启事

启事是单位或个人需要或希望得到大家协助办理某种事项的文书。

迁 址 启 事

　　我公司工程部办公地点由××小区××号楼底商迁至××路××号（光明桥东侧 50 米）。新老客户办理业务请到新的办公地点或电话联系。

联系电话：×××××

联系人：张洪

华夏物业管理公司对外工程部
××年××月××日

　　（三）公开信

　　公开信是将不必保密并想让更多的人阅读讨论的事情和意见公布于众的信件，由标题、正文、结尾三个部分组成。

　　公开信范例：

致全体住户的一封信

　　尊敬的住户：您好！

　　欢迎您入住本小区。华英物业管理公司全体员工十分高兴为您提供各项管理服务。创造一个环境优美、卫生整洁、治安有序的居住环境是住户的希望，也是我公司的最大愿望。

　　为创造理想的居住环境，我公司除完善管理并竭诚为您服务外，还有赖于全体住户的真诚合作，鼎立支持。为此，我公司特制定了《住户手册》，请您认真阅读，并严格遵守《住户手册》的各项管理规定，配合我公司做好各项管理服务工作。在服务过程中，为改进我们的工作，诚挚地欢迎您对我们的工作提出宝贵的意见和建议。

　　谢谢您的合作！

华英物业管理公司
××年××月××日

　　（四）倡议书

　　倡议书是集体或个人为发扬社会新风尚，推动某项工作或社会活动的开展，公开提出一些建议并用书面形式写出来加以公布。具体写法为：标题在开篇的首行中间写明"倡议书"三个字，其下空一行顶格写明倡议对象后加冒号，正文另起一行并空两格写明倡议的根据、原因、目的、意义以及分条写明倡议的具体内容等，在结尾部分表明决心和希望，最后署名和签署日期。

　　倡议书范例：

倡 议 书

各物业管理企业和从业人员：

　　为贯彻中央关于启动住房消费、促进经济增长的战略决策，加快建立社会化、专业化、市场化物业管理新体制,进一步规范物业管理服务行为,提高物业管理服务质量,树立良好的物业管理企业形象,创建整洁、安全、文明、舒适的生活与工作环境,中国物业管理协会理事会全体理事向全体会员单位和全国物业管理企业和从业人员发起"提供满意物业管理服务"倡议:

一、认真贯彻执行国家法律、法规及政府的有关规定,接受行业主管部门的指导、监督,依法经营。

二、严格内部管理制度,加强职工队伍的思想建设和业务建设。对管理人员及维修、清洁、保安等员工培训后持证上岗,并佩带明显标志。工作中做到作风严谨,文明扎貌,恪守职责,服务周到。

三、做好房屋共用部位、共用设施设备的日常维修养护,保持房屋共用部位外观完好整洁和共用设施设备正常运行。

四、建立 24 小时物业管理值班制度,接到住用户报修电话或报修单,立即做好登记并按规定程序办理。接到水电急修报修电话或报修单,维修人员在半小时内到达现场提供急修服务;房屋小修自报修时起三日内上门服务,维修质量合格率100%。入户维修不扰民,活完料净场地清。建立维修回访制度,接受住用户对维修质量的评议。

五、按有关规定及物业管理合同的约定,规范物业管理收费,公开有偿服务收费标准,提供质价相符的服务。不得多收费少服务、只收费不服务。每半年公布一次物业管理服务费用收支情况,接受全体业主的监督。

六、按有关规定管理与使用房屋共用部位、共用设施设备维修基金。

以上倡议希望得到全国同行们的响应,让我们积极参与"提供满意物业管理服务"活动,虚心接受全社会对我们的监督,为促进和保障物业管理事业的健康发展作出应有的贡献。

中国物业管理协会理事会全体理事

××年××月××日

(五)介绍信

介绍信是机关、团体、企事业单位向有关单位介绍前去联系工作或事项的一种专用信件,具有介绍和证明的作用。在撰写时要求:写明派遣人的姓名和身份,具体办理的事情,并加盖公章。需要注意的是:在写介绍信前应经主管领导的同意,应用钢笔(蓝色或黑色)书写,一封介绍信只能写给一个单位。

介绍信范例:

介　绍　信

××市物业管理办公室:

兹介绍×××同志等三人,前往你处联系物业管理有关事宜,请接洽。

此致

敬礼

金顶物业管理公司(公章)

××年××月××日

(有效期为 5 天)

（六）请示

请示是下级机关向上级主管机关请求对某项工作或问题作出请示、给予答复、审核批准时所用的公文由请示的缘由、事项和结尾三个部分组成。缘由应写明请示什么问题、为什么请示等内容。事项要具体明确,要提出本单位或个人解决这一问题的意见,以供上级参考。请示在公务活动中使用的频率较高。

请示范例:

晋明物业管理处关于解决停车位不足问题的请示

晋明物业管理总公司:

我处所接管的燕宇住宅小区因近年来私家车的持有量不断增长,原有的停车位已明显不能满足现在和今后停车的需要。

原设计停车位有 100 个,而现今小区实有车辆为 198 辆。为解决停车位不足这一问题,我处在征求小区住户意见后,经研究意见如下:

一、对现有绿地进行缩减。缩减后绿地率由原来的 20％下降到 15％,可以增加停车位70 余个。

二、对各种健身、游乐设施占地进行缩减。小区现有的各种健身、游乐设施绝大部分利用率极低,在保留一定数量的各种健身、游乐设施后,可以增加停车位 40 余个。

三、增加停车位的资金由我处自行解决。

以上意见当否,请审核批复。

晋明物业管理处

×年×月×日

（七）报告

报告是下级机关向上级机关汇报工作、反映情况、提出建议以及答复上级机关的询问或要求的陈述性文种,一般有开头、主体和结尾三个部分组成。开头部分交代报告的缘由或目的等,主体部分要叙述报告的具体内容,结尾部分常用"特此报告"一类的习惯用语。

报告范例:

长河物业管理处关于开展"假如我是住户"活动的情况报告

长河物业管理总公司:

今年 5 月,我处组织全体工作人员,开展了"假如我是住户"的活动。在活动中,邀请了住户对我处员工的工作态度、服务内容、服务质量、满意率、及时率等进行了评比打分。通过开展该项活动,对于提高我处的工作质量和管理服务水平起到了较好的推动作用。

一、增加了我处员工与住户的感情交流,改变了以往有些员工在工作中态度生硬的现象。

……

二、促进了工作不求上进的员工向工作先进的员工学习。

……

三、摸索到了一些管理经验。

……

　　特此报告

长河物业管理处
×年×月×日

（八）通告

通告是用途最广泛的告启公众应当遵守、周知或要执行的文种。其格式为：正文由通告的原因、事项和要求三部分组成，结尾一般采用"特此通告"。

通报范例：

凯得大厦玻璃幕墙清洗工程招标通告

凯得大厦是我市的标志性建筑之一。为使大厦清洁美观，需要对其玻璃幕墙定期进行清洗。为降低清洗费用，缩短清洗工期，确保清洗工程质量，提高经济效益，我公司决定对凯得大厦玻璃幕墙清洗工程进行招标。要求如下：

一、凯得大厦地点。××市××区兰州路 48 号。

二、清洗工程规模。凯得大厦为超高层建筑物，玻璃幕墙总面积为 9000m^2。

三、清洗工程实行五包。包清洗工程数量、包清洗工程费用、包清洗工程质量、包清洗工期、包清洗工程材料。

四、清洗工程开竣工日期。×年×月初开工，当年×月末竣工。

五、凡我省内专业清洗企业均可参加投标。

六、参加投标的单位，请派人持本单位介绍信于×年×月×日×时到××市凯得物业管理公司报名登记，领取招标文件及与清洗凯得大厦相关的图纸（收取成本费××元）。逾期不予办理。

招标单位：××市凯得物业管理公司

地址：××市××区兰州路 48 号凯得大厦 B 座 16 层 1605 号

联系人：×××

电话：×××××××

×年×月×日

（九）工作计划

工作计划是单位或部门在未来一段时间内，为达到一定目的或完成一定工作任务而预先作出的安排和打算，由标题、正文和落款等组成。

工作计划范例：

××物业管理分公司×年第一季度工作计划

根据总公司的安排，为搞好我公司今年第一季度的物业管理工作，特作如下计划：

一、任务与要求

（一）搞好我市物业管理市场的调查工作。

具体要求：……

（二）按照市物业管理中心的要求,继续在公司内部对物业管理工作中存在的问题进行自查。……

（三）公司员工继续开展"假如我是住户"的评比活动。……

……

二、实现措施

（一）于一月上旬召开全公司职工大会,布置具体任务。……

（二）抽调 2 名职工负责我市物业管理市场的调查工作。……

（三）公司各部门在自查的基础上写出书面材料。……

（四）邀请住户参加"假如我是住户"的评比活动。……

××物业管理分公司

×年×月×日

（十）慰问信

慰问信是以组织和个人的名义向对方表示关怀和问候的信件。其多在节日或遇有重大事件或特殊情况下使用。其格式一般由标题、称呼、正文组成。

范例：

慰 问 信

××物业管理处全体职工：

值此新春佳节来临之际,公司领导向你们表示亲切的慰问。

在过去的一年里,你处全体职工同心同德,团结拼搏,努力工作,取得了很大的成绩。……

为了完成工作任务,你们在春节期间不休息,冒着严寒,坚守工作岗位,不怕困难,艰苦奋斗……你们是全公司同志学习的榜样。

希望你们继续努力,发扬拼搏精神,为我公司的发展做出贡献。

××物业管理公司

×年×月×日

（十一）会议纪要

会议纪要是用于记载、传达会议情况和议定事项的公文。会议纪要不同于会议记录。会议纪要对企事业单位、机关团体都适用。其格式内容为：

1. 标题。由"会议名称＋会议纪要"构成。

2. 导言。介绍会议召开的基本情况,如时间、地点,参加人,讨论的问题。

3. 会议的成果及议定的事项。应逐项列出。

4. 希望。

范例参考：

关于协调解决沙面大街 56 号首层房屋使用权问题的会议纪要

××年 2 月 2 日上午,××市政府办公厅×××主任主持召开会议,协调解决沙面大街 56 号首层房屋使用权问题。参加会议的有省政府办公厅交际处、胜利宾馆、市商委、市国土房管局、二商局、市外轮供应公司等有关部门的负责同志。

会议认为,沙面大街 56 号首层房屋使用权的问题,是在过去计划经济和行政决定下形成的历史遗留问题。早在几年前曾多次进行协调,虽有一定进展,但未有结果。最近,按照省、市领导同志"向前看"、"了却这笔历史旧账"的批示精神,在办公厅的协调下,双方本着尊重历史,面对现实,互谅互让的原则,合情合理地提出解决这宗矛盾的方案。

经过协商、讨论,双方达成了一致的认识。会议决定如下事项:

一、市外轮供应公司应将沙面大街 56 号房屋的使用权交给胜利宾馆。

二、考虑到市外轮供应公司在沙面大街 56 号经营了 30 多年,已投入了不少资金,退出后,办公地方暂时难以解决,决定给予其商品损耗费、固定资产投资和搬迁费等一次性补偿费用共 95 万元。其中省政府办公厅和胜利宾馆负责 80 万元;考虑到省政府领导曾多次过问此事和省、市关系,另 15 万元由××市政府支持补助。

三、省政府办公厅和胜利宾馆的补偿款于 2004 年 5 月 31 日前划拨给市外轮供应公司。市政府的补助款于 6 月 5 日左右划拨,市外轮供应公司应于 5 月 31 日开始搬迁,6 月 10 日前搬迁完毕并移交钥匙。

四、市外轮供应公司原搭建的楼阁按房管部门规定不能拆迁。空调器和电话等 6 月 10 日前搬迁不了的,由胜利宾馆协助做好善后工作。

会议强调,双方在房屋使用权移交中要各自做好本单位干部群众的工作,团结协作,增进友谊,保证移交工作顺利进行。

××市政府办公厅

××年×月×日

(十二) 简报

简报是用来沟通情况、交流信息、介绍经验、反映问题的文件。其格式一般由报头、报核、报尾三个部分组成。

范例:

简 报

第×期

××物业管理分公司办公室　　　　　　　　　　　　　　　　×年×月×日

迎回归　举国欢庆　　抒情怀　万人签名

——"××杯"庆九七香港回归万人签名留言活动圆满成功

为了表达我公司 100 多名职工对香港回归的美好祝愿,我公司参与了市委宣传部、团市委共同举办了"××杯"庆九七香港回归万人签名留言活动。活动于 6 月 7 月上午在市青少年宫、××厂、××商厦、××大厦同时举行。签名活动得到了市委、市政府的大力支持和省、市新闻媒体的广泛关注。

6 月 7 日清晨,在青少年宫主会场,锣鼓喧天,人潮涌动。市委、市政府领导和省文化艺术界知名人士参加了签名仪式。⋯⋯

仪式结束后,省市各届人士纷纷在长卷上签名留言。我公司经理张利斌以"香港回归,人民心愿"的题词道出了我公司 100 多名员工的共同心声。⋯⋯

送:××物业管理总公司办公室

公司内各部门

共印 20 份

(十三) 欢迎词

欢迎词,是指客人光临时,主人为表示热烈的欢迎,在座谈会、宴会、酒会等场合发表的热情友好的讲话。格式内容要求写作因落在对宾客的热烈欢迎之情上,要体现出迎客的诚意;欢迎词的开头,应对宾客的光临表示热烈的欢迎;欢迎词的主体,主要根据双方的关系,回顾相互交往的历程,阐明宾客来访的意义,展望美好的未来;欢迎词的结尾,应再次表示欢迎,并预祝来宾作客愉快。

范例参考:

欢 迎 词

女士们、先生们:

值此××物业管理公司成立 10 周年欢庆之际,请允许我代表××物业管理公司,并以我个人的名义,向远道而来的贵宾们表示热烈的欢迎。

朋友们不顾路途遥远专来贺喜,为我公司 10 周年庆祝更增添了一份热烈和祥和,我由衷地感到高兴,并对朋友们为增进双方友好关系作出努力的行动,表示诚挚的谢意!

今天在座的各位来宾中,有许多是我们的老朋友,我们之间有着良好的合作关系。我公司成立 10 周年能取得今天的成绩,离不开老朋友们的真诚合作和大力支持。对此,我们表示由衷的钦佩和感谢。同时,我们也为能有幸结识来自全国各地的新朋友感到十分高兴。在此,我谨再次向新朋友们表示热烈欢迎,并希望能与新朋友们密切协作,发展相互间的友好合作关系。

"有朋自远方来,不亦乐乎"。在此新朋老友相会之际,我提议:

为今后我们之间的进一步合作,

为我们之间日益增进的友谊,

为朋友们的健康幸福,

干杯!

(十四) 函的写法

函的使用范围广泛,它是在相互商洽工作、询问和答复问题,向有关主管部门请示批准等要用到函。函由标题、正文和结尾三部分组成。

范例：

××物业管理公司关于选派工作人员进修的函

××大学：

我公司属于新组建的物业管理公司，为提高工作人员的业务水平和操作能力，经研究决定选派×××、×××、×××三位同志分别到你校管理系、计算机系、建筑系进修一年，进修费用按国家规定的标准，由我公司财务科统一一次付清。

能否接受，请予函复。

附件：3名技术人员情况登记表（略）

××物业管理公司

×年×月×日

（十五）请柬

请柬是邀请他人参加某种会议，宴席、聚会活动的书面邀请书。采用请柬方式邀请显示举办者或主人的郑重态度。其格式内容因各种请柬内容不同，形式各有区别，但都必须将举办活动的名称、时间、地点、主办人、被邀请人写明白。

范例参考：

请　　柬

××先生：

您好。我物业管理公司定于×月×日举行公司成立十周年纪念活动，当日下午3时在公司总部大礼堂举行纪念大会，恭请莅临并在会议主席台就坐。

此致

敬礼

××物业公司办公室

×年×月×日

十六、住户手册参考样本

住户手册所载内容十分广泛，主要包括：1. 辖区介绍，包括本物业辖区的基本情况、环境、交通、邮电等；2. 管理本辖区的物业管理公司介绍；3. 有关辖区的管理规定；4. 各种费用，包括管理费、维修费和各项有偿、特级服务的项目和费用。

住户手册范例参考：

一、前言

为了便于业主（用户）进一步了解小区物业管理的内容及运作情况，物业管理公司编写了此住户手册，以供参考之用。小区住户手册根据物业管理服务合同而制定，其目的在于保证小区所有业主及用户能有效地使用其购置之物业，而并非对业主及用户加以约束。物业管理公司将竭诚为业主用户提供尽善尽美的管理服务。

二、小区简介

小区占地（　　　　　）hm²，总建筑面积（　　　　　）m²，绿化面积（　　　　　）m²，绿化率为

（　　　）。物业管理公司以现代的管理意识和全方面的服务,使业主在物业管理公司的服务下,充分享受舒适、宁静、祥和的生活,创造一个温馨、和谐的花园式住宅环境。

（一）按照建设国际化大都市的要求注意提高小区的整体居住环境质量。

（二）注意加强物业管理,保持住宅小区建设整体环境和使用功能长久良好。

（三）以优质高效的物业管理服务,得到广大业主的认可。

（四）物业管理有限公司小区管理处主要负责如下工作:

1. 管理:制定严格的管理制度。

2. 秩序维护:小区设有专门秩序维护人员,实行24h昼夜值班。

3. 清洁:保洁员定时清扫和清运垃圾,保持小区内卫生,做到地面无烟头,无纸屑,无痰迹,无污印,垃圾清运采用塑料袋,以防垃圾清运时再污染。

4. 绿化:四季维护树木、花草,修剪花木,维护绿化景观。

5. 车辆交通管理:对机动车辆进入小区加以限制,保持小区宁静的环境。

6. 有偿服务:代请保姆、代为购物、代订机票、接送孩子、照顾老幼病残、打扫客户居室卫生、成立老年活动中心等生活服务系列。

7. 有偿中介服务:代业主出租、出售小区住房。

8. 设立便民的小型超市、便民商店等。

三、物业管理

（一）管理公司

根据物业管理合同的条文,××物业管理有限公司已被选聘并在小区实施物业管理服务。

（二）公共用地及设施管理

物业管理公司根据物业管理合同条文所赋予的权力,将负责所有公共用地、电梯、泵房、绿化及其他公共设施及设备之保养、维修及管理。

（三）管理人员

为提供完善之管理服务,管理公司雇有专业管理人员及专业维修厂商负责小区一切日常管理及维修事务。所有管理人员一律不准向业主、租户、住客以及厂商等收取好处费。请广大业主及用户监督。

（四）建议及投诉

任何人士若对小区环境及管理欲作出建议或投诉,请以书面形式通知物业管理公司。

（五）小区管理处办公时间

小区管理处办公时间为上午9：00～12：00,下午13：30～17：30,在上述时间以外,小区监控中心仍有值班员工为业主和住户服务。

物业管理公司电话（办公时间）：××××××

小区管理处电话（24h服务）：××××××

四、管理费用

（一）管理费

管理费是根据每年年度的管理开支预算而制定,计有管理人员薪酬、公共场所水电费、公共用地之清洁费用、公共设施维修费、法律以及其他专业咨询费用、保险、税收、物业管理公司酬金等。

（二）收取管理费

物业管理费于每月 10 日前收取,管理公司为业主或用户指定专人负责管理费收取。

收取管理费时间:星期一至星期五 08:30～20:30

星期六、星期日及假期 09:00～17:30

收取办法:以支票或现金形式直接交往小区管理处。

（三）管理账项

管理账项以实报实销方式处理,收入及支出账项将按时向各业主(用户)通知。各业主在缴足所有应付管理费用后,有权向管理公司索取有关账单副本作为参考。

（四）业权转让

如有更改或转让业权,原业主必须以书面形式通知管理公司。业权转让时,应通知管理公司。

五、设备及服务

（一）电力

各业主(用户)都已安装独立电箱、电表及用电照明设施、插座,若发现其陈旧必须更换,任何电器工程必须由合格(指定)的电器技工进行操作。

（二）供水

小区 24h 供应冷、热水。自来水是利用水压输送到各户的,业主外出时必须将水嘴关妥。若因漏水而令小区的公共场所、设施或其他业主蒙受损失,该业主必须负责维修及赔偿。

（三）煤气

小区 24h 保障煤气源供应。若发生煤气泄漏现象,须及时与管理处取得联系以免造成事故。

（四）电话

小区已铺设电话电缆直达各个楼宇,业主(用户)可向管理中心申请接驳及安装电话。

（五）电梯服务

小区各楼宇备有先进的电梯,为客户提供 24h 服务。

（六）公共天线

各住户室内均设有电视天线插座。若需额外的天线插座时,可通过管理处安排安装,费用应由有关业主负担。根据物业管理合同条文,所有业主均不得安装任何室外天线。

（七）消防系统

小区的消防设备(含每层设置的消防栓),由管理员 24h 值班,监察消防系统的运作。

六、装修管理

（一）用户在室内进行任何装修工程,必须事前确定该项工程是否与有关法律法规及管理合同条文相抵触,若装修工程发生违反法律法规条文的情况或自行进行拆改,用户须将拆改部分恢复原面貌,直至有关方面验收合格。装修管理方面的规定,业主可事先向管理公司问询。

（二）用户在居室内进行各类装修工程必须确保不影响楼宇结构和设施设备的原有系统,并须书面通知管理处,提交有关装修设计图,待申请得到批准后,方可开工。

（三）装修规则

1. 提供足够之保护防御设施,避免装修期内对楼宇内之结构、装置、装饰等造成任何损毁。对于因缺少防御设施而导致楼宇损坏,包括裂痕、污渍等,有关业主需赔偿一切修缮费用。

2. 为保障其他业主及其他用户的利益,装修期间不得占用小区内公共场所,造成其他人员及物业本身各部分受到直接或间接损毁,将由有关业主(用户)负责及赔偿。

3. 尽量提供足够防御措施减少装修期内之尘埃、噪声和气味等,使小区内其他业主(用户)不要受到干扰和感觉不便。

4. 施工现场必须备有紧急医疗药品,必须有足够防火设备,以备发生事故时紧急应用。

5. 不得在通道走廊、其他公共场所进行装修工程。

6. 所有通道走廊或其他公共场所不得放置或储存任何建筑装修物品、工具或废料等。

7. 不可使用小区内之消防设施取水作调制混凝土、清洗或其他用途。

8. 装修工人不得赤背赤足出入工作范围,以防发生意外及有碍观瞻。

9. 所有机器、工具、设备、包裹或建筑装修材料等,若要搬离小区范围,必须先填妥出门许可证再经检验方可放行。

10. 装修厂商须对其本身的用具、设备及建筑材料等承担保管责任,管理公司概不负责任何损失或遗失。

11. 切勿将混凝土、砂石、瓦砾或其他杂物倒入排水管道内。

(四)物业外墙

所有业主(用户)皆不得拆改物业外墙及公共场所设备、拆改任何排水管道。此外,不得在物业外墙上安装任何招牌、铁护栏、天线等。

七、入往前期的特别服务

尊敬的业主:

欢迎您入住××物业管理有限公司小区管理处负责及管理的小区,并对您给予公司的理解和支持表示感谢,在这里您将充分享受到××物业管理有限公司小区管理处为您提供的完善、高效的服务。

为了便于您尽快、顺利地进驻小区,管理处开办了装饰、搬家业务,如您需要,请与我公司联系。

联系电话:(装饰):××××××

联系电话:(搬家):××××××

八、业主及用户的其他责任

(一)物业用途限制

各业主及用户不得将其所有或使用的物业用作非法使用或与土地批文、管理合同等相抵触的用途。

(二)饲养宠物

住户所饲养的宠物,必须在管理处指定的地方排泄及做废物处理。

(三)噪声气味

为创造优美、舒适环境,用户切勿在其室内发出噪声或气味,滋扰其他业主或用户。

(四)公共通道

必须保证所有走廊、通道及楼梯畅通无阻。为保护业主或用户的安全,遇有任何公共通道阻塞时,应立刻通知接待中心。若发现其他业主或用户有妨碍公众利益、阻塞通道等行为时,应主动举报。

（五）景观物品

业主或用户不得在任何公共场所进行洗涤、晾晒、熨烫衣物或其他物品。

（六）神位

为保持环境清洁卫生,进行精神文明的建设,所有用户禁止在门前或公共场所摆设神位及燃点香烛。

（七）电梯服务

严禁使用客梯搬运物品,一切物品的运送,必须用管理公司指定的货梯进行。

（八）危险物

各业主不得在小区范围内搬运、储存及使用危险、易燃或易爆的物品。

（九）铁闸/卷门

各业主或用户不得在其所有或使用的物业大门外或窗口按装不合格、不安全和有碍环境容貌的铁闸/卷门。

（十）营业经商

所有业主或用户不得在物业小区的公共范围内摆设任何物品或进行各种形式的宣传。各业主或用户及外部来访客人亦不可在此范围内向其他住户进行派发、推销物品。

九、秩序维护

（一）为保障安全,所有在小区居住的业主及其雇佣人员,均应办理住客证。

1. 办理住客证请与管理处联系,书面写明人员姓名并交一寸照片一张。

2. 若有人员变动,应及时到管理处办理相关证件手续。

3. 住客证不慎遗失,请及时报告管理处,并办理补证手续。

（二）小区进出凭住客证,小区于每晚 23：00 关闭各个出入口(如有人员进出请走小门)。

（三）小区每天24h均有秩序维护人员值班和巡逻,请业主/用户配合秩序维护人员的工作,以保障所有入住小区住户的安全,并请住户注意以下几点:

1. 若发现可疑人员,请在确保安全的情况下立即通知管理人员或管理处。

2. 对进入小区的外来人员要做会客登记,每天 23：00 以后进入小区的外来人员,秩序维护人员应先与住户联系,得到允许后方可进入小区。

3. 住户家中无人时,请锁好门窗,关闭所有电器用具。

4. 不要在禁止吸烟场所吸烟,尤其是在电梯内;在可以吸烟的场所,应处理好烟蒂和火种。

5. 定期检查,维修电器设备、电线和灭火器等。

6. 发现居室内有不明气体时,不可开关电器包括电话,立即通知管理人员或管理处。

7. 携带大件物品及搬运货物出小区、住宅楼,必须到管理处提出申请并开具出门许可证。

8. 业主或用户勿随便给陌生人开门,如要开门必须先从观察孔进行辨认。

9. 与临近业主或用户保持联系,以便能够互相照应。

10. 如遇紧急情况时可直接报警(拨电话110)。

11. 如家中被盗,请不要破坏现场,立即报警(拨电话110)和通知管理处。

（四）除秩序维护人员外，在物业内外还按装有先进的安全防护装置，以确保各业主及用户安全。

（五）业主私人保镖

各业主或用户如需在其所有或使用的物业范围内，自行聘用私人保镖，必须事先通知物业管理公司，详细列明所需人员数目和值班时间，并须保证这些人员不得穿着制服在小区公共场所活动，以免造成管理混淆及引起误会。

十、防火

（一）防火措施

物业小区内部配置有灭火设备，业主或用户应熟悉各项设备的位置及使用方法，用户除救火外，不得使用消防设备作其他用途。

（二）防火知识

切勿使电线负荷超载或在同一插座接下使用多种电器，以免由于负荷过量而导致火灾。

切勿在居室内储藏易爆易燃物品，在离开居室前，请检查炉火和电器，确保其已熄灭或关闭。

易燃及危险性物品应放置在孩童接触不到的地方。

请保持走廊、楼梯及防火通道畅通。

（三）如发生火警，应采取如下措施：

保持镇定；

拨打电话119通知消防局；

打破安装在走廊的防火警钟玻璃，按警钟示警；

及时通知小区管理处，如时间许可，应通知临近用户；

如遇到浓烟，应尽量贴近地面，并以湿毛巾覆盖面部；

不要乘搭电梯，应用楼梯逃生；

尽快前往小区空旷的地方。

（四）防火演习

管理人员将定期进行防火训练及查验各项救火设备。

十一、清洁

小区公共场所有清洁工人负责清洁工作，全体业主或用户要通力配合，以保持小区的卫生整洁。

业主或用户居室内部的清洁卫生应由其自行负责。

业主或用户应将生活垃圾用塑料代包装妥当，摆放在管理处所指定的位置，清洁工人每天将会按时清理，切勿将垃圾堆放在楼内或小区的非指定地方。

十二、卫生管理细则

为给业主创造出一个优雅、清静的居住生活环境，管理公司根据物业管理服务合同的约定特制定卫生管理条例如下：

第一条　物业管理公司将组织人力、物力对公共场所、设施进行定期的清理、消毒、维护，发现问题及时解决，使您充分享受舒适安全的生活及居住环境。

第二条　公司将定期进行消灭"四害"工作，绝不让其滋生、蔓延。

第三条　请业主勿将垃圾随意丢弃，应按规定放入指定垃圾存放处，由清洁工人每天定时打扫、清运。

第四条　禁止在小区内随地吐痰、乱扔纸屑、果皮等废弃物。

第五条　禁止在小区建筑物上张贴标语、广告等。

第六条　禁止在公共场所搭建违章建筑。

第七条　禁止破坏公共设施，以保护其清洁、完整。

第八条　禁止践踏草坪、损害绿化设施。

第九条　业主装修后的垃圾，禁止堆放在楼内或小区通道上，请放在指定处，由清洁员每日进行清理。

十三、常用电话号码

夜间值班定：×××××× 　　　火警：119

派出所：×××××× 　　　　匪警：110

医院：××××× 　　　　　急救：120

十四、结束语

为使小区的所有业主/住户能享受幽雅、宁静、舒适、安全的居住环境，特制定本住户手册。本手册所列各条款，纯为业主/住户之利益着想，敬请各位合作。

业主应将手册有关条款告知家中每一位成员，若有任何疑问，请向本公司或管理处查询。对各位业主或用户的真诚合作谨致谢意。

并祝业主安居愉快。

××物业管理公司

××××年×月×日

十七、业主公约参考样本

业主公约是小区业主共同遵守的行为规范和准则。它是为了保障物业的安全与合理使用，维护各业主的利益而制定的。业主公约一般在预售中先由开发商或物业管理公司参照政府规定文本制定，业主委员会成立后，进行修订和补充。小区业主公约经业主委员会通过后，对各业主具有法律约束力。但开发商自行制定的除外。

根据建设部的有关规定，一份《为主公约》至少应包括以下内容：

1. 大厦或小区物业的基本情况；

2. 业主大会的召集及议事规则；

3. 业主的权利；

4. 业主的义务；

5. 物业的维护、维修及管理事项；

6. 对物业管理公司的管理或监督；

7. 费用及交纳约定；

8. 业主的行为准则及违约责任等。

天津市业主公约示范文本：

业主公约（示范文本）

为加强_____（以下简称物业）的管理，维护全体业主和使用人（以下统称业主)的合法权益,维护公共环境和秩序,保障物业的安全和合理使用,根据《天津市物业管理条例》和有关法规、规章制订本公约。全体业主均须自觉遵守。

一、在使用、经营、转让其所拥有物业时,应当遵守物业管理法规、规章和规范性文件的规定。

二、执行、遵守业主会通过的各项决议和有关决定,支持、配合业主会委员会的工作。

三、遵守物业管理服务企业根据有关法规、规章、规范性文件和业主会委托制定的各项物业管理制度。

四、支持、配合物业管理服务企业的各项管理服务活动。

五、对物业管理服务企业的管理服务工作提出意见或建议,发生争议时可通过业主委员会协调解决。

六、自觉维护物业的整洁、美观,共用部位、通道的畅通及共用设备、公共设施的完好。

七、加强安全防范意识,自觉遵守有关安全防范的规章制度,做好防火防盗工作,保障家庭人身财产安全。

八、加强精神文明建设,弘扬社会主义道德风尚,互助友爱,和睦共处,共同创造良好的工作和生活环境。

九、在供水、排水、通风、采光、通行、维修、装修、环境卫生、环境保护等方面,按照有利于物业安全使用、外观整洁以及公平合理、不损害公共利益和他人利益的原则,处理好相邻关系。

十、住宅房屋改变使用用途,应当征得相关业主和物业管理服务企业的书面意见,须经有关部门审批的,应当办理相关手续。

十一、业主装修房屋应遵守有关物业装修制度,并事先告知物业管理服务企业。接受物业管理服务企业对房屋装修的监督管理,凡不符合安全要求和影响公共利益的装修行为,应当服从管理、及时改正。业主违规、违章装修房屋或妨碍他人正常使用物业造成他人损失的,应承担赔偿责任。

业主装修房屋应当遵守下列规则:

1. 装修房屋前,将装修方案报物业管理服务企业审核,经书面同意后,与物业管理服务企业签订装修协议后方可实施;

2. 施工时遵守物业管理服务企业对施工人员、施工时间和装修设备使用等方面的要求;

3. 遵守物业管理服务企业对装修材料、装修垃圾存放的要求;

4. 对因装修损坏共用部位、共用设施设备的,业主应当自行修复,不修复的由物业管理服务企业修复,费用由业主支付。

十二、业主委托物业管理服务企业对其自用部位和自用设备进行维修、养护,应支付相应费用。

十三、物业管理服务企业对共用部位、设施、设备进行维修养护时,相关业主应当配合。当物业出现危及安全或可能妨碍、危害公共利益或第三人利益及有碍外观统一、市容观瞻,按规定应由相关业主维修、养护的,业主应及时进行维修养护;拒不进行维修养护的,由物业管理服务企业采取措施维修养护,其费用由业主承担。

十四、使用物业不得有下列行为:

1. 拆改房屋承重结构,损坏共用的设施、设备,在外墙上拆改、增设门窗,损坏和改变房屋外貌;

2. 擅自在外墙按装护栏、空调、遮阳罩、招牌或其他伸出物、悬挂物等；

3. 擅自改变房屋设计用途、功能和布局等；

4. 占用共用部位和消防通道，损坏共用设施、设备或移装公用设备；

5. 在庭院、平台、屋顶、露台或者其他场所搭建建筑物、构筑物；

6. 随意堆放杂物，随意吐痰、高空抛物，丢弃烟蒂、纸屑、垃圾等；

7. 违反规定存放易燃、易爆、剧毒、放射性物品和燃放烟花炮竹及排放有毒、有害、危险物质；

8. 乱设摊点、乱悬挂、张贴、涂写、刻画；

9. 侵占、毁坏绿地、花木、绿化设施和园林小品，污染水面；

10. 不遵守车辆行驶规定，随意停放车辆；

11. 聚众喧闹、噪声扰民等危害公共利益或其他不道德行为；

12. 违反国家、本市及物业管理的规定饲养家禽、家畜及宠物；

13. 法律、法规和规章禁止的其他行为。

十五、人为造成物业损坏的，由责任人负责修复。拒不修复的由物业管理服务企业维修，其费用由责任人承担。

十六、按物业管理服务合同约定和本市有关规定交纳的有关费用，不得拒付。

十七、违反本公约或有关物业管理制度造成其他业主人身伤害、财产损失的，应负赔偿责任。

十八、其他增加条款：

_____

_____

_____。

十九、业主将房屋出租时，应告知并要求对方遵守物业管理规定和本业主公约。

二十、本业主公约自购房人签订确认书或经业主会会议审议通过后生效。

购房人（业主）签字：　　　　　　开发建设单位盖章：

　　年　月　日　　　　　　　　　年　月　日

填　写　说　明

1. 本公约适用于本市行政区域内的物业管理及其相关活动。

2. 本公约应当用钢笔、毛笔、签字笔及打印填写，空格部分若不填写内容，应用"/"划掉。涂改之处，须经当事人签字或盖章确认。

3. 本公约的确认书由购房人（业主）亲自填写确认。

4. 本公约发生变更或遗失的，应及时到备案机关办理相关手续。

5. 本公约不得翻印。

确　认　书

_____（业主名称）作为_____（物业项目名称）

下列单元的业主,已经对《前期物业管理服务合同》(或《物业管理服务合同》)和《业主公约》的条款内容,予以确认。

所拥有的房屋位置_____区(县)_____(物业项目名称)_____号楼_____门_____单元_____

购房人(业主)签字:_____

年　月　日(此联由开发建设单位存档)

确 认 书

_____(业主名称)作为_____(物业项目名称)下列单元的业主,已经全文阅读《前期物业管理服务合同》(或《物业管理服务合同》)和《业主公约》的条款,并理解、认同条款内容,同意严格遵守。

所拥有的房屋位置_____区(县)_____(物业项目名称)_____号楼_____门_____单元_____

其他:_____

身份证号:_____　　联系电话:_____

通信地址:_____　　邮政编码:_____

购房人(业主)签字:_____

年　月　日(此联由物业管理服务企业存档)

十八、物业管理企业资质审批要件参考样本

物业管理企业资质审批要件

一、物业管理企业资质审查登记表(见附件一)及成立企业的可行性报告(见附件二)。

二、验资报告(见附件三)(其中包括:注册资金50万元人民币或以上、进帐单及会计事务所营业执照复印件)。

三、建设工程规划许可证复印件。

四、拟管理项目建设规划总平面图。(标出物业服务用房位置、面积并加盖开发企业公章)

五、企业法人代表身份证明及项目经理任命书。

六、拟定的《天津市前期物业管理服务合同》或《天津市物业管理服务合同》。

七、拟定的《业主公约》。

八、物业管理企业章程(见附件四)及物业管理方案。(包括企业内部管理制度、项目管理制度及成本测算)

九、物业管理企业管理人员岗位培训证书(不得少于5人)和各类专业技术职称证书复印件。

十、营业执照复印件。

注:以上所有材料 A4 纸打印,一式两份。复印件均加盖物业管理企业公章或法人代表签字,报区物业办时带复印件的原始件。

××年××月××日

附件一:

× × 市

物业管理企业资质审查

登

记

表

单位名称:

填报时间:××年×月×日

××市房地产管理局制

一、申请单位

单位名称				法定代表人			
单位地址		联系电话		经济性质			
批准组建部门				批准组建时间、文号		身份证号码	
从业人员(人)				注册资金(元)			
合　计	管理人员	技术人员	服务人员	合　计	固定资产	流动资金	账　号
经营方式							
经营范围	主　营						
	兼　营						
自有、委托管理房屋建筑面积							
单位组织结构简介							
提交审查资料记录				申请单位上级部门意见			

二、审批意见

区县房地产管理局审核意见	经办人：　　　年　月　日		签章：　　　　年　月　日
批准机关意见	调查意见： 经办人：　　　年　月　日	审核意见： 签章：　　　　年　月　日	

三、发证、归档

证　　号		发 证 日 期	年　月　日
领 证 人		领 证 日 期	年　月　日
资 料 归档 情 况			经手人　　年　月　日
变　更记　录			

附件二：

物业管理企业可行性报告：

物业管理企业可行性报告

××年××月

目　　录

一、房屋安全管理与日常养护

房屋的安全管理与日常养护是物业管理部门为确保房屋的良好和正常使用所进行的经常性的日常修理、季节性预防保养以及房屋的正确使用维护管理等工作,是物业管理企业房屋修缮管理的重要环节。

(一)地基基础的养护

(二)楼地面工程的养护

(三)墙台面及吊顶工程的养护

(四)门窗工程的养护

(五)通风道的养护管理

二、给排水设备管理

(一)供水系统管理

1. 建立正常的供水、用水管理制度。定期进行水质化验,保证水质符合国家标准。

2. 防止跑、漏、冒、滴。杜绝日常生活中长流水现象,发现阀门滴水的情况应及时修理。

3. 对供水系统管路、水泵、水箱,阀门、水表等要进行日常维护和定期检查。

(二)排水系统的管理

1. 定期对排水管进行清通、养护及清除污垢。

2. 定期检查排水管通外部是否有锈蚀和漏水现象。

3. 防止室内排水系统堵塞,必须普及使用常识,教育人们不要把污物、杂物、大颗粒物质倒入管道。

三、供电设备管理

(一)建立严格的配送电运行制度和电气维修制度

(二)建立 24h 运行和维修值班制度,及时排除故障

(三)加强日常维护检修,公共使用的照明,指示灯具线路、开关要保证完好,确保用电安全

(四)对临时施工及住(用)户装修要有用电管理措施

四、电梯设备管理

电梯是一种使用相当频繁的设备,最繁忙时每小时要启动制动 240 次之多,电梯设备在整个运行过程中,机具主机与各零件都在发生不同程度的自然损耗,而良好的维修保养可以减少损耗,提高可靠性,确保安全,延长电梯的使用寿命,节约资金。

(一)零修

指日常的维护保养,因故障停梯接到报修后应在 20min 内到达现场抢修。

1. 月保养:每梯每月 1 次,每次不少于 4h

2. 半年保养:每梯半年 1 次,每次不少于 8h,侧重于重点部位的保养

3. 年保养:每梯每年 1 次,每次不少于 16h,为较全面的检查保养

(二)中修

指运行较长时间后进行的全面检修保养,周期一般定为 3 年。

(三)大修

指在中修后继续运行了 3 年时间,要更换主机和较多的机电配套件以恢复设备原有性能而进行的全面彻底的维修。

(四)专项修理

（五）更新改造

五、供暖设备管理

为了保证供暖的可靠性，必须对热网设备、管路、阀门、支架、法兰垫等进行检查与修理，对地下建筑物要及时清理，抽水和排水。

（一）预检预修：预检预修一般在非供暖期进行。

（二）事故抢修

1. 查出损坏部位，并用分段阀门将其关闭，同时关闭从损坏管段引出的各支管的阀门。

2. 使干管中未损坏的管段恢复运行。

3. 排除损坏故障。

4. 开通管路，并恢复向关断的用户供热。

六、其他设备管理

共用电视无线系统

1. 对小区楼房天线系统进行维修管理，故障急修，每年进行检查，安排大修和更新工程。

2. 由输出端联到电视机的馈线，插头要匹配正确。

3. 室内不得随意加装分配器和增加输出端。

4. 不得随意断开馈线的干线。

5. 不得私自拆卸前端箱和在前端输出任意增加馈线。

七、环境卫生管理

（一）清洁卫生的范围

1. 楼宇内的公共部位

指楼宇内从底楼（含地下）到顶楼天台的所有公共部位，包括楼梯、大厅、天台、电梯间、公共活动场所、楼宇外墙等。

2. 物业区域内的公共场地

指物业辖区内的道路，绿化带，公共停车场等所有公共场地。

3. 生活废弃物

物业辖区的生活废弃物包括垃圾和粪便两大类。

（二）制定管理制度

（三）搞好卫生设施建设

（四）做好环卫宣传工作

八、绿化管理

（一）制定绿化养护管理月历

（二）制定绿化管理规定

1. 人人有权利和义务管理和爱护花草树木。

2. 不损坏花木，保护设施及花坛。

3. 行人或车辆不得跨越、通过绿化地带。

4. 不往绿地倾倒污水或扔杂物。

5. 不在绿化范围内堆放物品。

6. 不在树木上及绿化带内设置广告牌。

九、治安管理

（一）建立健全物业安全保卫组织机构

（二）制定和完善各项治安保卫岗位责任制

（三）建立正常的巡视制度

（四）完善区域内安全防范设施

十、消防管理

（一）制定消防岗位责任制

（二）制定防火规定

（三）消防设施器材的配备与管理

十一、车辆道路管理

（一）道路设施在使用过程中，受交通荷载及自然条件如雨、雪、风等影响，将产生磨耗或损坏；一些人为现象也会对设施的正常运行产生影响，如挖路埋管，私搭乱建，个别人有意无意地损坏设施等等。道路设施管理的主要任务就是制定物业道路设施的管理办法，负责物业道路的养护和设施的日常管理，对非法占用道路的行为进行纠正和处罚。

（二）交通管理

1．机动车管理

2．摩托车、自行车管理

3．场内车位的划分

4．场内车辆行驶标志

5．车辆防盗和防损坏措施

十二、收益性物业管理中的费用测算与财务报告

（一）小区技术经济指标

总占地面积：9208.6m²

总建筑面积：（含地下）：36625.95m²

其中：地上建筑面积：35275.95m²

　　　　地下建筑面积：1350m²

总户数：408 户

容积率：3.98

绿化率：8.69%

（二）物业管理服务费测算

1．人员编制和基本工资标准（表3-33）

表 3-33

序号	项　目	人数（人）	工资标准（元/月）	总额（元/月）	测算结果（元/月·m²）
一	管理人员	3			
1	主　管	1	1000	1000	
2	前　厅	1	700	700	
3	收费员	1	800	800	
二	维修人员	2	800	1600	
三	绿化人员	1	500	500	

序号	项　目	人数(人)	工资标准(元/月)	总额(元/月)	测算结果(元/月·m²)
四	保 洁 工	3	500	1500	
五	保 安 员	7	500	3500	
六	合　计	19		9600	0.26

注：此费用中未包括员工福利费及加班费。

2. 公共设施、设备日常运行、维修及保养费

采用总体匡算思路进行测算。住宅建造成本按 500 元/m² 计算，公共设施、设备，建造成本统一按 15％ 计取，折旧年限按 25 年计算，维修保养费按月折旧费的 40％ 提取。

维修保养费＝{(500 元/m²×15％)÷(25 年×12 月/年)}×40％＝0.1 元/月·m²

电梯代维费＝(700 元/月·部×6/部)÷36625.95m²＝0.11 元/月·m²

公共设施日常运行所需电费：10000 元/月÷36625.95＝0.27 元/月·m²

3. 绿化管理费测算表（表 3-34）

表 3-34

序　号	项　目	测 算 依 据	金额(元/月)	测算结果(元/月·m²)
1	绿化工具费	200 元/人·年	17	
2	绿化用水费	2t/m²·年、2.2 元/t	293	
3	农药化肥费	1 元/m²·年	66	
4	景观再造费	1.5 元/m²·年	100	
5	合　计		476	0.01

4. 保洁卫生费（表 3-35）

表 3-35

序　号	项　目	测 算 依 据	金额(元/月)	测算结果(元/月·m²)
1	工具购置费	300 元/人·年	75	
2	卫生防疫费	10 元/户·年	340	
3	化粪池清掏费	5000 元/年	417	
4	垃圾外运费		600	
5	其他费用		700	
6	合　计		2132	0.05

5. 保安费（表 3-36）

表 3-36

序　号	项　目	测 算 依 据	金额(元/月)	测算结果(元/月·m²)
1	装 备 费	500 元/人·年	292	
2	房　租	100 元/人·月	700	
3	合　计		992	

6. 办公费

$$办公费＝2000 元/月÷36625.95m^2＝0.05 元/月·m^2$$

7. 固定资产折旧费

固定资产总额为 5 万元,平均折旧年限为 5 年,则

$$折旧费＝5 万元÷(5 年×12 月/年)＝833 元/月$$

$$833 元/月÷36625.95m^2＝0.02 元/月·m^2$$

8. 利润

$$利润＝(前 7 项之和)×8\%＝0.06 元/月·m^2$$

9. 法定税费

$$税费＝(前 7 项之和)×5.5\%＝0.04 元/月·m^2$$

10. 合计(表 3-37)

物业管理服务费测算表 表 3-37

序　号	项　目	金额(元/月·m²)
1	工　资	0.26
2	维　修　费	0.21
3	电　费	0.27
4	绿 化 管 理 费	0.01
5	清 洁 卫 生 费	0.05
6	保　安　费	0.03
7	办　公　费	0.05
8	折　旧　费	0.02
9	利　润	0.06
10	税　费	0.04
11	合　计	1

11. 小区多种经营收入的补贴

停车费收入的补贴

小区内停车场 75 个车位,车位费为 50 元/车位·月,共计 3750 元。

$$3750 元/月÷36625.95m^2＝0.1 元/月·m^2$$

(三) 收支合计

1. 前 10 项合计:1 元/月·m²

2. 停车费收入合计:0.1 元/月·m²

3. 物业费收取标准:1－0.1＝0.9 元/月·m²

附件三:

物业管理企业注册资金验资报告

××年××月

验 资 报 告

×××验字××号

我们接受委托,审验了贵公司截止××年××月××日止申请设立登记的注册资本实收情况。按照国家相关法律、法规的规定和协议、章程的要求出资,提供真实、合法、完整的验资资料,保护资产的安全完整是全体股东及贵公司的责任。我们的责任是对贵公司注册资本的实收情况发表审验意见。我们的审验是依据《独立审计实务公告第1号——验资》进行的,在审验过程中,我们结合贵公司的实际情况,实施了检查等必要的审验程序。

根据有关协议、章程的规定,贵公司申请登记的注册资本为人民币×××万元,由×××× (以下简称甲方),××××(以下简称乙方)于××年××月××日之前缴足。经我们审验,截至××年××月××日止,贵公司已收到全体股东缴纳的注册资本合计人民币××元(大写),各方股东以货币出资××万元。

本验资报告供公司申请设立登记及据以向股东签发出资证明时使用,不应将其视为是对贵公司验资报告日后资本保全、偿债能力和持续经营能力等的保证。因使用不当造成的后果,与执行本验资业务的注册会计师及会计师事务所无关。

附件(一) 注册资本实收情况明细表

附件(二) 验资事项说明

责任会计师事务所

副主任会计师:
中国注册会计师:

中国·天津 　　　　　　　　　　　　　　　　　　××年××月××日

附件(一)

注册资本实收情况明细表

拟设立公司名称:×××××××物业管理有限公司　　　　截止××年××月××日

货币单位:人民币元

股东名称	认缴注册资本		实际出资情况							
	金额	出资比例	货币	实物	无形资产	净资产	其他	合计	其中:实缴注册资本	
									金额	占注册资本总额比例
合　计										

×××××有限责任会计师事务所

180

验资事项说明

一、组建及审批情况

贵公司由两方股东共同出资组建,于××年××月××日取得×××市工商行政管理局开发区分局核发的《企业名称预先核准通知书》,正在申请办理设立登记。

二、申请的注册资本及出资规定

根据经批准的协议、章程的规定,贵公司申请登记的注册资本为人民币×××万元,由全体股东于××年××月××日之前缴足。其中:甲方应出资人民币××万元,占全部注册资本的×%,出资方式为货币资金××万元;乙方应出资人民币××万元,占全部注册资本的×%,出资方式为货币资金××万元。

三、审验结果

截至××年××月××日止,贵公司已收到甲、乙两方缴纳的注册资本合计人民币×××万元。

(一)甲方缴纳人民币××万元。其中:××年××月××日缴存×××市商业银行××支行人民币账户(账号:略)××万元;

(二)乙方缴纳人民币××万元。其中:××年×月××日缴存×××市商业银行××××支行人民币账户(账号:略)××万元。

四、其他事项

天津市商业银行进账单(收账通知)

××年××月××日

出票人	全 称		持票人	全 称											
	账 号			账 号											
	开户银行			开户银行											
人民币(大写)						千	百	十	万	千	百	十	元	角	分
票据种类															
票据张数															
单位主管 会计 复核 记账			持票人开户行盖章												

此联是持票人开户银行交给持票人的收账通知

| 科目： | ××市商业银行现金送款回单 | | | | | | | | | | 字第　　　号 | | |
| 对方科目 | 年　月　日　开户银行： | | | | | | | | | | 字第　　　号 | | |

<table>
<tr><td rowspan="10">此联由银行盖章后退还单</td><td colspan="3">单位名称</td><td colspan="3">账　　号</td><td></td><td></td><td></td></tr>
<tr><td colspan="3">人民币</td><td>亿 千 百 十 万</td><td>千 百 十 元</td><td>角 分</td></tr>
<tr><td>券别　张数</td><td>金额</td><td>券别</td><td>张数</td><td>金额</td><td colspan="3"></td></tr>
<tr><td>一百元</td><td></td><td>二角</td><td></td><td></td><td colspan="3"></td></tr>
<tr><td>五十元</td><td></td><td>一角</td><td></td><td></td><td colspan="3"></td></tr>
<tr><td>十元</td><td></td><td>五分</td><td></td><td></td><td colspan="3"></td></tr>
<tr><td>五元</td><td></td><td>二分</td><td></td><td></td><td colspan="3">经办员</td></tr>
<tr><td>二元</td><td></td><td>一分</td><td></td><td></td><td colspan="3"></td></tr>
<tr><td>一元</td><td></td><td>另头</td><td></td><td></td><td colspan="3">（银行签章处）</td></tr>
<tr><td>五角</td><td></td><td></td><td></td><td></td><td colspan="3"></td></tr>
</table>

单位主管　　　　　会计　　　复核　　　　记账

附件四：
物业管理企业章程

物业管理企业章程

××年××月

有限责任公司章程

第一章　总　　则

第一条　为规范公司行为，保护公司和股东的合法权益，依据《中华人民共和国公司法》《公司登记管理条例》及其法律，行政法规，特制定本章程。

本章程为公司最高行为准则，对公司、股东、董事、监事、总经理具有约束力。

第二条　公司为有限责任公司，由全体股东共同出资；股东以其出资额为限对公司承担有限责任，公司以其全部资产对公司的债务承担责任。

第三条　公司股东作为出资者按投入公司的资本额享有所有者的资产受益、重大决策和选择管理者等权利。

第四条　公司以其全部法人财产、依法自主经营，独立核算，自负盈亏。

第五条　公司登记注册名称_____。

第六条　公司住所_____

第二章　公司的经营范围

第七条_____。

以上经营范围，以登记主管机关依法核准为准。

第三章　公司注册资本

第八条　公司注册资本为_____万元人民币。

第四章　股东的姓名或名称

第九条　公司由_____方股东共同出资设立,具体如下:
(1) 名称(自然人姓名):_____法定代表人_____住所_____
(2) 名称(自然人姓名):_____法定代表人_____住所_____
(3) 名称(自然人姓名):_____法定代表人_____住所_____
(4) 名称(自然人姓名):_____法定代表人_____住所_____

第五章　股东的权利和义务

第十条　股东的权利和义务

(一)股东权利

1. 按照出资比例分取红利;

2. 依法及公司章程的规定,转让出资;

3. 按照出资比例行使管理决策权;

4. 优先认购公司新增资本;

5. 查阅股东会会议记录和公司财务会计报告;

6. 要求公司为其投入的资本签发出资证明书。

(二)股东义务

1. 遵守公司章程;

2. 按时足额缴纳本章程中规定的各自所认缴的出资额;并依法办理其财产转移手续;

3. 依其所认缴的出资额承担公司债务;

4. 在公司登记后,不得抽回出资;

5. 维护公司的合法权益。

第六章　股东出资方式和出资额

第十一条　股东可以用货币出资,也可以用实物,工业产权,非专利技术,土地使用权作价出资。对作为出资的实物,工业产权、非专利技术或土地使用权,必须进行评估作价,核实财产并依法办理其财产权的转移手续。工业产权、非专利技术出资的作价金额所占公司注册资本的比例按国家法律、行政法规规定执行。

第十二条　公司由_____方股东共同出资设立,出资形式及金额如下:

1. _____以(货币,实物,工业产权,非专利技术,土地使用权)_____出资,折合_____万元人民币,占注册资本的_____%;

2. _____以(货币、实物、工业产权、非专利技术、土地使用权)_____出资,折合_____万元人民币,占注册资本的_____%;

3. _____以(货币、实物,工业产权,非专利技术,土地使用权)_____出资,折合_____万元人民币,占注册资本的_____%;

4. ＿＿＿＿＿＿＿＿＿＿＿以（货币，实物、工业产权、非专利技术、土地使用权）＿＿＿＿＿＿＿＿出资，折合＿＿＿＿＿＿＿＿万元人民币，占注册资本的＿＿＿＿＿＿％。

第十三条　公司成立后,应当向股东签发出资证明书并置备股东名册。

第七章　股东转让出资的条件

第十四条　股东之间按照公司法或行政法规的规定转让其全部或部分出资,向股东以外的人转让其出资时,须经全体股东过半数同意;不同意转让的股东应当购买转让出资,如果不购买该转让的出资,视为同意转让。

第十五条　经股东会同意转让的出资,在同等条件下,其他股东对该出资有优先购买权。

第十六条　股东依法转让其出资后,由公司将受让人的姓名或者名称,住所及受让出资额记载于股东名册。并根据情况,向转让方,受让方重新签发出资证明书。

第八章　公司机构,产生办法,职权,议事规则

第十七条　公司设股东会,由全体股东组成,是公司的最高权力机构。

第十八条　股东会行使下列职权:

1. 决定公司的经营方针和投资计划;

2. 选举,更换董事,决定有关董事报酬的事项;

3. 选举,更换由股东代表出任的监事,决定有关监事的报酬事项;

4. 审议批准董事会(执行董事)的报告;

5. 审议批准监事会(监事)的报告;

6. 审议批准公司的年度财务预算方案、决算方案;

7. 审议批准公司的利润分配方案和弥补亏损方案;

8. 对公司增加或减少注册资本作出决议;

9. 对发行公司债券作出决议;

10. 对股东之间相互转让出资或向股东以外的人转让出资作出决议;

11. 对公司合并,分立,变更公司形式,解散和清算等事项作出决议;

12. 修改公司章程

第十九条　对股东会决定的事项,除公司法及本章程特别规定的以外,由代表1/2以上表决权的股东通过即可生效。

第二十条　股东会对本章程第十八条第八项,第十一项(清算除外)及第十二项作出决议,必须经代表2/3以上表决权的股东通过。

第二十一条　股东会对本章程第十八条第(十)项作出决议,必须经全体股东股权1/2以上同意。

第二十二条　股东会会议由股东按照出资比例行使表决权。

第二十三条　股东会会议分为定期会议和临时会议。

定期会议＿＿＿＿＿＿＿召开一次。

临时会议可由代表1/4以上表决权的股东,1/3以上董事或者监事提议召开。

股东会会议由董事会(执行董事)召集,董事长(执行董事)主持,董事长因特殊原因不能履行职务时,由董事长指定的副董事长或者其他董事主持;执行董事因特殊原因不能履行职

务时,由执行董事指定的股东召集,主持。

第二十四条 召开股东会议,应于会议召开15日之前以书面方式通知全体股东。

第二十五条 股东会应当对所议事项的决定做成会议记录,出席会议的股东应当在记录上签名。

第二十六条 公司设董事会或执行董事,由5人组成。

第二十七条 董事会设董事长一人,副董事长一人,具体人选由董事会选举产生执行董事的职权(参照董事会的职权),董事长(执行董事)为公司法定代表人。

第二十八条 董事会(执行董事)对股东会负责,行使下列职权:

(一)负责召集股东会,并向股东会报告工作;

(二)执行股东会的决议;

(三)决定公司的经营计划和投资方案;

(四)制订公司的年度财务预算方案,决算方案;

(五)制订公司的利润分配方案和弥补亏损方案;

(六)制订公司增加或者减少注册资本的方案;

(七)拟定公司合并,分立,变更公司形式,解散的方案;

(八)决定公司内部管理机构的设置;

(九)聘任或者解聘公司经理,根据经理的提名,聘任或者解聘公司副经理,财务负责人,决定其报酬事项;

(十)制定公司的基本管理制度。

第二十九条 董事(执行董事)任期三年。董事(执行董事)任期届满,连选可以连任。董事(执行董事)在任期届满前,股东会不能无故解除其职务。

第三十条 董事会会议由董事长召集和主持;董事长因特殊原因不能履行职务时,由董事长指定副董事长或者其他董事召集和主持。

第三十一条 经1/3以上董事提议,董事长应召开董事会会议。

第三十二条 召开董事会会议,应当于会议召开10日以前书面通知全体董事。董事会应当对所议事项的决定作会议记录,出席会议的董事应当在会议记录上签字。

第三十三条 公司设经理,由董事会(执行董事)聘任或者解聘,经理对董事会(执行董事)负责,行使下列职权。

(一)主持公司的日常生产经营管理工作,组织实施董事会(执行董事)决议;

(二)组织实施公司年度经营计划和投资方案;

(三)拟订公司内部管理机构设置方案;

(四)拟订公司的具体规章;

(五)制定公司的基本管理制度;

(六)提请聘任或者解聘公司副经理,财务负责人;

(七)聘任或者解聘除应由董事会(执行董事)聘任或者解聘以外的负责管理人员;

(八)董事会,执行董事授予的其他职权;

(九)经理列席董事会会议。

第三十四条 董事会对本章程第二十七条,第二十八条规定的事项作出决议,由全体董事2/3以上通过。

第三十五条　公司不设监事会。

第三十六条　公司董事、(执行董事)、经理及财务负责人不得兼任监事。

第三十七条　监事任期每届三年,任期届满,连选可连任。

第三十八条　监事会(监事)行使下列职权:

(一) 检查公司财务;

(二) 对董事(执行董事)经理执行公司职务时违反法律,法规或者公司章程的行为进行监督;

(三) 当董事(执行董事)和经理的行为损害公司的利益时,要求董事(执行董事)和经理予以纠正;

(四) 提议召开临时股东会;

(五) 监事列席董事会会议。

第三十九条　公司研究决定有关职工工资,福利;安全生产以及劳动保护,劳动保险等涉及职工切身利益的问题,应当事先听取公司工会和职工的意见,并邀请工会或者职工代表列席有关会议。

第四十条　公司研究决定生产经营的重大问题,制定重要的规章制度时,应当听取公司工会和职工的意见和建议。

第四十一条　董事(执行董事)、监事、经理应当遵守公司章程,忠实履行职务,维护公司权益,不得利用在公司的地位和职权为自己谋取私利。董事(执行董事)、监事、经理不得利用职权收受贿赂或者其他非法收入,不得侵占公司的财产。

第四十二条　董事(执行董事)、经理不得挪用公司资金或者将公司资金借贷给他人。董事(执行董事)、经理不得以公司资产为本公司的股东或者其他个人名义开立账户存储。董事(执行董事)、经理不得以公司资产为本公司的股东或者其他个人债务提供担保。

第四十三条　董事(执行董事)、经理不得自营或者为他人经营与其所任职公司同类的营业或者从事损害本公司利益的活动,从事上述营业或者活动的,所得收入应当归公司所有。董事(执行董事)、经理除公司章程规定或股东会同意外,不得同本公司订立合同或者进行交易。

第四十四条　董事(执行董事)、监事、经理除依法或经股东会同意外,不得泄露公司秘密。

第四十五条　董事(执行董事)、监事、经理执行公司职务时违反法律,行政法规或公司章程的规定,给公司造成损害的,应当承担赔偿责任。

第九章　公司财务,会议

第四十六条　公司依照法律、行政法规和国务院财政主管部门的规定建立公司的财务,会计制度。

第四十七条　公司在每一会计年度终了时制作财务会计报告,并依法经审查验证。财务会议报告包括下列财务会计报表及附属明细表:

(一) 资产负债表;

(二) 损益表;

(三) 财务状况变动表;

（四）财务情况说明书；

（五）利润分配表。

第四十八条　公司于每一会计年度终了后的 10 日前，将财务会计报告送交各股东。

第四十九条　公司分配当年税后利润时，应当提取利润的 10％列入公司法定公积金，并提取利润的 5％～10％列入公司法定公益金。

公司法定公积金累计为公司注册资本的 50％以上时，可不再提取。公司的法定公积金不足以弥补上一年度公司亏损的，在依照本章程第四十九条第一款规定提取法定公积金和法定公益金之前，应先用当年利润弥补亏损。

公司从税后利润中提取法定公积金后，经股东会决议，可提取任意公积金。

公司在弥补亏损和提取公积金，法定公益金后所余利润，按股东出资比例分配。

第五十条　公司的公积金用于弥补公司的亏损，扩大公司生产经营或者转为增加公司资本。

公司提取的法定公益金用于公司职工的集体福利。

第十章　公司合并、分立和变更形式

第五十一条　公司合并或者分立，由公司股东会作出决议。

第五十二条　公司合并，由合并各方签订合并协议，并编制资产负债表及财产清单。

公司应自作出合并决议之日起 10 日内通知债权人，并于 30 日内在报纸上至少公告三次。

债权人自接到通知书之日起 30 日内，未接到通知书的自第一次公告之日起 90 日内，有权要求公司清偿债务或者提供相应的担保。不清偿债务或者不提供相应的担保的，公司不得合并。

公司合并时，合并各方的债权、债务，应由合并后存续的公司或者新设的公司承继。

第五十三条　公司分立，其财产作相应的分割。

分立时，应编制资产负债表及财产清单。公司应自作出分立决议之日起 10 日内通知债权人，并于 30 日内在报纸上至少公告 3 次。债权人自接到通知书之日起 30 日内，未接到通知书的自第一次公告之日起 90 日内，有权要求公司清偿债务或者提供相应的担保。不清偿债务或者不提供相应的担保的，公司不得分立。

公司分立前的债务按所达成的协议由分立后的公司承担。

第五十四条　公司需要减少注册资本时，必须编制资产负债表及财产清单。公司自作出减少注册资本决议之日起 10 日内通知债权人，并于 30 日内在报纸上至少公告 3 次。债权人自接到通知书之日起 30 日内，未接到通知书的自第一次公告之日起 90 日内，有权要求公司清偿债务或提供相应的担保。

公司减少资本后的注册资本不得低于法定的最低限额。

第五十五条　公司增加注册资本时，股东认缴新增资本的出资，按公司设立时缴纳出资的有关规定执行。

第五十六条　公司合并或者分立，登记事项发生变更时，应当依法向公司登记机关办理变更登记；公司解散时，应当依法办理公司注销登记；设立新公司时，应当依法办理公司设立登记；公司增加或减少注册资本，应当依法向公司登记机关办理变更登记。

第五十七条　公司由有限责任公司变更为股份有限公司,应依法办理有关审批手续。

第十一章　公司解散事由与清算办法

第五十八条　公司出现下列情形之一时,可以解散:

(一) 股东会解散;

(二) 公司章程规定的营业期限届满需要解散;

(三) 因公司合并或者分立需要解散。

公司违反法律、行政法规被依法责令关闭时,应当解散。

第五十九条　公司依前条第一款第(一)、(二)、(三)项规定解散的,应当在 15 日内成立由股东组成的清算组,进行清算。

公司依前条第二款规定解散时,由有关主管机关组织股东、有关机关及有关专业人员成立清算组,进行清算。

第六十条　清算组在清算期间行使下例职权:

(一) 清理公司财产,分别编制资产负债表和财产清单;

(二) 通知或者公告债权人;

(三) 处理与清算有关的公司未了结的业务;

(四) 清缴所欠税款;

(五) 清理债权、债务;

(六) 处理公司清偿债务后的剩余财产;

(七) 代表公司参与民事诉讼活动。

第六十一条　清算组应当自成立之日起 10 日内通知债权人,并于 60 日内在报纸上至少公告 3 次。债权人应自接到通知书之日起 30 日内,未接到通知书的自第一次公告之日起 90 日内,向清算组申报其债权。

债权人申报其债权,应说明债权的有关事项,并提供证明材料,清算组应对债权进行登记。

第六十二条　清算组在清理公司财产、编制资产负债表和财产清单后,应当制定清算方案,并报股东会或有关主管机关确认。

公司财产能够清偿公司债务的,分别支付清算费用,职工工资和劳动保险费用,缴纳所欠税款,清偿公司债务。

公司财产按前款规定清偿后的剩余财产,按股东的出资比例分配。

清算期间,公司不得开展新的经营活动,公司财产在未按第二款的规定清偿前,不得分配给股东。

第六十三条　因公司解散而清算,清算组在清理公司财产,编制资产负债表和财产清单后,发现公司财产不足清偿债务时,应立即向人民法院申请宣告破产。

第六十四条　公司清算结束后,清算组应制作清算报告,报股东会或者有关主管机关确认,并报送公司登记机关,申请注销公司登记,经公司登记机关核准注销登记后,由清算组公告公司终止。

第六十五条　清算组成员应当忠于职守,依法履行清算义务。

清算组成员不得利用职权收受贿赂或者其他非法收入,不得侵占公司财产。

清算组成员因故意或重大过失给公司或债权人造成损失的,应承担赔偿责任。

第十二章　党组织、工会组织

第六十六条　公司内设立党组织、工会组织。

第十三章　附　　则

第六十七条　公司经营期限＿＿＿＿＿＿＿年,自登记机关核发营业执照之日起计算。

第六十八条　本章程经股东会通过,并自领取公司营业执照之日起生效,本章程解释权归股东会,修改权归股东会。

注:1. 公司根据股东的人数和规模,公司机构可以根据实际情况修订补充条款,但应符合公司法的规定。

2. 公司以实物、工业产权、非专利技术、土地使用权作价出资的,公司章程必须就有关财产权转移事宜、期限等做出规定。

本章程经全体股东一致通过。

注:本章程仅供参考。公司可按照《公司法》及有关法律法规,根据公司实际情况制定公司章程。

十九、物业管理企业内部管理制度参考样本

物业管理企业内部管理制度

×× 年 ×× 月

公司规章制度

本公司于××年××月成立至今,在全体员工齐心努力之下,公司运作良好,取得一定成绩。考虑到公司今后的长远发展,以及建立现代化管理制度的迫切需要,本公司决定对原有规章制度加以调整、补充和完善,使之更加制度化和规范化,以便充分加强员工主人翁意识,发扬团结合作精神,树立良好企业形象,经深入研究讨论,公司制度现确定如下:

一、管理制度

1. 本公司要求全体员工本着"勤奋、严谨"的工作作风,团结务实、积极上进,时刻把公司利益放在首位,各部门间、部门内各个员工间精诚合作,为创建优良的公司形象尽职尽责。我们的目标是:让今天的你以公司为荣,让明天的公司以你为荣。

2. 本公司员工在工作时间内必须统一着装并注意整洁卫生,佩带工作标志,使用文明礼貌用语,待人礼貌谦和;公司内部其他非办公人员不得随意在办公区出入。公司员工凡因工作态度问题遭投诉并经教育不改过达三次者,予以解聘。

3. 本公司员工必须厉行节约。从一滴水一度电开始,从自身做起,爱护公司财物,节约使用办公用品;公司卫生环境由各部门,工作区承包负责。

4. 员工在工作时间内不准打私人电话或用公司电话进行私人买卖交易;任何时间严禁打信息台电话,否则一经发现除须补交电话费外还要扣发工资。外地员工需往家里打长途电话者,必须经部门负责人批准;且只能在节假日或半价时间内,每月打电话不准超过两次,每次不得超过五分钟。

5. 员工可以用公司电脑来学习操作,严禁上网、打游戏;非因公不得使用公司打印、复印机等。

6. 本公司为所有员工免费提供中午工作餐一次,外地员工在公司住宿并用晚餐者,每人每月交30元钱用以改善伙食;因工作需要不在公司内用工作餐者,每月给予100元补助;特殊情况,由本人提出误餐补助申请,部门负责人按市场同行同业人员标准核定。

7. 在公司住宿的员工,未经同意不准私自留宿他人。经批准准予留宿的,须对留宿人情况进行必要说明。员工不得作出任何有损公司形象的事情。违反此项规定一次,公开作检讨并扣发工资;违反两次以上者予以解聘。

8. 任何员工需要使用公司执照,公章、证件及其影印件的须经总经理签字批准。

9. 任何员工以公司名义进行私人交易或从事非法活动者,公司有权追究其法律责任。

10. 为随时掌握公司经营运作情况及员工个人工作进展情况,本公司每星期五召开一次部门负责人例会,每月召开一次全体员工大会。例会由总经理主持召开,总经理不在时应委托其他部门经理主持会议。

二、考勤制度

1. 公司实行严格考勤管理,每日8h工作制;

作息时间:　　上午　8:30——12:00

下午　1:00——5:30

员工必须遵守作息制度,不准迟到早退。凡每月迟到累计达三次者视为旷工一次。

2. 员工无论何时请事假、病假,须先经部门负责人审核批准,并上报总经理,然后由财务部门登记备案。请事假者扣除当日工资全部;请病假者扣除当日工资的50%。每月请病假累积超过7天或请事假累积超过3天者,扣除当月工资全部。确有特殊情况者可予以适当照顾。婚丧假须上报总经理批准,按国家有关规定执行。上述缺勤情况均扣发全勤奖。

3. 公司员工每月无故旷工累计达8h者,扣除当月工资的50%;累计达16h者,扣除当月全部工资并留原职察看;累计旷工达三天者,予以解聘。

4. 对公司外地员工,公司每年给予7天探亲假,并给予适当金额的路费补助。如有特殊情况需延长假期的,须向总经理提出申请。探亲假只限当年使用,逾年不累加。

三、工资、报销制度

1. 本公司工资发放制度为基本工资加业绩提成。基本工资每半年上涨50元。其中基本工资的5%设为全勤奖。员工违反公司有关规定时,工资上涨将予以延迟。每月25号至月底进行财务核算,每月一号发放工资。如遇发放工资日为节假日时,在节假日前的最后一个工作日发工资。工资直接划拨到各员工的工资卡内。

2. 财务报销程序采取两级审批制,即:先由部门负责人对报销款项审核签字,上报总经理签字后方能提交财务处进行审核报销。

3. 员工公出,在5km范围内交通费不予报销,超过5km只报销公共汽车费。如遇特殊紧急情况,确需打的者须经部门负责人批准。

四、人员聘用与培训制度

1. 本公司用人均为聘用制,各部门需要聘用或解聘人员时应先报总经理批准。凡到本公司应聘人员,试用期为 3 个月,试用期内视其表现公司有权决定是否提前录用。经考核正式录用后,新员工必须如实填写个人简历并将相关证件的影印件上报财务处登记,如发现有弄虚作假现象一律解聘。如果试用期内被聘者主动提出辞职,则工资不予补发。

2. 本公司员工必须努力提高自身素质和工作技能。公司可根据员工工作表现对部分员工出资培训。凡由公司委派出资参加各类培训班学习并能取得相应领域资格证书的员工,本公司对培训费用全额报销。非公司委派者视情况而定。

3. 凡由公司出资培训的员工,其所取得的各类资格证书须由公司保管,员工自动辞职时概不退还;如被公司解聘,补交相应培训费用可以退还本人。

五、激励与惩罚措施

1. 为调动员工的工作积极性,发挥其开拓、创造能力,本公司员工凡工作业绩突出者均予以相应奖励。对公司经营出谋划策、寻找商机等因个人才能为公司营业额带来万元以上收入者,给予 5% 的提成;特大贡献者另行考虑。各项奖励措施解释权归公司所有。

2. 公司员工不服从领导工作安排或违反公司制度,轻者对其进行教育并作个人检讨,重者予以解聘且当月工资不予补发。

3. 由于个人直接原因或领导失误、应知而未知给公司造成影响或经济损失者,公司可视情节严重分别给予警告并公开检讨、扣除工资、解聘、追偿直至追究法律、刑事责任的处罚。

以上各项规定自××月××日起开始执行,希望全体员工认真遵守并互相监督,本公司将严格按制度办事。

二十、物业管理项目管理制度参考样本

项 目 管 理 制 度

××年××月

警卫室岗位职责

为了加强小区的治安,消防工作、保护居民和员工的切身利益,特制定此规定:

1. 上岗时必须按规定着制服、着装整齐、警容严态、站姿挺拔、保持良好的军人姿态。

2. 负责开关大门,做好出入车辆的登记,信件,报纸的收发。

3. 上岗时必须坚守岗位,不得睡岗,闲谈,不看与工作无关的书籍,不得擅自离岗,串岗,严格维护大门秩序。

4. 礼貌值勤,做到将文明,讲方法,讲团结;对违章居民应礼貌纠正耐心劝导,不训斥,不讽刺。

5. 发现问题及时处理,秉公办事不循私情,超越职权处理范围要及时向有关主管汇报,不得虚报,知情不报或私自处理。

6. 保安人员应服从命令听从指挥,服从岗位调动和工作分配,有事情及时向主管汇报,提前向主管请假。

7. 夜间巡逻岗要不定时对小区内进行巡查,认真对纵向、横向负责区域进行巡逻监控,发现异常情况及时联络、处理、上报。

8. 做好值勤区域和周围的环境卫生,卫生情况不良接班人员可拒绝接班。

9. 值勤人员要尽快熟悉消防设施重点防火区域以及消防器材的位置,发现情况要及时拨打 119 报警电话。

10. 保安在上岗前或上岗期间严禁饮酒、酗酒、严禁与居民或外来人员发生纠纷,如有打骂保安人员要沉着冷静,做到打不还手,骂不还口,及时向上级领导报告,严重时,公安机关处理。

11. 保安上下班接岗时必须提前 10min 接岗,同仁之间应互敬互爱,工作相互支持,相互学习,提高值勤水平。

以上是警卫值勤规定,请值勤保安严格遵守此规定,如有违反按情节轻重进行处罚。

××小区机动车管理制度

为了强化小区内部车辆的管理,保持小区内部环境的安静,特制定此制度。

1. 小区外来车辆必须在门岗登记、换证、出小区时要对车上新增的物品进行盘查,必须持有业主签字的单据。

2. 小区外来的出租车在无特殊情况下不允许进入小区。

3. 特种车辆进入小区不需换证,但要将时间、牌照、事由做以登记。

4. 为保证小区道路不受破坏,在无物业领导允许的情况下,禁止重载车辆进入小区。

5. 在进行拦车时注意使用文明用语。

6. 车辆管理登记记录交接班时,要认真核对,不允许擅动他人证件。

7. 在交接证件时认真核对,如换证失误或证件丢失,将由个人负责。

收费员岗位责任制

为了管理费及时收取,为了小区顺利发展特定本制度。

一、管理费收取本着取之于民,用于之民。

二、收费员入户收费要礼貌待人、态度和蔼、讲话文明。

三、收费员必需熟知所收费用的面积、单价、明细,收费员要向住户解释所收费用的用途及理由。

四、收费员将所收费用要开出票据,认真核实不出差错,做到日清月结。

五、严格执行公司规定的各项规章制度,随时接受业主的监督。

六、完成领导交给的其他各项工作。

保洁员岗位责任制

为了使小区有一个清洁舒适的生活环境,为了把小区的卫生搞的更好制定本制度:

一、保洁员应对小区卫生负责,及时清运、集中打扫。

二、保洁员应对小区楼道每星期擦洗一次,楼道卫生随时清扫,楼梯扶手保持没有灰尘。

三、保洁员应每天两次清运楼道内的袋装垃圾。每15天擦一次玻璃。

四、保管好清洁用具随时保养。

五、完成领导交给的其他工作。

财 务 制 度

为了加强小区的物业管理费的收取,为了调动职工的积极性,为了把小区物业管理提高一个新的水平,经公司研究决定在2000年内执行收取物业管理费与工资直接挂钩。

一、把原有职工工资一分为二,分基本工资与浮动工资,我们每季度收取管理费一次,因此每月只开基本工资,在收取管理费以后再根据收取情况将浮动工资按比例补发。物业管理费收齐率在90%以上时可领取部分全额工资,管理费收齐率在80%时可领取浮动工资90%,以此类推,如果在以后的时间内把以前所欠收的费用收齐,可以补发所扣浮动工资,管理费收齐率在90%,以上可以给予适当的奖励。

二、财务人员要遵守国家的法律、法规,执行公司的财务制度,做到账目日清月结、数字准确、账账相符。

三、定期向领导汇报财务情况、收费情况、人员变动情况、住户反应情况、公司资金使用情况及资金剩余情况。

四、执行公司报销制度,资金的收付必须复核无误才能支付,如需对方开据发票的开据发票后结算。

五、厉行节约,提高效率,完成领导交给的各项任务。

维修工岗位责任制

为了急用户所急、需用户所需,让用户满意特定本制度:

一、维修人员入户维修要衣着整齐,态度和气。

二、接到业主的维修通知应及时了解情况做出维修计划,在最短的时间内完成维修任务。

三、因维修情况特殊在短时间内维修不好的应向用户说明情况,请用户配合我们妥善解决。

四、因维修所替换的材料配件应向用户讲清,经用户同意后才能更换。

五、维修工作完后要及时填写施工维修单,请用户签名,以备查验。

六、维修人员入户维修不准向用户提出任何无理要求。

七、保管好自己的维修用具，丢失照价赔偿。

八、完成好领导交给的其他工作。

二十一、物业管理入住阶段手续参考样本

（一）业主办理入住手续作业程序书（图 3-12）

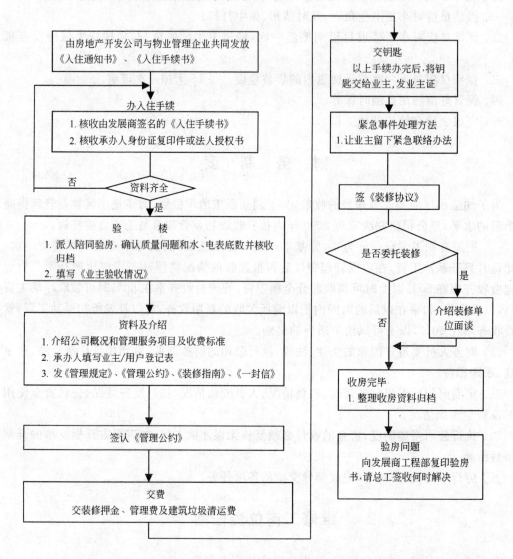

图 3-12　办理入住手续作业程序图

（二）业主档案参考样本（表3-38）

业 主 档 案

表 3-38

房号 | | 入住日期

户 主 姓 名		性别		身 份 证 号			民族	
文 化 程 度		手机				传呼		
联 系 电 话		新 宅 电				车 牌 号		
非 机 动 车		紧急情况联系人				联系电话		
工 作 单 位							职务	
单 位 地 址							单位电话	

其他家庭成员基本情况

姓名	与户主关系	出生年月日	文化程度	工作单位	职务

居住房屋产权情况

产权单位(人)			产权性质		产权证号	
通讯地址			面积		联系电话	
备注						

注：1. 请详细填写；

2. 军烈属、残疾军人、四残人员（呆、盲、聋、哑）请填写在备注栏内。

（三）楼宇交接书（表3-39）

楼 宇 交 接 书

表 3-39

区室 编号：

业主姓名		备 注	
序 号	验 收 项 目	验 收 意 见	处 理 结 果	确 认
1	顶 梁			
2	墙 面			
3	地 面			
4	门			
5	窗			
6	电 视 插 座			
7	电 话 插 座			
8	消 防 栓			

序　号	验 收 项 目	验 收 意 见	处 理 结 果	确　　认
9	消防紧急按钮			
10	换 气 口			
11	水 表			
12	电 表			
13	煤 气 表			
14	楼 梯			
15	给排水管道			
16	平 台			
17	钥 匙			
备　注				
备　注				
业务签章		年 月 日	物业处签章	年 月 日

（四）××物业公司房屋设施验收清单（表 3-40）

××物业公司房屋设施验收清单　　　　　　　　表 3-40

日期：＿＿＿＿＿　　房号：＿＿＿＿＿　　产权人：＿＿＿＿＿　　电话：＿＿＿＿＿

项　　目	状　　况	备　　注
分 户 门		
房 间 内 门		
门 镜		
电 话 插 座		
防 盗 对 讲		
各 房 间 钥 匙		
灯具/漏保		
电表及刀闸		
热 水 表		
自 来 水 表		
煤 气 表		
有线电视插座		
电 源 插 座		
电 源 开 关		
燃 气 灶 具		
水 龙 头		

项　　目	状　　况	备　　注
洗　菜　盆		
厨　房　柜　具		
上　下　水　管　道		
地　　漏		
浴　　盆		
恭　　桶		
玻　　璃		
洗　手　盆		
门窗及五金件		
暖气系统跑风		

原　始　表　数	电表：	燃气表：	
	热水表：		
	自来水表：		

（五）业主入住验房表（表 3-41）

业主入住验房表　　　　　　　　　　　　　　　表 3-41

楼座号：

业 主 姓 名		购房合同书编号		面　　积	
序　　号	验　收　项　目	验　收　意　见		处理结果　　确认	
1	顶　　棚				
2	墙　　面				
3	地　　面				
4	电　器　设　备				
5	供　热　设　备				
6	主水管道及配件				
7	下水管道及配件				
8	防　　水				
9	门　　窗				
10	TP 和 TV				
11	地　　漏				
12	其　　他				
水表底数		煤气表底数		电表底数	钥匙共 把
业主签章：		建设单位签章：			
		施工单位签章：			
年　月　日		年　月　日			

（六）业主进驻阶段交接验收记录参考样本

1. ××大厦收楼记录

××大厦收楼记录

一、业主资料

1. 公司名称：＿＿＿＿＿＿＿＿＿＿＿＿＿＿＿

2. 业主/租户单元：＿＿＿＿区＿＿＿＿层＿＿＿＿号　　车位：＿＿＿＿＿车牌号＿＿＿＿＿

3. 业主/租户姓名：＿＿＿＿＿＿＿＿＿＿　　　　电话：＿＿＿＿＿＿＿＿＿＿＿

4. 身份证/护照号码＿＿＿＿＿＿＿＿＿＿　　　联络地址＿＿＿＿＿＿＿＿＿＿＿

5. 紧急情况联络人及联系电话＿＿＿＿＿＿＿＿＿＿＿＿＿＿＿＿＿＿＿

6. 验收日期＿＿＿＿＿＿＿＿＿＿＿＿＿＿＿＿＿＿＿＿＿＿＿＿＿

7. 电表读数＿＿＿＿＿＿＿＿＿＿＿＿＿＿＿＿＿＿＿＿＿＿＿

8. 备注＿＿＿＿＿＿＿＿＿＿＿＿＿＿＿＿＿＿＿＿＿＿＿＿＿＿＿＿＿

二、核对文件

1. 发展商发出之收楼通知书＿＿＿＿＿＿＿＿＿＿＿＿＿＿＿＿＿＿＿

2. 核对身份证＿＿＿＿＿＿＿＿＿＿＿＿＿＿＿＿＿＿＿＿＿＿＿＿＿

3. 首期管理费＿＿＿＿＿＿＿＿＿＿＿＿＿＿＿＿＿＿＿＿＿＿＿＿＿

三、收楼须知

1. 管理公约＿＿＿＿＿＿＿＿＿＿＿＿＿＿＿＿＿＿＿＿＿＿＿＿＿＿

2. 住户手册＿＿＿＿＿＿＿＿＿＿＿＿＿＿＿＿＿＿＿＿＿＿＿＿＿＿

3. 装修手册＿＿＿＿＿＿＿＿＿＿＿＿＿＿＿＿＿＿＿＿＿＿＿＿＿＿

4. 装修申请表＿＿＿＿＿＿＿＿＿＿＿＿＿＿＿＿＿＿＿＿＿＿＿＿＿

5. 施工证申请表＿＿＿＿＿＿＿＿＿＿＿＿＿＿＿＿＿＿＿＿＿＿＿＿

四、业主/租户签收钥匙

钥匙＿＿＿＿＿＿＿＿＿＿＿＿＿＿＿＿＿＿＿＿＿＿＿＿＿＿

数量＿＿＿＿＿＿＿＿＿＿＿＿＿＿＿＿＿＿＿＿＿＿＿＿＿＿

业主/租户签收＿＿＿＿＿＿＿＿＿＿＿＿＿＿＿＿＿＿＿＿＿＿

物业公司＿＿＿＿＿＿＿＿＿＿＿＿＿＿＿＿＿＿＿＿＿＿＿＿＿

日期＿＿＿＿＿＿＿＿＿＿＿＿＿＿＿＿＿＿＿＿＿＿＿＿

备注：业主/租户必须于交钥匙后24小时内将单元内发现毁坏之设施填报于附上之单元损坏记录上，并交回管理处办理，否则日后发现任何损坏，一概由租户/业主负责。

2. ××大厦房屋移交记录

××大厦房屋移交记录

楼层：＿＿＿＿＿＿＿＿＿＿　　　　单元编号：

（1）门牌＿＿＿＿＿＿＿＿＿＿　　　　（2）空调开关＿＿＿＿＿＿＿＿＿＿

（3）大门＿＿＿＿＿＿＿＿＿＿　　　　（4）电话插座＿＿＿＿＿＿＿＿＿＿

(5) 门锁_____　　(6) 灯具开关_____

(7) 五金件_____　　(8) 电视天线插座_____

(9) 地面_____　　(10) 电源插座_____

(11) 踢脚板_____　　(12) 温感报警器_____

(13) 墙面_____　　(14) 喷淋头_____

(15) 玻璃墙_____　　(16) 电表表底读数_____

其他：

_____

备注：

_____

客户签名及盖章：_____　　日期：_____

管理处经办人签字：_____　　日期：_____

3. ××大厦房屋设施损坏通知单

××大厦房屋设施损坏通知单

业主/租户名称：_____

业主/租户单元/楼层：_____

本人接收上述单位后,除下列项目外,单位内一切设施正常良好。

1. _____

2. _____

3. _____

4. _____

5. _____

6. _____

7. _____

8. _____

9. _____

10. _____

此记录需于领取或收到钥匙后 24 小时内交回管理处,否则日后发现单位内有任何损坏,一概须租户自行负责。

业主/租户签署：_____　　经办人姓名：_____

日　期/时　间：_____　　日　期/时　间：_____

再约验收_____　　上述项目已修缮完成

_____　　上述项目仍存在下列问题

1. _____　　2. _____

3. _____　　4. _____

5. _____　　6. _____

业主/租户签署：_____　　经办人姓名：_____

日 期/时 间:_____   日 期/时 间_____

二十二、物业管理业主办理装修手续参考样本

(一)业主装修通知单

给业主的一封信

尊敬的业主_____:

欢迎您成为_____住宅小区内住户。

根据您与物业管理公司签订的公约及本小区的管理规定,本公司负责为您提供各类服务。

如装修工程由业主自行落实装修公司,本公司建议住户应指派一位工程负责人,以便进行装修工程事宜之联络。请住户的装修商直接与我公司_____联络,以便在施工前按照有关程序进行审批。

假如业主未能找到合适的装修公司,本企业乐意推荐装饰公司供住户选择。该公司服务质量高、信誉好,并可以对本小区内的住户装修进行承诺。

如有疑问,可直接与物业管理公司联系,乐意为您服务。

此致

各位业主

××物业管理公司

××××年××月××日

(二)业主房屋装修申请单(表3-42)

业主房屋装修申请单   表3-42

业主姓名		地 址		联系电话	
施工单位		进场人数		联系电话	
装修时间		年 月 日至 年 月 日		负责人	
装修项目内容(附施工图)					
约定事项	在本次施工中,业主、物业管理处、施工单位三方达成如下约定: 1. 如实填写装修内容,遵守《住户房屋装修责任书》及《住户房屋装修细则》。 2. 施工人员必须办理临时出入证,需留宿的应到小区管理处办理登记。 3. 业主及施工队必须预交装修押金及施工保证金。 4. 由业主装修不当而造成的一切后果由负责人或业主负责。				
施工单位签章:		业主签章:		管理处签章:	
备 注					

（三）明火动用申请表（表 3-43）

明火动用申请表
表 3-43

申请单位（业主）		动火类型		动火地点	
No.	器 具 名 称	功率(kW)	电 源 来 源	起 止 日 期	起 止 时 间
1			室内/外		
2			室内/外		
3			室内/外		
4			室内/外		
5			室内/外		
6			室内/外		
动用明火要求	1. 是内电源插座最大功率×kW 2. 配灭火器 3. 离易燃易爆物品 4. 与木工制作区隔离 5. 严禁用电炉 6. 不允许使用超过 6kW 的机具 7. 违规操作罚款 200～500 元				

（四）装修许可证

室内装修许可证（存根）

编号：

施工范围：

施工项目：

有效日期：　年　月　日至　年　月　日

施工负责人：　　　　　　　　联系电话：

　　　　　　　　　　　　　物业管理中心（签章）：

负责人（签章）：　　　　　　　　年　月　日

室内装修许可证

编号：

施工范围：

施工项目：

有效日期：　年　月　日至　年　月　日

施工负责人：　　　　　　　　联系电话：

　　　　　　　　　　　　　物业管理中心（签章）：

负责人（签章）：　　　　　　　　年　月　日

（五）室内装修拆改设施申请表（表 3-44）

室内装修拆改设施申请表   表 3-44

申请人姓名		地　　址	
备　　注		建筑面积	
修拆改的项目：			
		申请人： 　　年　月　日	
工程管理部意见：		物业管理公司意见：	
经理： 　　年　月　日		经理： 　　年　月　日	

（六）装修验收单（表 3-45）

房屋装修验收单   表 3-45

业主姓名		住　　址	
施工队名称		负责人	
验　收　项　目			
序　号	验　收　项　目		验收结果及意见
1	承重墙、墙体结构		
2	煤气表方向及管路是否拆改		
3	电表是否改动、私接，线路是否改动、私接，是否符合安全要求		
4	冷热水表方向是否改动		
5	橱间、橱厕地面、防水是否符合规定		
6	楼梯扶手及墙面是否破损		
7	是否占用楼道及垃圾清运状况		
8	暖气位置及暖气罩		
9	空调位置是否符合要求		
10	护栏安装是否符合要求		
11	其他情况说明		
备　　注		装修后水表数	
管理处意见		施工单位意见	
管理部主管		业　主　意　见	

二十三、业主会成立流程图参考样本(图 3-13)

二十四、客户意见调查表参考样本(表 3-46)

客户意见调查表　　　　　　　　　　　　　　　　　　　　　　　表 3-46

在您认为合适的项目后的空格内打"√"

客户名称:＿＿＿＿＿＿＿＿＿＿＿＿＿＿＿＿＿＿＿＿＿＿＿＿＿＿

评 价 项 目		评 价 选 项		
配套设施质量:1. 弱电系统		很满意	较满意	不满意
2. 强电系统		很满意	较满意	不满意
3. 消防系统		很满意	较满意	不满意
4. 空调系统		很满意	较满意	不满意
5. 电梯运行情况		很满意	较满意	不满意
6. 给上/下排水系统		很满意	较满意	不满意
物业服务:1. 保安服务	A) 服务形象	很满意	较满意	不满意
	B) 服务态度	很满意	较满意	不满意
	C) 服务质量	很满意	较满意	不满意
2. 清洁服务	A) 服务形象	很满意	较满意	不满意
	B) 服务态度	很满意	较满意	不满意
	C) 服务质量	很满意	较满意	不满意
3. 环境绿化	A) 大堂环境	很满意	较满意	不满意
	B) 外围环境	很满意	较满意	不满意
4. 工程维修服务	A) 服务形象	很满意	较满意	不满意
	B) 服务态度	很满意	较满意	不满意
	C) 服务质量	很满意	较满意	不满意
5. 财务人员服务	A) 服务形象	很满意	较满意	不满意
	B) 服务态度	很满意	较满意	不满意
	C) 服务质量	很满意	较满意	不满意
6. 处理客户投诉	A) 及时率	很满意	较满意	不满意
	B) 服务态度	很满意	较满意	不满意
	C) 缮后跟踪服务	很满意	较满意	不满意
收费标准:1. 有偿服务费用		很满意	较满意	不满意
2. 有偿服务项目		很满意	较满意	不满意
总评价		很满意	较满意	不满意
其他意见或建议				

二十五、天津市前期物业管理服务合同示范文本

天津市前期物业管理服务合同

(JF—2002—018)

委托方(开发建设单位以下简称甲方):＿＿＿＿＿＿＿＿＿＿＿＿＿

法定代表人:＿＿＿＿＿＿＿＿＿＿　　联系电话:＿＿＿＿＿＿＿＿＿

住所:＿＿＿＿＿＿＿＿＿＿＿　　　　邮政编码:＿＿＿＿＿＿＿＿＿

营业执照号码：_____

受托方(物业管理服务企业以下简称乙方)：_____

法定代表人：_____　联系电话：_____

住所：_____　邮政编码：_____

营业执照号码：_____

企业资质证号：_____　资质等级：_____

根据《中华人民共和国合同法》、《天津市物业管理条例》等有关法律、法规的规定，甲乙双方遵循平等、自愿、公平、诚实信用的原则，经协商一致，甲方将_____(物业项目名称)委托乙方进行前期物业管理服务，订立本合同。

第一条　委托物业的基本情况

物业类型：_____

坐落位置：_____市_____区(县)_____道(路、街)_____号

四至：东_____　南_____

　　　西_____　北_____

占地面积：_____万 m²

建筑面积：_____万 m²

委托管理的物业构成细目见表3-47～表3-50。

第二条　物业管理服务事项

(一)房屋共用部位的维修、养护和管理，包括：主体结构(包括基础、墙体、柱、梁、楼板、屋顶)、楼梯间、电梯间、共用门厅、走廊通道、户外墙面、_____。

(二)房屋共用设施设备的维修、养护、运行和管理，包括：共用的下水管道、落水管、电梯、共用照明、楼内消防设施设备、_____。

(三)物业管理区域内共用设施和附属建筑物、构筑物的维修、养护和管理，包括：道路、化粪池、自行车棚、停车场、_____。

(四)共用绿地、水面、花木、建筑小品、_____的养护管理。

(五)公共环境卫生，包括公共场所及场地、房屋共用部位的清洁卫生、垃圾的收集、清运、_____。

(六)车辆行驶与停放秩序的管理服务。

(七)维护公共秩序，包括门岗执勤、巡视、_____。

(八)物业管理有关的文件、资料和业主情况的管理。

(九)乙方应当公示特约服务的内容、标准及收费标准，当业主提出上述委托服务要求时，乙方应当提供服务，业主应当按照规定付费。

(十)其他委托事项：

1. _____

2. _____

3. _____

第三条　前期物业管理服务合同期限

本合同自_____年_____月_____日开始，至本物业首次业主会确定物业管理服务企业，并签订《物业管理服务合同》之日终止。

第四条 甲方权利义务

（一）维护全体业主合法权益，拟定并遵守业主公约；

（二）在销售商品房时，应当向购房人明示本合同的内容，并由购房人对本合同的内容和业主公约予以书面确认；

（三）审定乙方提交的物业管理服务方案及管理制度；

（四）审定乙方提出的物业管理服务年度计划和财务预算及财务报告；

（五）监督并配合乙方管理服务工作的实施及制度的执行；

（六）按照法律、法规的规定和商品房质量保证书的约定，承担物业保修责任，保修期内出现问题，按以下_____项处理：

1. 负责返修、完善；

2. 委托乙方返修、完善，支付全部费用；

3. _____

（七）当本物业项目的商品房出售建筑面积达50％以上时，应当及时告知乙方；

（八）负责处理本合同生效前发生的遗留问题：

1. _____

2. _____

3. _____

（九）其他：

_____

_____

第五条 乙方权利义务

（一）依照有关规定和本合同约定，制定物业管理服务制度，对物业及其环境、秩序进行管理；

（二）依照本合同约定向甲方、业主收取物业管理服务费；

（三）建立物业项目的管理档案；

（四）对业主违反国家和本市有关法律、法规和规章及业主公约的行为，进行劝阻制止，并向有关部门报告；

（五）对造成物业共用部位、共用设施设备损失的，代表业主要求责任人停止侵害、恢复原状、赔偿损失；

（六）不得将物业项目整体转让给其他物业管理服务企业管理，但可以将专项服务委托专业公司承担；

（七）负责编制物业的年度维修养护计划、并组织实施；

（八）提前将装饰装修房屋的规定书面告知业主，当业主装饰装修房屋时，与其签订房屋装饰装修管理协议，并负责监督，对不符合安全要求和影响公共利益的，进行劝阻制止，责令改正；

（九）负责编制物业管理服务年度计划、财务预算及财务报告；

（十）每_____个月向全体业主公布一次物业管理服务费收支账目；

（十一）本物业交付使用后有下列情况之一的，负责召集首次业主会会议；

1. 出售建筑面积达 50% 以上；

2. 业主入住率达 50% 以上；

3. 首位业主实际入住达 2 年以上。

（十二）对本物业的共用部位、设施及场地不得擅自占用和改变使用功能，如需在本物业内改、扩建或完善配套项目，经甲方和相关业主同意后报有关部门批准方可实施；

（十三）本合同终止乙方不再管理本物业时，必须向甲方或业主委员会办理下列移交事项：

1. 物业管理服务费、场地占用费、利用物业公共设施所得收益等余额和财务账册；

2. 物业及业主档案和有关资料；

3. 物业管理服务用房、场地和属于业主共同所有的其他财物。

（十四）协助公安部门维护本物业管理区域内治安秩序、制止违法行为。在本物业管理区域内发生治安案件或者各类灾害事故时，应当及时向公安和有关部门报告，并协助做好调查和救助工作。

（十五）接受全体业主的监督；

（十六）接受物业管理行政主管部门的监督；

（十七）其他：＿＿＿＿＿＿＿＿＿＿＿＿＿＿＿＿＿＿＿＿＿＿＿＿

第六条　物业管理服务标准

（一）房屋外观：

＿＿＿＿＿＿＿＿＿＿＿＿＿＿＿＿＿＿＿＿＿＿＿＿＿＿＿＿＿＿＿＿＿＿＿＿

＿＿＿＿＿＿＿＿＿＿＿＿＿＿＿＿＿＿＿＿＿＿＿＿＿＿＿＿＿＿＿＿＿＿＿＿

（二）设备运行：

＿＿＿＿＿＿＿＿＿＿＿＿＿＿＿＿＿＿＿＿＿＿＿＿＿＿＿＿＿＿＿＿＿＿＿＿

＿＿＿＿＿＿＿＿＿＿＿＿＿＿＿＿＿＿＿＿＿＿＿＿＿＿＿＿＿＿＿＿＿＿＿＿

（三）房屋共用部位及共用设备的维修、养护：

＿＿＿＿＿＿＿＿＿＿＿＿＿＿＿＿＿＿＿＿＿＿＿＿＿＿＿＿＿＿＿＿＿＿＿＿

＿＿＿＿＿＿＿＿＿＿＿＿＿＿＿＿＿＿＿＿＿＿＿＿＿＿＿＿＿＿＿＿＿＿＿＿

（四）物业管理区域内共用设施、场地的维修、养护：

＿＿＿＿＿＿＿＿＿＿＿＿＿＿＿＿＿＿＿＿＿＿＿＿＿＿＿＿＿＿＿＿＿＿＿＿

＿＿＿＿＿＿＿＿＿＿＿＿＿＿＿＿＿＿＿＿＿＿＿＿＿＿＿＿＿＿＿＿＿＿＿＿

（五）环境卫生：

＿＿＿＿＿＿＿＿＿＿＿＿＿＿＿＿＿＿＿＿＿＿＿＿＿＿＿＿＿＿＿＿＿＿＿＿

＿＿＿＿＿＿＿＿＿＿＿＿＿＿＿＿＿＿＿＿＿＿＿＿＿＿＿＿＿＿＿＿＿＿＿＿

（六）绿化养护：

＿＿＿＿＿＿＿＿＿＿＿＿＿＿＿＿＿＿＿＿＿＿＿＿＿＿＿＿＿＿＿＿＿＿＿＿

＿＿＿＿＿＿＿＿＿＿＿＿＿＿＿＿＿＿＿＿＿＿＿＿＿＿＿＿＿＿＿＿＿＿＿＿

（七）车辆行驶与停放秩序管理：

＿＿＿＿＿＿＿＿＿＿＿＿＿＿＿＿＿＿＿＿＿＿＿＿＿＿＿＿＿＿＿＿＿＿＿＿

＿＿＿＿＿＿＿＿＿＿＿＿＿＿＿＿＿＿＿＿＿＿＿＿＿＿＿＿＿＿＿＿＿＿＿＿

（八）公共秩序管理：

_____

_____

（九）急修：_____

    小修：_____

（十）业主对乙方的满意率达到_____

（十一）其他：

_____

_____

第七条　物业管理服务费用

（一）物业管理服务费

1. 竣工验收合格交付业主使用前所发生的物业管理相关费用由甲方承担；

2. 竣工验收合格交付业主后的物业管理服务费，住宅房屋按建筑面积每月每平方米_____元由业主交纳；非住宅房屋按建筑面积每月每平方米_____元由业主交纳；

    配备电梯、消防、二次供水等机电设施的运行、维护、管理费用按建筑面积每月每平方米_____元由业主交纳；

_____

_____

_____

3. 甲方与业主约定由甲方承担物业管理服务费的，由甲方交纳；

4. 未出售的空置房屋的物业管理服务费由甲方交纳；

5. 业主转让物业时，须交清转让之前的物业管理服务费用；

6. 交纳费用时间：

（1）甲方每_____个月的_____日前交纳；

（2）业主每月_____日前交纳。

7. 甲方或业主逾期交纳物业管理服务费的，从逾期之日起按每天应交物业管理服务费的万分之_____交纳滞纳金。

（二）车位使用费

车位使用费由车位使用人按下列标准交纳：

1. 机动车辆：

（1）_____

（2）_____

2. 非机动车辆_____

（三）代办服务费

乙方可以接受供水、供电、供热、供气、通信、有线电视、_____等有关部门或甲方委托，提供代办服务，代办服务费按以下方式收取：

1. 甲方与相关部门办理移交手续前，代办服务费由甲方交纳；

2. 甲方与相关部门办理移交手续后，代办服务费由委托方交纳。

第八条　物业管理服务用房

在物业竣工验收合格后 30 日内,甲方向乙方无偿提供并移交不少于本项目总建筑面积的 3‰~4‰(_____ m² 建筑面积)的物业管理服务用房,乙方负责维修、养护,不得买卖和抵押;任何单位和个人不得占用或者改作他用。

第九条 物业管理验收交接

(一)甲方在竣工验收合格后交付业主使用前_____日内,应与乙方办理接管验收手续,委托乙方管理的房屋、设施、设备等物业,如存在问题,按以下_____项处理:

1. 负责返修、完善;

2. 委托乙方返修、完善,支付全部费用;

3. _____

(二)在物业竣工验收合格后 60 日内,甲方应向乙方移交下列文件和资料:

1. 竣工总平面图,单体建筑、结构、设备的竣工图,附属配套设施、地下管网工程竣工图等资料;

2. 物业竣工验收资料;

3. 共用的设施、设备安装使用和维护保养技术资料;

4. 物业质量保证文件;

5. 物业管理需要的其他文件。

(三)其他:

_____

_____

第十条 违约责任

(一)甲方违反合同第四条的约定,使乙方未完成规定的管理目标,乙方有权要求甲方解决,逾期未解决的,乙方有权终止合同;造成乙方经济损失的,甲方应给予乙方经济赔偿。

(二)乙方违反本合同第五、六条的约定,未能达到规定的管理目标,甲方有权要求乙方在_____日内整改,逾期未整改的,甲方有权终止合同;造成甲方经济损失的,乙方应给予甲方经济赔偿。

(三)乙方违反本合同第七条的约定,擅自提高收费标准的,甲方及业主有权要求乙方清退;造成甲方、业主经济损失的,乙方应给予甲方、业主经济赔偿。

(四)甲乙任何一方无正当理由提前终止合同的,应向对方支付_____元的违约金;给对方造成经济损失超过违约金的,还应给予赔偿。

(五)其他:

第十一条 质量纠纷的约定

因房屋建筑质量、设备设施质量或安装技术等原因,达不到使用功能,造成重大事故的,由甲方承担责任并做善后处理。产生质量事故的直接原因,以有资质的鉴定部门的鉴定为准。

第十二条 不可抗力的约定

本合同执行期间,如遇不可抗力,致使合同无法履行时,双方应按法律规定及时协商解决。

第十三条　争议处理

本合同在履行中如发生争议,双方应协商解决或报请物业管理行政主管部门进行调解,协商或调解不成的,按下列第_____种方式处理:

1. 向_____仲裁委员会申请仲裁;

2. 向人们法院提起诉讼。

第十四条　合同附件

(一)双方对本合同的条款进行补充,以书面形式签订补充协议,补充协议与本合同具有同等效力。

(二)本合同附件均为合同有效组成部分。本合同及其附件内空格部分填写的文字与印刷文字具有同等效力。

本合同及其附件和补充协议中未规定的事宜,均遵照国家和本市有关法律、法规和规章执行。

第十五条　合同备案

(一)本合同正本连同补充协议和附件共_____页,一式三份,甲乙双方及物业管理行政主管部门(备案)各执一份,具有同等效力。

(二)本合同签订之日起 15 日内,甲方持本合同到市物业管理行政主管部门办理备案。

第十六条　其他约定事项

(一)_____

(二)_____

(三)_____

(四)_____

第十七条　合同责任及生效

(一)乙方提供服务的受益人为本物业的全体业主,本物业的全体业主应对履行本合同承担相应的责任。

(二)本合同自签订之日起生效。

(三)本合同经业主签订前期物业管理确认书后对其具有约束力。

委托方(开发建设单位):　　　　受托方(物业管理服务企业):

住所:　　　　　　　　　　　　住所:

法定代表人:　　　　　　　　　法定代表人:

委托代理人:　　　　　　　　　委托代理人:

邮政编码:　　　　　　　　　　邮政编码:

电话:　　　　　　　　　　　　电话:

传真:　　　　　　　　　　　　传真:

　　　　　　　年　月　日　　　　　　　　　年　月　日

物业构成细目

一、房屋建筑细目

表 3-47

楼　号	建筑面积(平方米)	结　构	总 层 数	备　注

总计:楼＿＿＿＿幢 门＿＿＿＿个

二、设备细目

表 3-48

项目内容	型　号	单　位	数　量	备　注

三、设施细目

表 3-49

项目内容	标　准	单　位	数　量	备　注

四、其他

表 3-50

_____

_____

_____

_____

_____

二十六、天津市物业管理服务合同示范文本

天津市物业管理服务合同

(JF—2003—008)

委托方(业主委员会以下简称甲方)：_____

业主委员会主任：_____　联系电话：_____

住所：_____　邮政编码：_____

受托方(物业管理服务企业以下简称乙方)：_____

法定代表人：_____　联系电话：_____

住所：_____　邮政编码：_____

营业执照号码：_____

企业资质证号：_____　资质等级：_____

根据《中华人民共和国合同法》、《天津市物业管理条例》等有关法律、法规的规定,甲乙双方遵循平等、自愿、公平、诚实信用的原则,经协商一致,甲方代表全体业主将_____(物业项目名称)委托乙方进行物业管理服务,订立本合同。

第一条　委托物业的基本情况

物业类型：_____

坐落位置：_____市_____区(县)_____道(路、街)_____号

四至:东_____　南_____

　　　西_____　北_____

占地面积：_____万 m²

建筑面积：_____万 m²

委托管理的物业构成细目见表 3-51～表 3-54。

第二条　物业管理服务事项

(一)房屋共用部位的维修、养护和管理,包括:主体结构(包括基础、墙体、柱、梁、楼板、屋顶)、楼梯间、电梯间、共用门厅、走廊通道、户外墙面、_____。

(二)房屋共用设施设备的维修、养护、运行和管理,包括:共用的下水管道、落水管、电梯、共用照明、楼内消防设施设备、_____。

(三)物业管理区域内共用设施和附属建筑物、构筑物的维修、养护和管理,包括:道路、化粪池、自行车棚、停车场、_____。

211

（四）共用绿地、水面、花木、建筑小品、＿＿＿＿＿＿＿＿＿＿＿的养护管理。

（五）公共环境卫生，包括公共场所及场地、房屋共用部位的清洁卫生、垃圾的收集、清运、＿＿＿＿＿＿＿＿＿＿＿＿＿＿＿＿＿＿。

（六）车辆行驶与停放秩序的管理服务。

（七）维护公共秩序，包括门岗执勤、巡视、＿＿＿＿＿＿＿＿＿＿＿＿＿＿＿＿。

（八）物业管理有关的文件、资料和业主情况的管理。

（九）乙方应当公示特约服务的内容、标准及收费标准，当业主提出上述委托服务要求时，乙方应当提供服务，业主应当按照规定付费。

（十）其他委托事项：

1. ＿＿＿＿＿＿＿＿＿＿＿＿＿＿＿＿＿＿＿＿＿＿＿＿＿＿＿

2. ＿＿＿＿＿＿＿＿＿＿＿＿＿＿＿＿＿＿＿＿＿＿＿＿＿＿＿

3. ＿＿＿＿＿＿＿＿＿＿＿＿＿＿＿＿＿＿＿＿＿＿＿＿＿＿＿

第三条　物业管理服务合同期限

物业管理服务合同期限为＿＿＿＿＿年。自＿＿＿＿＿年＿＿＿＿＿月＿＿＿＿＿日起至＿＿＿＿＿年＿＿＿＿＿月＿＿＿＿＿日终止。

第四条　甲方权利义务

（一）代表和维护全体业主合法权益；

（二）制定修改业主委员会章程和业主公约，监督业主遵守业主公约；

（三）审定乙方提交的物业管理服务方案及管理制度；

（四）审定乙方提出的物业管理服务年度计划、财务预算及财务报告；

（五）监督并配合乙方管理服务工作的实施及制度的执行；

（六）委托乙方管理维修基金的账目，决定维修基金的使用方案，并监督实施；

（七）决定涉及业主利益的其他重大事项；

（八）负责提供物业管理所需相关文件和资料；

（九）负责处理本合同生效前发生的遗留问题：

1. ＿＿＿＿＿＿＿＿＿＿＿＿＿＿＿＿＿＿＿＿＿＿＿＿＿＿＿

2. ＿＿＿＿＿＿＿＿＿＿＿＿＿＿＿＿＿＿＿＿＿＿＿＿＿＿＿

（十）其他：

＿＿＿＿＿＿＿＿＿＿＿＿＿＿＿＿＿＿＿＿＿＿＿＿＿＿＿＿＿

＿＿＿＿＿＿＿＿＿＿＿＿＿＿＿＿＿＿＿＿＿＿＿＿＿＿＿＿＿

第五条　乙方权利义务

（一）依照有关规定和本合同约定，制定物业管理服务制度，对物业及其环境、秩序进行管理；

（二）依照本合同约定向业主收取物业管理服务费；

（三）建立物业项目的管理档案；

（四）对业主违反国家和本市有关法律、法规和规章及业主公约的行为，进行劝阻制止，并向甲方和有关部门报告；

（五）对造成物业共用部位、共用设施设备损失的，代表业主要求责任人停止侵害、恢复原状、赔偿损失；

（六）不得将物业项目整体转让给其他物业管理服务企业管理，但可以将专项服务委托专业公司承担；

（七）负责编制物业的年度维修养护计划并组织实施；

（八）提前将装饰装修房屋的规定书面告知业主，当业主装饰装修房屋时，与其签订房屋装饰装修管理协议，并负责监督，对不符合安全要求和影响公共利益的，进行劝阻制止，责令改正；

（九）负责编制物业管理服务年度计划、财务预算及财务报告；

（十）每_____个月向全体业主公布一次物业管理服务费、场地占用费、利用物业共用部位共用设施所得受益收支账目；

（十一）对本物业的共用部位、设施及场地不得擅自占用和改变使用功能，如需在本物业内改、扩建或完善配套项目，经甲方和相关业主同意后报有关部门批准方可实施；

（十二）负责管理本项目共用部位、共用设施设备维修基金的账目；

（十三）自本合同终止时起 10 日内，向甲方办理下列移交事项：

1. 物业管理服务费、场地占用费、利用物业公共设施所得收益等余额和财务账册；

2. 物业及业主的有关情况资料；

3. 物业管理服务用房、场地和属于业主共同所有的其他财物。

（十四）协助公安部门维护本物业管理区域内治安秩序、制止违法行为。在本物业管理区域内发生治安案件或者各类灾害事故时，应当及时向公安和有关部门报告，并协助做好调查和救助工作。

（十五）接受全体业主的监督；

（十六）接受物业管理行政主管部门的监督指导；

（十七）其他：

_____

第六条　物业管理服务标准

（一）房屋外观：

_____

_____

（二）设备运行：

_____

_____

（三）房屋共用部位及共用设备的维修、养护：

_____

_____

（四）物业管理区域内共用设施、场地的维修、养护：

_____

_____

（五）环境卫生：

_____

_____

（六）绿化养护：

_____

_____

（七）车辆行驶与停放秩序管理：

_____

_____

（八）公共秩序管理：

_____

_____

（九）急修：_____

　　　　小修：_____

（十）业主对乙方的满意率达到_____

（十一）其他：

_____

_____

第七条　物业管理服务费用

（一）物业管理服务费

1. 本物业的物业管理服务费；住宅房屋按建筑面积每月每平方米_____元由业主负责交纳；非住宅房屋按建筑面积每月每平方米_____元由业主负责交纳；

　　配备电梯、消防、二次供水等机电设施的运行、维护、管理费用按建筑面积每月每平方米_____元，由业主交纳；

_____

_____

_____

2. 未出售的空置房屋的物业管理服务费由开发建设单位负责交纳；

3. 业主转让物业时，须交清转让之前的物业管理服务费用；

4. 交纳费用时间：

（1）开发建设单位每_____个月的_____日前交纳；

（2）业主每月_____日前交纳。

5. 业主会和业主委员会等活动经费按照每年_____从物业管理服务费中提取；

6. 开发建设单位或业主逾期交纳物业管理服务费的，从逾期之日起按每天应交物业管理服务费的万分之_____交纳滞纳金。

（二）车位使用费

车位使用费由车位使用人按下列标准交纳：

1. 机动车辆：

（1）_____

（2）_____

2. 非机动车辆_____

（三）代办服务费

乙方可以接受供水、供电、供热、供气、通信、有线电视、_____等有关部门委托，提供代办服务，代办服务费由委托方交纳。

第八条　物业管理服务用房

在合同生效之日起_____日内，甲方向乙方无偿提供并移交_____平方米建筑面积的物业管理服务用房、场地，乙方负责维修、养护，不得买卖和抵押；任何单位和个人不得占用或者改作他用。

第九条　物业及物业管理交接

自本合同生效之日起，由甲方委托乙方办理下列接管手续：

（一）文件和资料

1. 竣工总平面图，单体建筑、结构、设备的竣工图，附属配套设施、地下管网工程竣工图等资料；

2. 物业竣工验收资料；

3. 共用的设施、设备安装使用和维护保养技术资料；

4. 物业质量保证文件和使用说明文件；

5. 业主有关情况资料；

6. 物业管理需要的其他资料。

（二）财务账表：

1. 物业管理服务费、场地占用费、利用物业共用设施所得收益等余额和财务账册；

2. 物业管理服务用房、场地和属于业主共同所有的其他财物。

第十条　违约责任

（一）甲方违反合同第四条的约定，使乙方未完成规定的管理目标，乙方有权要求甲方解决，逾期未解决的，乙方有权终止合同；造成乙方经济损失的，甲方应给予乙方经济赔偿。

（二）乙方违反本合同第五、六条的约定，未能达到规定的管理目标，甲方有权要求乙方在_____日内整改，逾期未整改的，甲方有权终止合同；造成甲方经济损失的，乙方应给予甲方经济赔偿。

（三）乙方违反本合同第七条的约定，擅自提高收费标准的，甲方有权代表业主要求乙方清退；造成业主经济损失的，乙方应给予业主经济赔偿。

（四）合同期满，乙方未按规定时间向甲方办理移交事项，乙方向甲方支付违约金_____元。

（五）若相关业主拒绝、阻碍乙方对物业共用部位、共用设施设备进行维修养护，造成损失的，业主应当承担赔偿责任。

（六）甲乙任何一方无正当理由提前终止合同的，应向对方支付_____元的违约金；给对方造成经济损失超过违约金的，还应给予赔偿。

（七）其他：

_____

第十一条　质量纠纷的约定

因房屋建筑质量、设备设施质量或安装技术等原因，达不到使用功能，造成重大事故的，由甲方承担责任并做善后处理。产生质量事故的直接原因，以有资质的鉴定部门的鉴定为准。

第十二条　不可抗力的约定

本合同执行期间,如遇不可抗力,致使合同无法履行时,双方应按有关法律规定及时协商解决。

第十三条　争议处理

本合同在履行中如发生争议,双方应协商解决或报请物业管理行政主管部门进行调解,协商或调解不成的,按下列第_____种方式处理:

1. 向_____仲裁委员会申请仲裁;

2. 向人们法院提起诉讼。

第十四条　合同附件

(一)双方对本合同的条款进行补充,以书面形式签订补充协议,补充协议与本合同具有同等效力。

(二)本合同附件均为合同有效组成部分。本合同及其附件内空格部分填写的文字与印刷文字具有同等效力。

本合同及其附件和补充协议中未规定的事宜,均遵照国家和本市有关法律、法规和规章执行。

第十五条　合同备案

(一)本合同正本连同补充协议和附件共_____页,一式三份,甲乙双方及物业管理行政主管部门(备案)各执一份,具有同等效力。

(二)本合同签订之日起15日内,乙方持本合同到项目所属的区县物业管理行政主管部门办理备案。

第十六条　其他约定事项

(一)_____

(二)_____

(三)_____

(四)_____

第十七条　合同续约及生效

(一)本合同期限届满3个月前,乙方与甲方协商续约事宜,双方同意续约的,应当重新签订物业管理服务合同。

(二)本合同自签订之日起生效。

委托方(开发建设单位):　　　　受托方(物业管理服务企业):

住所:　　　　　　　　　　　　住所:

业主委员会主任:　　　　　　　法定代表人:

委托代理人:　　　　　　　　　委托代理人:

邮政编码:　　　　　　　　　　邮政编码:

电话:　　　　　　　　　　　　电话:

传真:　　　　　　　　　　　　传真:

　　　　　年　月　日　　　　　　　　年　月　日

物业构成细目

216

一、房屋建筑细目

表 3-51

楼　号	建筑面积(m²)	结　构	总层数	备注

　　总计:楼＿＿＿＿幢　门＿＿＿＿个

二、设备细目

表 3-52

项目内容	型　号	单　位	数量	备注

三、设施细目

表 3-53

项目内容	标　准	单　位	数量	备注

四、其他

表 3-54

_____

_____

_____

_____

_____

_____

二十七、房屋租赁合同示范文本

房屋租赁合同示范文本

颁布单位:国家工商管理局经济合同司

出租方:_____

承租方:_____

根据《中华人民共和国经济合同法》及有关规定,为明确出租方与承租方的权利义务关系,经双方协商一致,签订本合同。

第一条　房屋坐落_____,间数_____,面积_____,房屋质量_____。

第二条　租赁期限

租赁期共_____年零_____月,出租方从_____年_____月_____日起将出租房屋交付承租方使用,至_____年_____月_____日收回。

承租人有下列情形之一的,出租人可以终止合同、收回房屋:

1. 承租人擅自将房屋转租、转让或转借的;

2. 承租人利用承租房屋进行非法活动,损害公共利益的;

3. 承租人拖欠租金累计达_____个月的。

租赁合同如因期满而终止时,如承租人到期确实无法找到房屋,出租人应当酌情延长租赁期限。

如承租方逾期不搬迁,出租方有权向人民法院起诉和申请执行,出租方因此所受损失由承租方负责赔偿。

合同期满后,如出租方仍继续出租房屋的,承租方享有优先权。

第三条　租金和租金的交纳期限

租金的标准和交纳期限,按国家_____的规定执行(如国家没有统一规定的,此条由出租方和承租方协商确定,但不得任意抬高)。

第四条　租赁期间房屋修缮

修缮房屋是出租人的义务。出租人对房屋及其设备应每隔_____月(或年)认真检查、修缮一次,以保障承租人居住安全和正常使用。

出租人维修房屋时,承租人应积极协助,不得阻挠施工。出租人如确实无力修缮,可同承租人协商合修,届时承租人付出的修缮费用即用以充抵租金或由出租人分期偿还。

第五条　出租方与承租方的变更

1. 如果出租方将房产所有权转移给第三方时,合同对新的房产所有者继续有效。

2. 出租人出卖房屋,须在3个月前通知承租人。在同等条件下,承租人有优先购买权。

3. 承租人需要与第三人互换住房时,应事先征得出租人同意;出租人应当支持承租人的合理要求。

第六条　违约责任

1. 出租方未按前述合同条款的规定向承租人交付合乎要求的房屋的,负责赔偿_____元。

2. 出租方未按时交付出租房屋供承租人使用的,负责偿付违约金_____元。

3. 出租方未按时(或未按要求)修缮出租房屋的,负责偿付违约金_____元;如因此造成承租方人员人身受到伤害或财物受毁的,负责赔偿损失。

4. 承租方逾期交付租金的,除仍应及时如数补交外,应支付违约金_____元。

5. 承租方违反合同,擅自将承租房屋转给他人使用的,应支付违约金_____元;如因此造成承租房屋毁坏的,还应负责赔偿。

第七条　免责条件

房屋如因不可抗力的原因导致毁损和造成承租方损失的,双方互不承担责任。

第八条　争议的解决方式

本合同在履行中如发生争议,双方应协商解决;协商不成时,任何一方均可向工商局经济合同仲裁委员会申请调解或仲裁,也可以向人民法院起诉。

第九条　其他约定事项_____

_____

_____。

第十条　本合同未尽事宜,一律按《中华人民共和国经济合同法》的有关规定,经合同双方共同协商,作出补充规定,补充规定与本合同具有同等效力。

本合同正本一式2份,出租方、承租方各执1份;合同副本_____份,送_____单位备案。

出租方(盖章)　　　承租方(盖章):　　　鉴(公)证意见

地址:　　　　　　　地址:

法定代表人(签名):　法定代表人(签名):

委托代理人(签名):　委托代理人(签名):

开户银行:　　　　　开户银行:　　　　　经办人

账号:　　　　　　　账号:

电话:　　　　　　　电话:　　　　　　　鉴(公)证机关

电挂:　　　　　　　电挂:

邮政编码:　　　　　邮政编码:

签约地点:　　　　　签约时间:　　年　月　日

有效期限至　　年　月　日

附录一

城市新建住宅小区管理办法

中华人民共和国建设部令　第33号

第一条　为了加强城市新建住宅小区的管理，提高城市新建住宅小区的整体管理水平，为居民创造整洁、文明、安全、生活方便的居住环境，制定本办法。

第二条　本办法所称城市，是指国家按行政建制设立的直辖市、市、镇。

本办法所称新建住宅小区，是指达到一定规模，基础设施配套比较齐全的新建住宅小区（含居住小区、住宅组团，以下简称住宅小区）。

本办法所称住宅小区管理（以下简称小区管理），是指对住宅小区内的房屋建筑及其设备、市政公用设施、绿化、卫生、交通、治安和环境容貌等管理项目进行维护、修缮与整治。

第三条　房地产行政主管部门负责小区管理的归口管理工作；市政、绿化、卫生、交通、治安、供水、供气、供热等行政主管部门和住宅小区所在地人民政府按职责分工，负责小区管理中有关工作的监督与指导。

第四条　住宅小区应当逐步推行社会化、专业化的管理模式。由物业管理公司统一实施专业化管理。

第五条　房地产开发企业在出售住宅小区房屋前，应当选聘物业管理公司承担住宅小区的管理，并与其签订物业管理合同。

住宅小区在物业管理公司负责管理前，由房地产开发企业负责管理。

第六条　住宅小区应当成立住宅小区管理委员会（以下简称管委会）。

管委会是在房地产行政主管部门指导下，由住宅小区内房地产产权人和使用人选举的代表组成，代表和维护住宅小区内房地产产权人和使用人的合法权益。

第七条　管委会的权利：

（一）制定管委会章程，代表住宅小区内的产权人、使用人，维护房地产产权人和使用人的合法权利；

（二）决定选聘或续聘物业管理公司；

（三）审议物业管理公司制订的年度管理计划和小区管理服务的重大措施；

（四）检查、监督各项管理工作的实施及规章制度的执行。

管委会的义务：

（一）根据房地产产权人和使用人的意见和要求，对物业管理公司的管理工作进行检查和监督；

（二）协助物业管理公司落实各项管理工作；

（三）接受住宅小区内房地产产权人和使用人的监督；

（四）接受房地产行政主管部门、各有关行政主管部门及住宅小区所在地人民政府的监督指导。

第八条　物业管理公司的权利：

（一）物业管理公司应当根据有关法规，结合实际情况，制定小区管理办法；

（二）依照物业管理合同和管理办法对住宅小区实施管理；

（三）依照物业管理合同和有关规定收取管理费用；

（四）有权制止违反规章制度的行为；

（五）有权要求管委会协助管理；

（六）有权选聘专营公司（如清洁公司、保安公司等）承担专项管理业务；

（七）可以实行多种经营，以其收益补充小区管理经费。

物业管理公司的义务：

（一）履行物业管理合同，依法经营；

（二）接受管委会和住宅小区内居民的监督；

（三）重大的管理措施应当提交管委会审议，并经管委会认可；

（四）接受房地产行政主管部门、有关行政主管部门及住宅小区所在地人民政府的监督指导。

物业管理公司需向工商行政管理部门申请注册登记，领取营业执照后，方可开业。

第九条 物业管理公司可享受国家对第三产业的优惠政策。

第十条 物业管理合同应当明确：

（一）管理项目；

（二）管理内容；

（三）管理费用；

（四）双方权利和义务；

（五）合同期限；

（六）违约责任；

（七）其他。

第十一条 物业管理合同和小区管理办法，应报房地产行政主管部门备案。

第十二条 房地产开发企业在办理售房手续时，应在买卖合同中对房地产产权人有承诺遵守小区管理办法的约定。房地产产权人与使用人分离时，应在租赁合同中对使用人有承诺遵守小区管理办法的约定。

第十三条 住宅小区内的房地产产权人和使用人，应当遵守小区管理办法，按规定交纳管理费用，不得妨碍、阻挠管理人员履行职责，并有权参与监督住宅小区的管理。

第十四条 房地产产权人和使用人违反本办法规定，有下列行为之一的，由物业管理公司予以制止、批评教育、责令恢复原状、赔偿损失；

（一）擅自改变小区内土地用途的；

（二）擅自改变房屋、配套设施的用途、结构、外观，毁损设施、设备，危及房屋安全的；

（三）私搭乱建，乱停乱放车辆，在房屋共用部位乱堆乱放，随意占用、破坏绿化、污染环境、影响住宅小区景观，噪声扰民的；

（四）不照章交纳各种费用的。

第十五条 物业管理公司违反本办法规定，有下列行为之一的，房地产产权人和使用人有权投诉；管委会有权制止，并要求其限期改正；房地产行政主管部门可对其予以警告、责令限期改正、赔偿损失，并可处以罚款：

（一）房屋及公用设施、设备修缮不及时的；

（二）管理制度不健全，管理混乱的；

（三）擅自扩大收费范围，提高收费标准的；

（四）私搭乱建，改变房地产和公用设施用途的；

（五）不履行物业管理合同及管理办法规定义务的。

第十六条 本办法生效前，未按本办法实施管理的住宅小区可参照本办法执行。

第十七条 各省、自治区、直辖市人民政府房地产行政主管部门可根据本办法制定实施细则。

第十八条 本办法由建设部负责解释。

第十九条 本办法自一九九四年四月一日起施行。

附录二

中华人民共和国城市房地产管理法

中华人民共和国主席令 第 29 号

第一章 总 则

第一条 为了加强对城市房地产的管理,维护房地产市场秩序,保障房地产权利人的合法权益,促进房地产业的健康发展,制定本法。

第二条 在中华人民共和国城市规划区国有土地(以下简称国有土地)范围内取得房地产开发用地的土地使用权,从事房地产开发、房地产交易,实施房地产管理,应当遵守本法。

本法所称房屋,是指土地上的房屋等建筑物及构筑物。

本法所称房地产开发,是指在依据本法取得国有土地使用权的土地上进行基础设施、房屋建设的行为。

本法所称房地产交易,包括房地产转让、房地产抵押和房屋租赁。

第三条 国家依法实行国有土地有偿、有限期使用制度。但是,国家在本法规定的范围内划拨国有土地使用权的除外。

第四条 国家根据社会、经济发展水平,扶持发展居民住宅建设,逐步改善居民的居住条件。

第五条 房地产权利人应当遵守法律和行政法规,依法纳税。房地产权利人的合法权益受法律保护,任何单位和个人不得侵犯。

第六条 国务院建设行政主管部门、土地管理部门依照国务院规定的职权划分,各司其职,密切配合,管理全国房地产工作。

第二章 房地产开发用地

第一节 土地使用权出让

第七条 土地使用权出让,是指国家将国有土地使用权(以下简称土地使用权)在一定年限内出让给土地使用者,由土地使用者向国家支付土地使用权出让金的行为。

第八条 城市规划区内的集体所有的土地,经依法征用转为国有土地后,该幅国有土地的使用权方可有偿出让。

第九条 土地使用权出让,必须符合土地利用总体规划、城市规划和年度建设用地计划。

第十条 县级以上地方人民政府出让土地使用权用于房地产开发的,须根据省级以上人民政府下达的控制指标拟订年度出让土地使用权总面积方案,按照国务院规定,报国务院或者省级人民政府批准。

第十一条 土地使用权出让,由市、县人民政府有计划、有步骤地进行。出让的每幅地块、用途、年限和其他条件,由市、县人民政府土地管理部门会同城市规划、建设、房产管理部门共同拟定方案,按照国务院规定,报经有批准权的人民政府批准后,由市、县人民政府土地管理部门实施。

直辖市的县人民政府及其有关部门行使前款规定的权限,由直辖市人民政府规定。

第十二条 土地使用权出让,可以采取拍卖、招标或者双方协议的方式。

商业、旅游、娱乐和豪华住宅用地,有条件的,必须采取拍卖、招标方式;没有条件,不能采取拍卖、招标方式的,可以采取双方协议的方式。

采取双方协议方式出让土地使用权的出让金不得低于按国家规定所确定的最低价。

第十三条 土地使用权出让最高年限由国务院规定。

第十四条 土地使用权出让,应当签订书面出让合同。

土地使用权出让合同由市、县人民政府土地管理部门与土地使用者签订。

第十五条 土地使用者必须按照出让合同约定,支付土地使用权出让金;未按照出让合同约定支付土地使用权出让金的,土地管理部门有权解除合同,并可以请求违约赔偿。

第十六条 土地使用者按照出让合同约定支付土地使用权出让金的,市、县人民政府土地管理部门必须按照出让合同约定,提供出让的土地;未按照出让合同约定提供出让的土地的,土地使用者有权解除合同,由土地管理部门返还土地使用权出让金,土地使用者并可以请求违约赔偿。

第十七条 土地使用者需要改变土地使用权出让合同约定的土地用途的,必须取得出让方和市、县人民政府城市规划行政主管部门的同意,签订土地使用权出让合同变更协议或者重新签订土地使用权出让合同,相应调整土地使用权出让金。

第十八条 土地使用权出让金应当全部上缴财政,列入预算,用于城市基础设施建设和土地开发。土地使用权出让金上缴和使用的具体办法由国务院规定。

第十九条 国家对土地使用者依法取得的土地使用权,在出让合同约定的使用年限届满前不收回;在特殊情况下,根据社会公共利益的需要,可以依照法律程序提前收回,并根据土地使用者使用土地的实际年限和开发土地的实际情况给予相应的补偿。

第二十条 土地使用权因土地灭失而终止。

第二十一条 土地使用权出让合同约定的使用年限届满,土地使用者需要继续使用土地的,应当至迟于届满前一年申请续期,除根据社会公共利益需要收回该幅土地的,应当予以批准。经批准准予续期的,应当重新签订土地使用权出让合同,依照规定支付土地使用权出让金。

土地使用权出让合同约定的使用年限届满,土地使用者未申请续期或者虽申请续期但依照前款规定未获批准的,土地使用权由国家无偿收回。

第二节　土地使用权划拨

第二十二条 土地使用权划拨,是指县级以上人民政府依法批准,在土地使用者缴纳补偿、安置等费用后将该幅土地交付其使用,或者将土地使用权无偿交付给土地使用者使用的行为。

依照本法规定以划拨方式取得土地使用权的,除法律、行政法规另有规定外,没有使用期限的限制。

第二十三条 下列建设用地的土地使用权,确属必需的,可以由县级以上人民政府依法批准划拨。

(一)国家机关用地和军事用地;

（二）城市基础设施用地和公益事业用地；

（三）国家重点扶持的能源、交通、水利等项目用地；

（四）法律、行政法规规定的其他用地。

第三章　房地产开发

第二十四条　房地产开发必须严格执行城市规划，按照经济、社会效益、环境效益相统一的原则，实行全面规划、合理布局、综合开发、配套建设。

第二十五条　以出让方式取得土地使用权进行房地产开发的，必须按照土地使用权出让合同约定的土地用途、动工开发期限开发土地。超过出让合同约定的动工开发日期满1年未动工开发的，可以征收相当于土地使用权出让金20％以下的土地闲置费；满2年未动工开发的，可以无偿收回土地使用权；但是，因不可抗力或者政府、政府有关部门的行为或者动工开发必需的前期工作造成动工开发迟延的除外。

第二十六条　房地产开发项目的设计、施工，必须符合国家的有关标准和规范。

房地产开发项目竣工，经验收合格后，方可交付使用。

第二十七条　依法取得的土地使用权，可以依照本法和有关法律、行政法规的规定，作价入股、合资、合作开发经营房地产。

第二十八条　国家采取税收等方面的优惠措施鼓励和扶持房地产开发企业开发建设居民住宅。

第二十九条　房地产开发企业是以营利为目的，从事房地产开发和经营的企业。设立房地产开发企业，应当具备下列条件：

（一）有自己的名称和组织机构；

（二）有固定的经营场所；

（三）有符合国务院规定的注册资本；

（四）有足够的专业技术人员；

（五）法律、行政法规规定的其他条件。

设立房地产开发企业，应当向工商行政管理部门申请设立登记。工商行政管理部门对符合本法规定条件的，应当予以登记，发给营业执照；对不符合本法规定条件的，不予登记。

设立有限责任公司、股份有限公司，从事房地产开发经营的，还应当执行公司法的有关规定。

房地产开发企业在领取营业执照后的一个月内，应当到登记机关所在地的县级以上地方人民政府规定的部门备案。

第三十条　房地产开发企业的注册资本与投资总额的比例应当符合国家有关规定。

房地产开发企业分期开发房地产的，分期投资额应当与项目规模相适应，并按照土地使用权出让合同的规定，按期投入资金，用于项目建设。

第四章　房地产交易

第一节　一般规定

第三十一条　房地产转让、抵押时，房屋的所有权和该房屋占用范围内的土地使用权同时转让、抵押。

第三十二条　基准地价、标定地价和各类房屋的重置价格应当定期确定并公布。具体办法由国务院规定。

第三十三条　国家实行房地产价格评估制度。

房地产价格评估，应当遵循公正、公平、公开的原则，按照国家规定的技术标准和评估程序，以基准地价标定地价和各类房屋的重置价格为基础，参照当地的市场价格进行评估。

第三十四条　国家实行房地产成交价格申报制度。

房地产权利人转让房地产，应当向县级以上地方人民政府规定的部门如实申报成交价，不得瞒报或者作不实的申报。

第三十五条　房地产转让、抵押，当事人应当依照本法第五章的规定办理权属登记。

第二节　房 地 产 转 让

第三十六条　房地产转让，是指房地产权利人通过买卖、赠与或者其他合法方式将其房地产转移给他人的行为。

第三十七条　下列房地产，不得转让：

（一）以出让方式取得土地使用权的，不符合本法第三十八条规定的条件的；

（二）司法机关和行政机关依法裁定、决定查封或者以其他形式限制房地产权利的；

（三）依法收回土地使用权的；

（四）共有房地产，未经其他共有人书面同意的；

（五）权属有争议的；

（六）未依法登记领取权属证书的；

（七）法律、行政法规规定禁止转让的其他情形。

第三十八条　以出让方式取得土地使用权的，转让房地产时，应当符合下列条件：

（一）按照出让合同约定已经支付全部土地使用权出让金，并取得土地使用权证书；

（二）按照出让合同约定进行投资开发，属于房屋建设工程的，完成开发投资总额的25％以上，属于成片开发土地的，形成工业用地或者其他建设用地条件。

转让房地产时房屋已经建成的，还应当持有房屋所有权证书。

第三十九条　以划拨方式取得土地使用权的，转让房地产时，应当按照国务院规定，报有批准权的人民政府审批。有批准权的人民政府准予转让的，应当由受让方办理土地使用权出让手续，并依照国家有关规定缴纳土地使用权出让金。

以划拨方式取得土地使用权的，转让房地产报批时，有批准权的人民政府按照国务院规定决定可以不办理土地使用权出让手续的，转让方应当按照国务院规定将转让房地产所获收益中的土地收益上缴国家或者作其他处理。

第四十条　房地产转让，应当签订书面转让合同，合同中应当载明土地使用权取得的方式。

第四十一条　房地产转让时，土地使用权出让合同载明的权利、义务随之转移。

第四十二条　以出让方式取得土地使用权的，转让房地产后，其土地使用权的使用年限为原土地使用权出让合同约定的年限减去原土地使用者已经使用年限后的剩余年限。

第四十三条　以出让方式取得土地使用权的，转让房地产后，受让人改变原土地使用权出让合同约定的土地用途的,必须取得原出让方和市、县人民政府城市规划行政主管部门的同意,签订土地使用权出让合同变更协议或者重新签订土地使用权出让合同,相应调整土地使用权出让金。

第四十四条 商品房预售,应当符合下列条件:

(一)已交付全部土地使用权出让金,取得土地使用权证书;

(二)持有建设工程规划许可证;

(三)按提供预售的商品房计算,投入开发建设的资金达到工程建设总投资的 25% 以上,并已经确定施工进度和竣工交付日期;

(四)向县级以上人民政府房产管理部门办理预售登记,取得商品房预售许可证明。

商品房预售人应当按照国家有关规定将预售合同报县级以上人民政府房产管理部门和土地管理部门登记备案。

商品房预售所得款项,必须用于有关的工程建设。

第四十五条 商品房预售的,商品房预购人将购买的未竣工的预售商品房再行转让的问题,由国务院规定。

第三节 房地产抵押

第四十六条 房地产抵押,是指抵押人以其合法的房地产以不转移占有的方式向抵押权人提供债务履行担保的行为。债务人不履行债务时,抵押权人有权依法以抵押的房地产拍卖所得的价款优先受偿。

第四十七条 依法取得的房屋所有权连同该房屋占用范围内的土地使用权,可以设定抵押权。

以出让方式取得的土地使用权,可以设定抵押权。

第四十八条 房地产抵押,应当凭土地使用权证书、房屋所有权证书办理。

第四十九条 房地产抵押,抵押人和抵押权人应当签订书面抵押合同。

第五十条 设定房地产抵押权的土地使用权是以划拨方式取得的,依法拍卖该房地产后,应当从拍卖所得的价款中缴纳相当于应缴纳的土地使用权出让金的款额后,抵押权人方可优先受偿。

第五十一条 房地产抵押合同签订后,土地上新增的房屋不属于抵押财产。需要拍卖该抵押的房地产时,可以依法将土地上新增的房屋与抵押财产一同拍卖,但对拍卖新增房屋所得,抵押权人无权优先受偿。

第四节 房 屋 租 赁

第五十二条 房屋租赁,是指房屋所有权人作为出租人将其房屋出租给承租人使用,由承租人向出租人支付租金的行为。

第五十三条 房屋租赁,出租人和承租人应当签订书面租赁合同,约定租赁期限、租赁用途、租赁价格、修缮责任等条款,以及双方的其他权利和义务,并向房产管理部门登记备案。

第五十四条 住宅用房的租赁,应当执行国家和房屋所在城市人民政府规定的租赁政策。租用房屋从事生产、经营活动的,由租赁双方协商议定租金和其他租赁条款。

第五十五条 以营利为目的,房屋所有权人将以划拨方式取得使用权的国有土地上建成的房屋出租的,应当将租金中所含土地收益上缴国家。具体办法由国务院规定。

第五节 中介服务机构

第五十六条 房地产中介服务机构包括房地产咨询机构、房地产价格评估机构、房地产经纪机构等。

第五十七条 房地产中介服务机构应当具备下列条件:

(一)有自己的名称和组织机构;

(二)有固定的服务场所;

(三)有必要的财产和经费;

(四)有足够数量的专业人员;

(五)法律、行政法规规定的其他条件。

设立房地产中介服务机构,应当向工商行政管理部门申请设立登记,领取营业执照后,方可开业。

第五十八条 国家实行房地产价格评估人员资格认证制度。

第五章 房地产权属登记

第五十九条 国家实行土地使用权和房屋所有权登记发证制度。

第六十条 以出让或者划拨方式取得土地使用权,应当向县级以上地方人民政府土地管理部门申请登记,经县级以上地方人民政府土地管理部门核实,由同级人民政府颁发土地使用权证书。

在依法取得的房地产开发用地上建成房屋的,应当凭土地使用权证书向县级以上地方人民政府房产管理部门申请登记,由县级以上地方人民政府房产管理部门核实并颁发房屋所有权证书。

房地产转让或者变更时,应当向县级以上地方人民政府房产管理部门申请房产变更登记,并凭变更后的房屋所有权证书向同级人民政府土地管理部门申请土地使用权变更登记,经同级人民政府土地管理部门核实,由同级人民政府更换或者更改土地使用权证书。

法律另有规定的,依照有关法律的规定办理。

第六十一条 房地产抵押时,应当向县级以上地方人民政府规定的部门办理抵押登记。

因处分抵押房地产而取得土地使用权和房屋所有权的,应当依照本章规定办理过户登记。

第六十二条 经省、自治区、直辖市人民政府确定,县级以上地方人民政府由一个部门统一负责房产管理和土地管理工作的,可以制作、颁发统一的房地产权证书,依照本法第六十条的规定,将房屋的所有权和该房屋占用范围内的土地使用权的确认和变更,分别载入房地产权证书。

第六章 法 律 责 任

第六十三条 违反本法第十条、第十一条的规定,擅自批准出让或者擅自出让土地使用权用于房地产开发的,由上级机关或者所在单位给予有关责任人员行政处分。

第六十四条 违反本法第二十九条的规定,未取得营业执照擅自从事房地产开发业务的,由县级以上人民政府工商行政管理部门责令停止房地产开发业务活动,没收违法所得,可以并处罚款。

第六十五条 违反本法第三十八条第一款的规定转让土地使用权的,由县级以上人民政府土地管理部门没收违法所得,可以并处罚款。

第六十六条 违反本法第三十九条第一款的规定转让房地产的,有县级以上人民政府土地管理部门责令缴纳土地使用权出让金,没收违法所得,可以并处罚款。

第六十七条 违反本法第四十四条第一款的规定预售商品房的,由县级以上人民政府房产管理部门责令停止预售活动,没收违法所得,可以并处罚款。

第六十八条 违反本法第五十七条的规定,未取得营业执照擅自从事房地产中介服务业务的,由县级以上人民政府工商行政管理部门责令停止房地产中介服务业务活动,没收违法所得,可以并处罚款。

第六十九条 没有法律、法规的依据,向房地产开发企业收费的,上级机关应当责令退回所收取的钱款;情节严重的,由上级机关或者所在单位给予直接责任人员行政处分。

第七十条 房地产管理部门、土地管理部门工作人员玩忽职守、滥用职权,构成犯罪的,依法追究刑事责任;不构成犯罪的,给予行政处分。

房产管理部门、土地管理部门工作人员利用职务上的便利,索取他人财物,或者非法收受他人财物为他人谋利益,构成犯罪的,依照惩治贪污罪贿赂罪的补充规定追究刑事责任;不构成犯罪的,给予行政处分。

第七章 附 则

第七十一条 在城市规划区外的国有土地范围内取得房地产开发用地的土地使用权,从事房地产开发、交易活动以及实施房地产管理,参照本法执行。

第七十二条 本法自 1995 年 1 月 1 日起施行。

附录三

物业管理条例

中华人民共和国国务院令　第 379 号

第一章　总　则

第一条　为了规范物业管理活动,维护业主和物业管理企业的合法权益,改善人民群众的生活和工作环境,制定本条例。

第二条　本条例所称物业管理,是指业主通过选聘物业管理企业,由业主和物业管理企业按照物业服务合同约定,对房屋及配套的设施设备和相关场地进行维修、养护、管理,维护相关区域内的环境卫生和秩序的活动。

第三条　国家提倡业主通过公开、公平、公正的市场竞争机制选择物业管理企业。

第四条　国家鼓励物业管理采用新技术、新方法,依靠科技进步提高管理和服务水平。

第五条　国务院建设行政主管部门负责全国物业管理活动的监督管理工作。

县级以上地方人民政府房地产行政主管部门负责本行政区域内物业管理活动的监督管理工作。

第二章　业主及业主大会

第六条　房屋的所有权人为业主。

业主在物业管理活动中,享有下列权利:

(一) 按照物业服务合同的约定,接受物业管理企业提供的服务;

(二) 提议召开业主大会会议,并就物业管理的有关事项提出建议;

(三) 提出制定和修改业主公约、业主大会议事规则的建议;

(四) 参加业主大会会议,行使投票权;

(五) 选举业主委员会委员,并享有被选举权;

(六) 监督业主委员会的工作;

(七) 监督物业管理企业履行物业服务合同;

(八) 对物业共用部位、共用设施设备和相关场地使用情况享有知情权和监督权;

(九) 监督物业共用部位、共用设施设备专项维修资金(以下简称专项维修资金)的管理和使用;

(十) 法律、法规规定的其他权利。

第七条　业主在物业管理活动中,履行下列义务:

(一) 遵守业主公约、业主大会议事规则;

(二) 遵守物业管理区域内物业共用部位和共用设施设备的使用、公共秩序和环境卫生的维护等方面的规章制度;

(三) 执行业主大会的决定和业主大会授权业主委员会作出的决定;

（四）按照国家有关规定交纳专项维修资金；

（五）按时交纳物业服务费用；

（六）法律、法规规定的其他义务。

第八条 物业管理区域内全体业主组成业主大会。

业主大会应当代表和维护物业管理区域内全体业主在物业管理活动中的合法权益。

第九条 一个物业管理区域成立一个业主大会。

物业管理区域的划分应当考虑物业的共用设施设备、建筑物规模、社区建设等因素。具体办法由省、自治区、直辖市制定。

第十条 同一个物业管理区域内的业主，应当在物业所在地的区、县人民政府房地产行政主管部门的指导下成立业主大会，并选举产生业主委员会。但是，只有一个业主的，或者业主人数较少且经全体业主一致同意，决定不成立业主大会的，由业主共同履行业主大会、业主委员会职责。

业主在首次业主大会会议上的投票权，根据业主拥有物业的建筑面积、住宅套数等因素确定。具体办法由省、自治区、直辖市制定。

第十一条 业主大会履行下列职责：

（一）制定、修改业主公约和业主大会议事规则；

（二）选举、更换业主委员会委员，监督业主委员会的工作；

（三）选聘、解聘物业管理企业；

（四）决定专项维修资金使用、续筹方案，并监督实施；

（五）制定、修改物业管理区域内物业共用部位和共用设施设备的使用、公共秩序和环境卫生的维护等方面的规章制度；

（六）法律、法规或者业主大会议事规则规定的其他有关物业管理的职责。

第十二条 业主大会会议可以采用集体讨论的形式，也可以采用书面征求意见的形式；但应当有物业管理区域内持有 1/2 以上投票权的业主参加。

业主可以委托代理人参加业主大会会议。

业主大会作出决定，必须经与会业主所持投票权 1/2 以上通过。业主大会作出制定和修改业主公约、业主大会议事规则，选聘和解聘物业管理企业，专项维修资金使用和续筹方案的决定，必须经物业管理区域内全体业主所持投票权 2/3 以上通过。

业主大会的决定对物业管理区域内的全体业主具有约束力。

第十三条 业主大会会议分为定期会议和临时会议。

业主大会定期会议应当按照业主大会议事规则的规定召开。经 20% 以上的业主提议，业主委员会应当组织召开业主大会临时会议。

第十四条 召开业主大会会议，应当于会议召开 15 日以前通知全体业主。

住宅小区的业主大会会议，应当同时告知相关的居民委员会。

业主委员会应当做好业主大会会议记录。

第十五条 业主委员会是业主大会的执行机构，履行下列职责：

（一）召集业主大会会议，报告物业管理的实施情况；

（二）代表业主与业主大会选聘的物业管理企业签订物业服务合同；

（三）及时了解业主、物业使用人的意见和建议，监督和协助物业管理企业履行物业服务合同；

（四）监督业主公约的实施；

（五）业主大会赋予的其他职责。

第十六条 业主委员会应当自选举产生之日起 30 日内，向物业所在地的区、县人民政府房地产行政主管部门备案。

业主委员会委员应当由热心公益事业、责任心强、具有一定组织能力的业主担任。

业主委员会主任、副主任在业主委员会委员中推选产生。

第十七条 业主公约应当对有关物业的使用、维护、管理，业主的共同利益，业主应当履行的义务，违反公约应当承担的责任等事项依法作出约定。

业主公约对全体业主具有约束力。

第十八条 业主大会议事规则应当就业主大会的议事方式、表决程序、业主投票权确定办法、业主委员会的组成和委员任期等事项作出约定。

第十九条 业主大会、业主委员会应当依法履行职责，不得作出与物业管理无关的决定，不得从事与物业管理无关的活动。

业主大会、业主委员会作出的决定违反法律、法规的，物业所在地的区、县人民政府房地产行政主管部门，应当责令限期改正或者撤销其决定，并通告全体业主。

第二十条 业主大会、业主委员会应当配合公安机关，与居民委员会相互协作，共同做好维护物业管理区域内的社会治安等相关工作。

在物业管理区域内，业主大会、业主委员会应当积极配合相关居民委员会依法履行自己的管理职责，支持居民委员会开展工作，并接受其指导和监督。

住宅小区的业主大会、业主委员会作出的决定，应当告知相关的居民委员会，并认真听取居民委员会的建议。

第三章　前期物业管理

第二十一条 在业主、业主大会选聘物业管理企业之前，建设单位选聘物业管理企业的，应当签订书面的前期物业服务合同。

第二十二条 建设单位应当在销售物业之前，制定业主临时公约，对有关物业的使用、维护、管理，业主的共同利益，业主应当履行的义务，违反公约应当承担的责任等事项依法作出约定。

建设单位制定的业主临时公约，不得侵害物业买受人的合法权益。

第二十三条 建设单位应当在物业销售前将业主临时公约向物业买受人明示，并予以说明。

物业买受人在与建设单位签订物业买卖合同时，应当对遵守业主临时公约予以书面承诺。

第二十四条 国家提倡建设单位按照房地产开发与物业管理相分离的原则，通过招投标的方式选聘具有相应资质的物业管理企业。

住宅物业的建设单位，应当通过招投标的方式选聘具有相应资质的物业管理企业；投标人少于 3 个或者住宅规模较小的，经物业所在地的区、县人民政府房地产行政主管部门批准，可以采用协议方式选聘具有相应资质的物业管理企业。

第二十五条　建设单位与物业买受人签订的买卖合同应当包含前期物业服务合同约定的内容。

第二十六条　前期物业服务合同可以约定期限；但是，期限未满、业主委员会与物业管理企业签订的物业服务合同生效的，前期物业服务合同终止。

第二十七条　业主依法享有的物业共用部位、共用设施设备的所有权或者使用权，建设单位不得擅自处分。

第二十八条　物业管理企业承接物业时，应当对物业共用部位、共用设施设备进行查验。

第二十九条　在办理物业承接验收手续时，建设单位应当向物业管理企业移交下列资料：

（一）竣工总平面图，单体建筑、结构、设备竣工图，配套设施、地下管网工程竣工图等竣工验收资料；

（二）设施设备的安装、使用和维护保养等技术资料；

（三）物业质量保修文件和物业使用说明文件；

（四）物业管理所必需的其他资料。

物业管理企业应当在前期物业服务合同终止时将上述资料移交给业主委员会。

第三十条　建设单位应当按照规定在物业管理区域内配置必要的物业管理用房。

第三十一条　建设单位应当按照国家规定的保修期限和保修范围，承担物业的保修责任。

第四章　物业管理服务

第三十二条　从事物业管理活动的企业应当具有独立的法人资格。

国家对从事物业管理活动的企业实行资质管理制度。具体办法由国务院建设行政主管部门制定。

第三十三条　从事物业管理的人员应当按照国家有关规定，取得职业资格证书。

第三十四条　一个物业管理区域由一个物业管理企业实施物业管理。

第三十五条　业主委员会应当与业主大会选聘的物业管理企业订立书面的物业服务合同。

物业服务合同应当对物业管理事项、服务质量、服务费用、双方的权利义务、专项维修资金的管理与使用、物业管理用房、合同期限、违约责任等内容进行约定。

第三十六条　物业管理企业应当按照物业服务合同的约定，提供相应的服务。

物业管理企业未能履行物业服务合同的约定，导致业主人身、财产安全受到损害的，应当依法承担相应的法律责任。

第三十七条　物业管理企业承接物业时，应当与业主委员会办理物业验收手续。

业主委员会应当向物业管理企业移交本条例第二十九条第一款规定的资料。

第三十八条　物业管理用房的所有权依法属于业主。未经业主大会同意，物业管理企业不得改变物业管理用房的用途。

第三十九条　物业服务合同终止时，物业管理企业应当将物业管理用房和本条例第二十九条第一款规定的资料交还给业主委员会。

物业服务合同终止时,业主大会选聘了新的物业管理企业的,物业管理企业之间应当做好交接工作。

第四十条　物业管理企业可以将物业管理区域内的专项服务业务委托给专业性服务企业,但不得将该区域内的全部物业管理一并委托给他人。

第四十一条　物业服务收费应当遵循合理、公开以及费用与服务水平相适应的原则,区别不同物业的性质和特点,由业主和物业管理企业按照国务院价格主管部门会同国务院建设行政主管部门制定的物业服务收费办法,在物业服务合同中约定。

第四十二条　业主应当根据物业服务合同的约定交纳物业服务费用。业主与物业使用人约定由物业使用人交纳物业服务费用的,从其约定,业主负连带交纳责任。

已竣工但尚未出售或者尚未交给物业买受人的物业,物业服务费用由建设单位交纳。

第四十三条　县级以上人民政府价格主管部门会同同级房地产行政主管部门,应当加强对物业服务收费的监督。

第四十四条　物业管理企业可以根据业主的委托提供物业服务合同约定以外的服务项目,服务报酬由双方约定。

第四十五条　物业管理区域内,供水、供电、供气、供热、通讯、有线电视等单位应当向最终用户收取有关费用。

物业管理企业接受委托代收前款费用的,不得向业主收取手续费等额外费用。

第四十六条　对物业管理区域内违反有关治安、环保、物业装饰装修和使用等方面法律、法规规定的行为,物业管理企业应当制止,并及时向有关行政管理部门报告。

有关行政管理部门在接到物业管理企业的报告后,应当依法对违法行为予以制止或者依法处理。

第四十七条　物业管理企业应当协助做好物业管理区域内的安全防范工作。发生安全事故时,物业管理企业在采取应急措施的同时,应当及时向有关行政管理部门报告,协助做好救助工作。

物业管理企业雇请保安人员的,应当遵守国家有关规定。保安人员在维护物业管理区域内的公共秩序时,应当履行职责,不得侵害公民的合法权益。

第四十八条　物业使用人在物业管理活动中的权利义务由业主和物业使用人约定,但不得违反法律、法规和业主公约的有关规定。

物业使用人违反本条例和业主公约的规定,有关业主应当承担连带责任。

第四十九条　县级以上地方人民政府房地产行政主管部门应当及时处理业主、业主委员会、物业使用人和物业管理企业在物业管理活动中的投诉。

第五章　物业的使用与维护

第五十条　物业管理区域内按照规划建设的公共建筑和共用设施,不得改变用途。

业主依法确需改变公共建筑和共用设施用途的,应当在依法办理有关手续后告知物业管理企业;物业管理企业确需改变公共建筑和共用设施用途的,应当提请业主大会讨论决定同意后,由业主依法办理有关手续。

第五十一条　业主、物业管理企业不得擅自占用、挖掘物业管理区域内的道路、场地,损害业主的共同利益。

因维修物业或者公共利益,业主确需临时占用、挖掘道路、场地的,应当征得业主委员会和物业管理企业的同意;物业管理企业确需临时占用、挖掘道路、场地的,应当征得业主委员会的同意。

业主、物业管理企业应当将临时占用、挖掘的道路、场地,在约定期限内恢复原状。

第五十二条 供水、供电、供气、供热、通讯、有线电视等单位,应当依法承担物业管理区域内相关管线和设施设备维修、养护的责任。

前款规定的单位因维修、养护等需要,临时占用、挖掘道路、场地的,应当及时恢复原状。

第五十三条 业主需要装饰装修房屋的,应当事先告知物业管理企业。

物业管理企业应当将房屋装饰装修中的禁止行为和注意事项告知业主。

第五十四条 住宅物业、住宅小区内的非住宅物业或者与单幢住宅楼结构相连的非住宅物业的业主,应当按照国家有关规定交纳专项维修资金。

专项维修资金属业主所有,专项用于物业保修期满后物业共用部位、共用设施设备的维修和更新、改造,不得挪作他用。

专项维修资金收取、使用、管理的办法由国务院建设行政主管部门会同国务院财政部门制定。

第五十五条 利用物业共用部位、共用设施设备进行经营的,应当在征得相关业主、业主大会、物业管理企业的同意后,按照规定办理有关手续。业主所得收益应当主要用于补充专项维修资金,也可以按照业主大会的决定使用。

第五十六条 物业存在安全隐患,危及公共利益及他人合法权益时,责任人应当及时维修养护,有关业主应当给予配合。

责任人不履行维修养护义务的,经业主大会同意,可以由物业管理企业维修养护,费用由责任人承担。

第六章 法 律 责 任

第五十七条 违反本条例的规定,住宅物业的建设单位未通过招投标的方式选聘物业管理企业或者未经批准,擅自采用协议方式选聘物业管理企业的,由县级以上地方人民政府房地产行政主管部门责令限期改正,给予警告,可以并处 10 万元以下的罚款。

第五十八条 违反本条例的规定,建设单位擅自处分属于业主的物业共用部位、共用设施设备的所有权或者使用权的,由县级以上地方人民政府房地产行政主管部门处 5 万元以上 20 万元以下的罚款;给业主造成损失的,依法承担赔偿责任。

第五十九条 违反本条例的规定,不移交有关资料的,由县级以上地方人民政府房地产行政主管部门责令限期改正;逾期仍不移交有关资料的,对建设单位、物业管理企业予以通报,处 1 万元以上 10 万元以下的罚款。

第六十条 违反本条例的规定,未取得资质证书从事物业管理的,由县级以上地方人民政府房地产行政主管部门没收违法所得,并处 5 万元以上 20 万元以下的罚款;给业主造成损失的,依法承担赔偿责任。

以欺骗手段取得资质证书的,依照本条第一款规定处罚,并由颁发资质证书的部门吊销资质证书。

第六十一条 违反本条例的规定,物业管理企业聘用未取得物业管理职业资格证书的人员从事物业管理活动的,由县级以上地方人民政府房地产行政主管部门责令停止违法行为,处5万元以上20万元以下的罚款;给业主造成损失的,依法承担赔偿责任。

第六十二条 违反本条例的规定,物业管理企业将一个物业管理区域内的全部物业管理一并委托给他人的,由县级以上地方人民政府房地产行政主管部门责令限期改正,处委托合同价款30%以上50%以下的罚款;情节严重的,由颁发资质证书的部门吊销资质证书。委托所得收益,用于物业管理区域内物业共用部位、共用设施设备的维修、养护,剩余部分按照业主大会的决定使用;给业主造成损失的,依法承担赔偿责任。

第六十三条 违反本条例的规定,挪用专项维修资金的,由县级以上地方人民政府房地产行政主管部门追回挪用的专项维修资金,给予警告,没收违法所得,可以并处挪用数额2倍以下的罚款;物业管理企业挪用专项维修资金,情节严重的,并由颁发资质证书的部门吊销资质证书;构成犯罪的,依法追究直接负责的主管人员和其他直接责任人员的刑事责任。

第六十四条 违反本条例的规定,建设单位在物业管理区域内不按照规定配置必要的物业管理用房的,由县级以上地方人民政府房地产行政主管部门责令限期改正,给予警告,没收违法所得,并处10万元以上50万元以下的罚款。

第六十五条 违反本条例的规定,未经业主大会同意,物业管理企业擅自改变物业管理用房的用途的,由县级以上地方人民政府房地产行政主管部门责令限期改正,给予警告,并处1万元以上10万元以下的罚款;有收益的,所得收益用于物业管理区域内物业共用部位、共用设施设备的维修、养护,剩余部分按照业主大会的决定使用。

第六十六条 违反本条例的规定,有下列行为之一的,由县级以上地方人民政府房地产行政主管部门责令限期改正,给予警告,并按照本条第二款的规定处以罚款;所得收益,用于物业管理区域内物业共用部位、共用设施设备的维修、养护,剩余部分按照业主大会的决定使用:

(一)擅自改变物业管理区域内按照规划建设的公共建筑和共用设施用途的;

(二)擅自占用、挖掘物业管理区域内道路、场地,损害业主共同利益的;

(三)擅自利用物业共用部位、共用设施设备进行经营的。

个人有前款规定行为之一的,处1000元以上1万元以下的罚款;单位有前款规定行为之一的,处5万元以上20万元以下的罚款。

第六十七条 违反物业服务合同约定,业主逾期不交纳物业服务费用的,业主委员会应当督促其限期交纳;逾期仍不交纳的,物业管理企业可以向人民法院起诉。

第六十八条 业主以业主大会或者业主委员会的名义,从事违反法律、法规的活动,构成犯罪的,依法追究刑事责任;尚不构成犯罪的,依法给予治安管理处罚。

第六十九条 违反本条例的规定,国务院建设行政主管部门、县级以上地方人民政府房地产行政主管部门或者其他有关行政管理部门的工作人员利用职务上的便利,收受他人财物或者其他好处,不依法履行监督管理职责,或者发现违法行为不予查处,构成犯罪的,依法追究刑事责任;尚不构成犯罪的,依法给予行政处分。

第七章　附　则

第七十条 本条例自2003年9月1日起施行。

附录四

前期物业管理招标投标管理暂行办法

第一章 总 则

第一条 为了规范前期物业管理招标投标活动,保护招标投标当事人的合法权益,促进物业管理市场的公平竞争,制定本办法。

第二条 前期物业管理,是指在业主、业主大会选聘物业管理企业之前,由建设单位选聘物业管理企业实施的物业管理。

建设单位通过招投标的方式选聘具有相应资质的物业管理企业和行政主管部门对物业管理招投标活动实施监督管理,适用本办法。

第三条 住宅及同一物业管理区域内非住宅的建设单位,应当通过招投标的方式选聘具有相应资质的物业管理企业;投标人少于3个或者住宅规模较小的,经物业所在地的区、县人民政府房地产行政主管部门批准,可以采用协议方式选聘具有相应资质的物业管理企业。

国家提倡其他物业的建设单位通过招投标的方式,选聘具有相应资质的物业管理企业。

第四条 前期物业管理招标投标应当遵循公开、公平、公正和诚实信用的原则。

第五条 国务院建设行政主管部门负责全国物业管理招标投标活动的监督管理。

省、自治区人民政府建设行政主管部门负责本行政区域内物业管理招标投标活动的监督管理。

直辖市、市、县人民政府房地产行政主管部门负责本行政区域内物业管理招标投标活动的监督管理。

第六条 任何单位和个人不得违反法律、行政法规规定,限制或者排斥具备投标资格的物业管理企业参加投标,不得以任何方式非法干涉物业管理招标投标活动。

第二章 招 标

第七条 本办法所称招标人是指依法进行前期物业管理招标的物业建设单位。

前期物业管理招标由招标人依法组织实施。招标人不得以不合理条件限制或者排斥潜在投标人,不得对潜在投标人实行歧视待遇,不得对潜在投标人提出与招标物业管理项目实际要求不符的过高的资格等要求。

第八条 前期物业管理招标分为公开招标和邀请招标。

招标人采取公开招标方式的,应当在公共媒介上发布招标公告,并同时在中国住宅与房地产信息网和中国物业管理协会网上发布免费招标公告。

招标公告应当载明招标人的名称和地址,招标项目的基本情况以及获取招标文件的办法等事项。

招标人采取邀请招标方式的,应当向3个以上物业管理企业发出投标邀请书,投标邀请书应当包含前款规定的事项。

第九条 招标人可以委托招标代理机构办理招标事宜;有能力组织和实施招标活动的,

也可以自行组织实施招标活动。

物业管理招标代理机构应当在招标人委托的范围内办理招标事宜,并遵守本办法对招标人的有关规定。

第十条 招标人应当根据物业管理项目的特点和需要,在招标前完成招标文件的编制。

招标文件应包括以下内容:

(一)招标人及招标项目简介,包括招标人名称、地址、联系方式、项目基本情况、物业管理用房的配备情况等;

(二)物业管理服务内容及要求,包括服务内容、服务标准等;

(三)对投标人及投标书的要求,包括投标人的资格、投标书的格式、主要内容等;

(四)评标标准和评标方法;

(五)招标活动方案,包括招标组织机构、开标时间及地点等;

(六)物业服务合同的签订说明;

(七)其他事项的说明及法律法规规定的其他内容。

第十一条 招标人应当在发布招标公告或者发出投标邀请书的 10 日前,提交以下材料报物业项目所在地的县级以上地方人民政府房地产行政主管部门备案:

(一)与物业管理有关的物业项目开发建设的政府批件;

(二)招标公告或者招标邀请书;

(三)招标文件;

(四)法律、法规规定的其他材料。

房地产行政主管部门发现招标有违反法律、法规规定的,应当及时责令招标人改正。

第十二条 公开招标的招标人可以根据招标文件的规定,对投标申请人进行资格预审。

实行投标资格预审的物业管理项目,招标人应当在招标公告或者投标邀请书中载明资格预审的条件和获取资格预审文件的办法。

资格预审文件一般应当包括资格预审申请书格式、申请人须知,以及需要投标申请人提供的企业资格文件、业绩、技术装备、财务状况和拟派出的项目负责人与主要管理人员的简历、业绩等证明材料。

第十三条 经资格预审后,公开招标的招标人应当向资格预审合格的投标申请人发出资格预审合格通知书,告知获取招标文件的时间、地点和方法,并同时向资格不合格的投标申请人告知资格预审结果。

在资格预审合格的投标申请人过多时,可以由招标人从中选择不少于 5 家资格预审合格的投标申请人。

第十四条 招标人应当确定投标人编制投标文件所需要的合理时间。公开招标的物业管理项目,自招标文件发出之日起至投标人提交投标文件截止之日止,最短不得少于 20 日。

第十五条 招标人对已发出的招标文件进行必要的澄清或者修改的,应当在招标文件要求提交投标文件截止时间至少 15 日前,以书面形式通知所有的招标文件收受人。该澄清或者修改的内容为招标文件的组成部分。

第十六条 招标人根据物业管理项目的具体情况,可以组织潜在的投标申请人踏勘物业项目现场,并提供隐蔽工程图纸等详细资料。对投标申请人提出的疑问应当予以澄清并以书面形式发送给所有的招标文件收受人。

第十七条 招标人不得向他人透露已获取招标文件的潜在投标人的名称、数量以及可能影响公平竞争的有关招标投标的其他情况。

招标人设有标底的,标底必须保密。

第十八条 在确定中标人前,招标人不得与投标人就投标价格、投标方案等实质内容进行谈判。

第十九条 通过招标投标方式选择物业管理企业的,招标人应当按照以下规定时限完成物业管理招标投标工作:

(一)新建现售商品房项目应当在现售前 30 日完成;

(二)预售商品房项目应当在取得《商品房预售许可证》之前完成;

(三)非出售的新建物业项目应当在交付使用前 90 日完成。

第三章 投 标

第二十条 本办法所称投标人是指响应前期物业管理招标、参与投标竞争的物业管理企业。

投标人应当具有相应的物业管理企业资质和招标文件要求的其他条件。

第二十一条 投标人对招标文件有疑问需要澄清的,应当以书面形式向招标人提出。

第二十二条 投标人应当按照招标文件的内容和要求编制投标文件,投标文件应当对招标文件提出的实质性要求和条件作出响应。

投标文件应当包括以下内容:

(一)投标函;

(二)投标报价;

(三)物业管理方案;

(四)招标文件要求提供的其他材料。

第二十三条 投标人应当在招标文件要求提交投标文件的截止时间前,将投标文件密封送达投标地点。招标人收到投标文件后,应当向投标人出具标明签收人和签收时间的凭证,并妥善保存投标文件。在开标前,任何单位和个人均不得开启投标文件。在招标文件要求提交投标文件的截止时间后送达的投标文件,为无效的投标文件,招标人应当拒收。

第二十四条 投标人在招标文件要求提交投标文件的截止时间前,可以补充、修改或者撤回已提交的投标文件,并书面通知招标人。补充、修改的内容为投标文件的组成部分,并应当按照本办法第二十三条的规定送达、签收和保管。在招标文件要求提交投标文件的截止时间后送达的补充或者修改的内容无效。

第二十五条 投标人不得以他人名义投标或者以其他方式弄虚作假,骗取中标。

投标人不得相互串通投标,不得排挤其他投标人的公平竞争,不得损害招标人或者其他投标人的合法权益。

投标人不得与招标人串通投标,损害国家利益、社会公共利益或者他人的合法权益。

禁止投标人以向招标人或者评标委员会成员行贿等不正当手段谋取中标。

第四章 开标、评标和中标

第二十六条 开标应当在招标文件确定的提交投标文件截止时间的同一时间公开进

行;开标地点应当为招标文件中预先确定的地点。

第二十七条 开标由招标人主持,邀请所有投标人参加。开标应当按照下列规定进行:

由投标人或者其推选的代表检查投标文件的密封情况,也可以由招标人委托的公证机构进行检查并公证。经确认无误后,由工作人员当众拆封,宣读投标人名称、投标价格和投标文件的其他主要内容。

招标人在招标文件要求提交投标文件的截止时间前收到的所有投标文件,开标时都应当当众予以拆封。

开标过程应当记录,并由招标人存档备查。

第二十八条 评标由招标人依法组建的评标委员会负责。

评标委员会由招标人代表和物业管理方面的专家组成,成员为 5 人以上单数,其中招标人代表以外的物业管理方面的专家不得少于成员总数的 2/3。

评标委员会的专家成员,应当由招标人从房地产行政主管部门建立的专家名册中采取随机抽取的方式确定。

与投标人有利害关系的人不得进入相关项目的评标委员会。

第二十九条 房地产行政主管部门应当建立评标的专家名册。省、自治区、直辖市人民政府房地产行政主管部门可以将专家数量少的城市的专家名册予以合并或者实行专家名册计算机联网。

房地产行政主管部门应当对进入专家名册的专家进行有关法律和业务培训,对其评标能力、廉洁公正等进行综合考评,及时取消不称职或者违法违规人员的评标专家资格。被取消评标专家资格的人员,不得再参加任何评标活动。

第三十条 评标委员会成员应当认真、公正、诚实、廉洁地履行职责。

评标委员会成员不得与任何投标人或者与招标结果有利害关系的人进行私下接触,不得收受投标人、中介人、其他利害关系人的财物或者其他好处。

评标委员会成员和与评标活动有关的工作人员不得透露对投标文件的评审和比较、中标候选人的推荐情况以及与评标有关的其他情况。

前款所称与评标活动有关的工作人员,是指评标委员会成员以外的因参与评标监督工作或者事务性工作而知悉有关评标情况的所有人员。

第三十一条 评标委员会可以用书面形式要求投标人对投标文件中含义不明确的内容作必要的澄清或者说明。投标人应当采用书面形式进行澄清或者说明,其澄清或者说明不得超出投标文件的范围或者改变投标文件的实质性内容。

第三十二条 在评标过程中召开现场答辩会的,应当事先在招标文件中说明,并注明所占的评分比重。

评标委员会应当按照招标文件的评标要求,根据标书评分、现场答辩等情况进行综合评标。

除了现场答辩部分外,评标应当在保密的情况下进行。

第三十三条 评标委员会应当按照招标文件确定的评标标准和方法,对投标文件进行评审和比较,并对评标结果签字确认。

第三十四条 评标委员会经评审,认为所有投标文件都不符合招标文件要求的,可以否决所有投标。

依法必须进行招标的物业管理项目的所有投标被否决的,招标人应当重新招标。

第三十五条 评标委员会完成评标后,应当向招标人提出书面评标报告,阐明评标委员会对各投标文件的评审和比较意见,并按照招标文件规定的评标标准和评标方法,推荐不超过3名有排序的合格的中标候选人。

招标人应当按照中标候选人的排序确定中标人。当确定中标的中标候选人放弃中标或者因不可抗力提出不能履行合同的,招标人可以依序确定其他中标候选人为中标人。

第三十六条 招标人应当在投标有效期截止时限30日前确定中标人。投标有效期应当在招标文件中载明。

第三十七条 招标人应当向中标人发出中标通知书,同时将中标结果通知所有未中标的投标人,并应当返还其投标书。

招标人应当自确定中标人之日起15日内,向物业项目所在地的县级以上地方人民政府房地产行政主管部门备案。备案资料应当包括开标评标过程、确定中标人的方式及理由、评标委员会的评标报告、中标人的投标文件等资料。委托代理招标的,还应当附招标代理委托合同。

第三十八条 招标人和中标人应当自中标通知书发出之日起30日内,按照招标文件和中标人的投标文件订立书面合同;招标人和中标人不得再行订立背离合同实质性内容的其他协议。

第三十九条 招标人无正当理由不与中标人签订合同,给中标人造成损失的,招标人应当给予赔偿。

第五章 附 则

第四十条 投标人和其他利害关系人认为招标投标活动不符合本办法有关规定的,有权向招标人提出异议,或者依法向有关部门投诉。

第四十一条 招标文件或者投标文件使用两种以上语言文字的,必须有一种是中文;如对不同文本的解释发生异议的,以中文文本为准。用文字表示的数额与数字表示的金额不一致的,以文字表示的金额为准。

第四十二条 本办法第三条规定住宅规模较小的,经物业所在地的区、县人民政府房地产行政主管部门批准,可以采用协议方式选聘物业管理企业的,其规模标准由省、自治区、直辖市人民政府房地产行政主管部门确定。

第四十三条 业主和业主大会通过招投标的方式选聘具有相应资质的物业管理企业的,参照本办法执行。

第四十四条 本办法自2003年9月1日起施行。

附录五

业 主 大 会 规 程

第一条 为了规范业主大会的活动,维护业主的合法权益,根据《物业管理条例》,制定本规程。

第二条 业主大会应当代表和维护物业管理区域内全体业主在物业管理活动中的合法权益。

第三条 一个物业管理区域只能成立一个业主大会。

业主大会由物业管理区域内的全体业主组成。

业主大会应当设立业主委员会作为执行机构。

业主大会自首次业主大会会议召开之日起成立。

第四条 只有一个业主,或者业主人数较少且经全体业主同意,决定不成立业主大会的,由业主共同履行业主大会、业主委员会职责。

第五条 业主筹备成立业主大会的,应当在物业所在地的区、县人民政府房地产行政主管部门和街道办事处(乡镇人民政府)的指导下,由业主代表、建设单位(包括公有住房出售单位)组成业主大会筹备组(以下简称筹备组),负责业主大会筹备工作。

筹备组成员名单确定后,以书面形式在物业管理区域内公告。

第六条 筹备组应当做好下列筹备工作:

(一) 确定首次业主大会会议召开的时间、地点、形式和内容;

(二) 参照政府主管部门制订的示范文本,拟定《业主大会议事规则》(草案)和《业主公约》(草案);

(三) 确认业主身份,确定业主在首次业主大会会议上的投票权数;

(四) 确定业主委员会委员候选人产生办法及名单;

(五) 做好召开首次业主大会会议的其他准备工作。

前款(一)、(二)、(三)、(四)项的内容应当在首次业主大会会议召开15日前以书面形式在物业管理区域内公告。

第七条 业主在首次业主大会会议上的投票权数,按照省、自治区、直辖市制定的具体办法确定。

第八条 筹备组应当自组成之日起30日内在物业所在地的区、县人民政府房地产行政主管部门的指导下,组织业主召开首次业主大会会议,并选举产生业主委员会。

第九条 业主大会履行以下职责:

(一) 制定、修改业主公约和业主大会议事规则;

(二) 选举、更换业主委员会委员,监督业主委员会的工作;

(三) 选聘、解聘物业管理企业;

(四) 决定专项维修资金使用、续筹方案,并监督实施;

(五) 制定、修改物业管理区域内物业共用部位和共用设施设备的使用、公共秩序和环境卫生的维护等方面的规章制度;

（六）法律、法规或者业主大会议事规则规定的其他有关物业管理的职责。

第十条 业主大会议事规则应当就业主大会的议事方式、表决程序、业主投票权确定办法、业主委员会的组成和委员任期等事项依法作出约定。

第十一条 业主公约应当对有关物业的使用、维护、管理，业主的共同利益，业主应当履行的义务，违反公约应当承担的责任等事项依法作出约定。

业主公约对全体业主具有约束力。

第十二条 业主大会会议分为定期会议和临时会议。

业主大会定期会议应当按照业主大会议事规则的规定由业主委员会组织召开。

有下列情况之一的，业主委员会应当及时组织召开业主大会临时会议：

（一）20％以上业主提议的；

（二）发生重大事故或者紧急事件需要及时处理的；

（三）业主大会议事规则或者业主公约规定的其他情况。

发生应当召开业主大会临时会议的情况，业主委员会不履行组织召开会议职责的，区、县人民政府房地产行政主管部门应当责令业主委员会限期召开。

第十三条 业主委员会应当在业主大会会议召开15日前将会议通知及有关材料以书面形式在物业管理区域内公告。

住宅小区的业主大会会议，应当同时告知相关的居民委员会。

第十四条 业主因故不能参加业主大会会议的，可以书面委托代理人参加。

第十五条 业主大会会议可以采用集体讨论的形式，也可以采用书面征求意见的形式；但应当有物业管理区域内持有1/2以上投票权的业主参加。

第十六条 物业管理区域内业主人数较多的，可以幢、单元、楼层等为单位，推选一名业主代表参加业主大会会议。

推选业主代表参加业主大会会议的，业主代表应当于参加业主大会会议3日前，就业主大会会议拟讨论的事项书面征求其所代表的业主意见，凡需投票表决的，业主的赞同、反对及弃权的具体票数经本人签字后，由业主代表在业主大会投票时如实反映。

业主代表因故不能参加业主大会会议的，其所代表的业主可以另外推选一名业主代表参加。

第十七条 业主大会作出决定，必须经与会业主所持投票权1/2以上通过。

业主大会作出制定和修改业主公约、业主大会议事规则、选聘、解聘物业管理企业、专项维修资金使用、续筹方案的决定，必须经物业管理区域内全体业主所持投票权2/3以上通过。

第十八条 业主大会会议应当由业主委员会作书面记录并存档。

第十九条 业主大会作出的决定对物业管理区域内的全体业主具有约束力。

业主大会的决定应当以书面形式在物业管理区域内及时公告。

第二十条 业主委员会应当自选举产生之日起3日内召开首次业主委员会会议，推选产生业主委员会主任1人，副主任1～2人。

第二十一条 业主委员会委员应当符合下列条件：

（一）本物业管理区域内具有完全民事行为能力的业主；

（二）遵守国家有关法律、法规；

（三）遵守业主大会议事规则、业主公约，模范履行业主义务；

（四）热心公益事业，责任心强，公正廉洁，具有社会公信力；

（五）具有一定组织能力；

（六）具备必要的工作时间。

第二十二条　业主委员会应当自选举产生之日起 30 日内，将业主大会的成立情况、业主大会议事规则、业主公约及业主委员会委员名单等材料向物业所在地的区、县人民政府房地产行政主管部门备案。

业主委员会备案的有关事项发生变更的，依照前款规定重新备案。

第二十三条　业主委员会履行以下职责：

（一）召集业主大会会议，报告物业管理的实施情况；

（二）代表业主与业主大会选聘的物业管理企业签订物业服务合同；

（三）及时了解业主、物业使用人的意见和建议，监督和协助物业管理企业履行物业服务合同；

（四）监督业主公约的实施；

（五）业主大会赋予的其他职责。

第二十四条　业主委员会应当督促违反物业服务合同约定逾期不交纳物业服务费用的业主，限期交纳物业服务费用。

第二十五条　经 1/3 以上业主委员会委员提议或者业主委员会主任认为有必要的，应当及时召开业主委员会会议。

第二十六条　业主委员会会议应当作书面记录，由出席会议的委员签字后存档。

第二十七条　业主委员会会议应当有过半数委员出席，作出决定必须经全体委员人数半数以上同意。

业主委员会的决定应当以书面形式在物业管理区域内及时公告。

第二十八条　业主委员会任期届满 2 个月前，应当召开业主大会会议进行业主委员会的换届选举；逾期未换届的，房地产行政主管部门可以指派工作人员指导其换届工作。

原业主委员会应当在其任期届满之日起 10 日内，将其保管的档案资料、印章及其他属于业主大会所有的财物移交新一届业主委员会，并做好交接手续。

第二十九条　经业主委员会或者 20% 以上业主提议，认为有必要变更业主委员会委员的，由业主大会会议作出决定，并以书面形式在物业管理区域内公告。

第三十条　业主委员会委员有下列情形之一的，经业主大会会议通过，其业主委员会委员资格终止：

（一）因物业转让、灭失等原因不再是业主的；

（二）无故缺席业主委员会会议连续三次以上的；

（三）因疾病等原因丧失履行职责能力的；

（四）有犯罪行为的；

（五）以书面形式向业主大会提出辞呈的；

（六）拒不履行业主义务的；

（七）其他原因不宜担任业主委员会委员的。

第三十一条　业主委员会委员资格终止的，应当自终止之日起 3 日内将其保管的档案资料、印章及其他属于业主大会所有的财物移交给业主委员会。

　　第三十二条　因物业管理区域发生变更等原因导致业主大会解散的,在解散前,业主大会、业主委员会应当在区、县人民政府房地产行政主管部门和街道办事处(乡镇人民政府)的指导监督下,做好业主共同财产清算工作。

　　第三十三条　业主大会、业主委员会应当依法履行职责,不得作出与物业管理无关的决定,不得从事与物业管理无关的活动。

　　业主大会、业主委员会作出的决定违反法律、法规的,物业所在地的区、县人民政府房地产行政主管部门,应当责令限期改正或者撤销其决定,并通告全体业主。

　　第三十四条　业主大会、业主委员会应当配合公安机关,与居民委员会相互协作,共同做好维护物业管理区域内的社会治安等相关工作。

　　在物业管理区域内,业主大会、业主委员会应当积极配合相关居民委员会依法履行自治管理职责,支持居民委员会开展工作,并接受其指导和监督。

　　住宅小区的业主大会、业主委员会作出的决定,应当告知相关的居民委员会,并听取居民委员会的建议。

　　第三十五条　业主大会和业主委员会开展工作的经费由全体业主承担;经费的筹集、管理、使用具体由业主大会议事规则规定。

　　业主大会和业主委员会工作经费的使用情况应当定期以书面形式在物业管理区域内公告,接受业主的质询。

　　第三十六条　业主大会和业主委员会的印章依照有关法律法规和业主大会议事规则的规定刻制、使用、管理。

　　违反印章使用规定,造成经济损失或者不良影响的,由责任人承担相应的责任。

附录六

物业服务收费管理办法

第一条　为规范物业服务收费行为,保障业主和物业管理企业的合法权益,根据《中华人民共和国价格法》和《物业管理条例》,制定本办法。

第二条　本办法所称物业服务收费,是指物业管理企业按照物业服务合同的约定,对房屋及配套的设施设备和相关场地进行维修、养护、管理,维护相关区域内的环境卫生和秩序,向业主所收取的费用。

第三条　国家提倡业主通过公开、公平、公正的市场竞争机制选择物业管理企业;鼓励物业管理企业开展正当的价格竞争,禁止价格欺诈,促进物业服务收费通过市场竞争形成。

第四条　国务院价格主管部门会同国务院建设行政主管部门负责全国物业服务收费的监督管理工作。

县级以上地方人民政府价格主管部门会同同级房地产行政主管部门负责本行政区域内物业服务收费的监督管理工作。

第五条　物业服务收费应当遵循合理、公开以及费用与服务水平相适应的原则。

第六条　物业服务收费应当区分不同物业的性质和特点分别实行政府指导价和市场调节价。具体定价形式由省、自治区、直辖市人民政府价格主管部门会同房地产行政主管部门确定。

第七条　物业服务收费实行政府指导价的,有定价权限的人民政府价格主管部门应当会同房地产行政主管部门根据物业管理服务等级标准等因素,制定相应的基准价及其浮动幅度,并定期公布。具体收费标准由业主与物业管理企业根据规定的基准价和浮动幅度在物业服务合同中约定。

实行市场调节价的物业服务收费,由业主与物业管理企业在物业服务合同中约定。

第八条　物业管理企业应当按照政府价格主管部门的规定实行明码标价,在物业管理区域内的显著位置,将服务内容、服务标准以及收费项目、收费标准等有关情况进行公示。

第九条　业主与物业管理企业可以采取包干制或者酬金制等形式约定物业服务费用。

包干制是指由业主向物业管理企业支付固定物业服务费用,盈余或者亏损均由物业管理企业享有或者承担的物业服务计费方式。

酬金制是指在预收的物业服务资金中按约定比例或者约定数额提取酬金支付给物业管理企业,其余全部用于物业服务合同约定的支出,结余或者不足均由业主享有或者承担的物业服务计费方式。

第十条　建设单位与物业买受人签订的买卖合同,应当约定物业管理服务内容、服务标准、收费标准、计费方式及计费起始时间等内容,涉及物业买受人共同利益的约定应当一致。

第十一条　实行物业服务费用包干制的,物业服务费用的构成包括物业服务成本、法定税费和物业管理企业的利润。

实行物业服务费用酬金制的,预收的物业服务资金包括物业服务支出和物业管理企业的酬金。

物业服务成本或者物业服务支出构成一般包括以下部分：

1. 管理服务人员的工资、社会保险和按规定提取的福利费等；

2. 物业共用部位、共用设施设备的日常运行、维护费用；

3. 物业管理区域清洁卫生费用；

4. 物业管理区域绿化养护费用；

5. 物业管理区域秩序维护费用；

6. 办公费用；

7. 物业管理企业固定资产折旧；

8. 物业共用部位、共用设施设备及公众责任保险费用；

9. 经业主同意的其他费用。

物业共用部位、共用设施设备的大修、中修和更新、改造费用，应当通过专项维修资金予以列支，不得计入物业服务支出或者物业服务成本。

第十二条 实行物业服务费用酬金制的，预收的物业服务支出属于代管性质，为所交纳的业主所有，物业管理企业不得将其用于物业服务合同约定以外的支出。

物业管理企业应当向业主大会或者全体业主公布物业服务资金年度预决算并每年不少于一次公布物业服务资金的收支情况。

业主或者业主大会对公布的物业服务资金年度预决算和物业服务资金的收支情况提出质询时，物业管理企业应当及时答复。

第十三条 物业服务收费采取酬金制方式，物业管理企业或者业主大会可以按照物业服务合同约定聘请专业机构对物业服务资金年度预决算和物业服务资金的收支情况进行审计。

第十四条 物业管理企业在物业服务中应当遵守国家的价格法律法规，严格履行物业服务合同，为业主提供质价相符的服务。

第十五条 业主应当按照物业服务合同的约定按时足额交纳物业服务费用或者物业服务资金。业主违反物业服务合同约定逾期不交纳服务费用或者物业服务资金的，业主委员会应当督促其限期交纳；逾期仍不交纳的，物业管理企业可以依法追缴。

业主与物业使用人约定由物业使用人交纳物业服务费用或者物业服务资金的，从其约定，业主负连带交纳责任。

物业发生产权转移时，业主或者物业使用人应当结清物业服务费用或者物业服务资金。

第十六条 纳入物业管理范围的已竣工但尚未出售，或者因开发建设单位原因未按时交给物业买受人的物业，物业服务费用或者物业服务资金由开发建设单位全额交纳。

第十七条 物业管理区域内，供水、供电、供气、供热、通讯、有线电视等单位应当向最终用户收取有关费用。物业管理企业接受委托代收上述费用的，可向委托单位收取手续费，不得向业主收取手续费等额外费用。

第十八条 利用物业共用部位、共用设施设备进行经营的，应当在征得相关业主、业主大会、物业管理企业的同意后，按照规定办理有关手续。业主所得收益应当主要用于补充专项维修资金，也可以按照业主大会的决定使用。

第十九条 物业管理企业已接受委托实施物业服务并相应收取服务费用的，其他部门和单位不得重复收取性质和内容相同的费用。

第二十条 物业管理企业根据业主的委托提供物业服务合同约定以外的服务,服务收费由双方约定。

第二十一条 政府价格主管部门会同房地产行政主管部门,应当加强对物业管理企业的服务内容、标准和收费项目、标准的监督。物业管理企业违反价格法律、法规和规定,由政府价格主管部门依据《中华人民共和国价格法》和《价格违法行为行政处罚规定》予以处罚。

第二十二条 各省、自治区、直辖市人民政府价格主管部门、房地产行政主管部门可以依据本办法制定具体实施办法,并报国家发展和改革委员会、建设部备案。

第二十三条 本办法由国家发展和改革委员会会同建设部负责解释。

第二十四条 本办法自2004年1月1日起执行,原国家计委、建设部印发的《城市住宅小区物业管理服务收费暂行办法》(计价费〔1996〕266号)同时废止。

附录七

城市异产毗连房屋管理规定

中华人民共和国建设部令 第94号

(1989年11月21日建设部令第5号发布,2001年8月15日根据
《建设部关于修改＜城市异产毗连房屋管理规定＞的决定》修正)

第一条 为加强城市异产毗连房屋的管理,维护房屋所有人、使用人的合法权益,明确管理、修缮责任,保障房屋的正常使用,特制定本规定。

第二条 本规定适用于城市(指直辖市、市、建制镇,下同)内的异产毗连房屋。

本规定所称异产毗连房屋,系指结构相连或具有共有、共用设备和附属建筑,而为不同所有人所有的房屋。

第三条 异产毗连房屋的所有人按照城市房地产行政主管部门核发的所有权证规定的范围行使权利,并承担相应的义务。

第四条 国务院建设行政主管部门负责全国的城市异产毗连房屋管理工作。

县级以上地方人民政府房地产行政主管部门负责本辖区的城市异产毗连房屋管理工作。

第五条 所有人和使用人对房屋的使用和修缮,必须符合城市规划、房地产管理、消防和环境保护等部门的要求,并应按照有利使用、共同协商、公平合理的原则,正确处理毗连关系。

第六条 所有人和使用人对共有、共用的门厅、阳台、屋面、楼道、厨房、厕所以及院路、上下水设施等,应共同合理使用并承担相应的义务;除另有约定外,任何一方不得多占、独占。

所有人和使用人在房屋共有、共用部位,不得有损害他方利益的行为。

第七条 异产毗连房屋所有人以外的人如需使用异产毗连房屋的共有部位时,应取得各所有人一致同意,并签定书面协议。

第八条 一方所有人如需改变共有部位的外形或结构时,除须经城市规划部门批准外,还须征得其他所有人的书面同意。

第九条 异产毗连房屋发生自然损坏(因不可抗力造成的损坏,视同自然损坏),所需修缮费用依下列原则处理:

(一)共有房屋主体结构中的基础、柱、梁、墙的修缮,由共有房屋所有人按份额比例分担。

(二)共有墙体的修缮(包括因结构需要而涉及的相邻部位的修缮),按两侧均分后,再由每侧房屋所有人按份额比例分担。

(三)楼盖的修缮,其楼面与顶棚部位,由所在层房屋所有人负责;其结构部位,由毗连层上下房屋所有人按份额比例分担。

(四)屋盖的修缮:

1. 不上人房盖,由修缮所及范围覆盖下各层的房屋所有人按份额比例分担。

2. 可上人屋盖(包括屋面和周边护栏),如为各层所共用,由修缮所及范围覆盖下各层的房屋所有人按份额比例分担;如仅为若干层使用,使用层的房屋所有人分担一半,其余一半由修缮所及范围覆盖下层房屋所有人按份额比例分担。

(五)楼梯及楼梯间(包括出屋面部分)的修缮:

1. 各层共用楼梯,由房屋所有人按份额比例分担。

2. 为某些层所专用的楼梯,由其专用的房屋所有人按份额比例分担。

(六)房屋共用部位必要的装饰,由受益的房屋所有人按份额比例分担。

(七)房屋共有、共用的设备和附属建筑(如电梯、水泵、暖气、水卫、电照、沟管、垃圾道、化粪池等)的修缮,由所有人按份额比例分担。

第十条 异产毗连房屋的自然损坏,应当按照本规定及时修缮,不得拖延或者拒绝。

第十一条 因使用不当造成异产毗连房屋损坏的,由责任人负责修缮。

第十二条 异产毗连房屋的一方所有人或使用人有造成房屋危险行为的,应当及时排除危险;他方有权采取必要措施,防止危险发生;造成损失的,责任方应当负责赔偿。

第十三条 异产毗连房屋的一方所有人或使用人超越权利范围,侵害他方权益的,应停止侵害,并赔偿由此而造成的损失。

第十四条 异产毗连房屋的所有人或使用人发生纠纷的,可以协商解决。不愿协商或者协商不成的,可以依法申请仲裁或者向人民法院起诉。

第十五条 异产毗连房屋经房屋安全鉴定机构鉴定为危险房屋的,房屋所有人必须按有关规定及时治理。

第十六条 异产毗连房屋的所有人可组成房屋管理组织,也可委托其他组织,在当地房地产行政主管部门的指导下,负责房屋的使用、修缮等管理工作。

第十七条 售给个人的异产毗连公有住房,其共有部位和共用设备的维修办法另行规定。

第十八条 县级以上地方人民政府房地产行政主管部门可依据本规定,结合当地情况,制定实施细则,经同级人民政府批准后,报上一级主管部门备案。

第十九条 未设镇建制的工矿区可参照本规定执行。

第二十条 本规定由国务院建设行政主管部门负责解释。

第二十一条 本规定自1990年1月1日起施行。

附录八

建筑装饰装修管理规定

中华人民共和国建设部令 第46号

第一章 总 则

第一条 为了加强对建筑装饰装修的管理,促进建筑装饰装修业的发展,保障建筑装饰装修活动当事人的合法权益,确保公共安全,制订本规定。

第二条 凡新建、扩建、改建工程和对原有房屋等建筑物、构筑物进行装饰装修的,均适用本规定。

具有文物保护价值的建筑、古建筑的装饰装修,依照有关规定执行。

本规定所称的建筑装饰装修,是指为使建筑物、构筑物内、外空间达到一定的环境质量要求,使用装饰装修材料,对建筑物、构筑物外表和内部进行修饰处理的工程建筑活动。

本规定所称原有房屋,是指已取得房屋所有权证书并已投入使用的各类房屋。

第三条 房屋所有权人、使用人、建筑装饰装修设计单位、施工单位、质量安全监督单位、建设监理单位、房屋安全鉴定单位等,均应当遵守本规定。

第四条 建筑装饰装修应当做到安全适用、优化环境、经济合理,并符合城市规划、消防、供电、环保等有关规定和标准。

第五条 国务院建设行政主管部门归口管理全国的建筑装饰装修工作。

县级以上地方人民政府建设行政主管部门归口管理本行政区域内的建筑装饰装修工作。

第二章 建筑装饰装修工程的报建与许可

第六条 新建建设项目的装饰装修工程与主体建筑共同发包的,执行建设部《工程建设报建管理办法》。独立发包的大中型建设项目的装饰装修工程,工艺要求高、工程量大的装饰装修工程,可参照执行建设部《工程建设报建管理办法》。

第七条 原有房屋的使用人装饰装修房屋,应征得房屋所有权人同意,并签订协议。协议中应明确装饰装修后的修缮、拆迁和补偿等内容。

第八条 原有房屋装饰装修时,凡涉及拆改主体结构和明显加大荷载的,应当按照下列办法办理:

(一)房屋所有权人、使用人必须向房屋所在地的房地产行政主管部门提出申请,并由房屋安全鉴定单位对装饰装修方案的使用安全进行审定。

房地产行政主管部门应当自受理房屋装饰装修申请之日起20日内决定是否予以批准。

(二)房屋装饰装修申请人持批准书向建设行政主管部门办理报建手续,并领取施工许可证。

第九条 建设单位按照工程建设质量安全监督管理的有关规定,到工程所在地的质量安全监督部门办理建筑装饰装修工程质量安全监督手续。

第十条　对于未办理报建和质量安全监督手续的装饰装修工程,有关主管部门不得为建设单位办理招标投标手续和发放施工许可证;设计、施工单位不得承接该装饰装修工程的设计和施工。

第三章　建筑装饰装修工程的发包与承包

第十一条　凡从事建筑装饰装修的企业,必须经建设行政主管部门进行资质审查,并取得资质证书后,方可在资质证书规定的范围内承包工程。

建设单位不得将建筑装饰装修工程发包给无资质证书或不具备相应资质条件的企业。

第十二条　建筑装饰装修工程与主体建筑工程共同发包时,由具备相应资质条件的建筑施工企业承包。独立发包的大中型建设项目的装饰装修或工艺要求高、工程量大的装饰装修工程,由具备相应资质条件的建筑装饰装修企业承包。

第十三条　下列大中型装饰装修工程应当采取公开招标或邀请招标的方式发包:

(一)政府投资的工程;

(二)行政、事业单位投资的工程;

(三)国有企业投资的工程;

(四)国有企业控股的企业投资的工程;

前款规定范围内不宜公开招标或邀请招标的军事设施工程、保密设施工程、特殊专业等工程,可以采取议标或直接发包。

前两款规定以外的其他装饰装修工程的发包方式,由建设单位或房屋所有权人、房屋使用人自行确定。

第十四条　从事建筑装饰装修工程的发包、承包双方,应当按照统一的建筑装饰装修工程施工合同示范文本签订合同。

第十五条　发包方不得损害承包方的利益,强迫承包方购入合同约定之外的装饰装修材料和设备。

第四章　建筑装饰装修工程的质量与安全

第十六条　建设单位及设计、施工单位必须按照基本建设管理程序办事,严格执行建筑装饰装修的质量检验评定标准、施工安全技术规范及验收规范等有关标准和规定。

第十七条　建筑装饰装修设计、施工单位必须按照有关规定承接装饰装修设计和施工任务。

建筑装饰装修企业必须按照图纸施工,不得擅自改变设计图纸。

第十八条　原有房屋装饰装修需要拆改结构时,装饰装修设计必须保证房屋的整体性、抗震性和结构的安全。

整栋危险房屋不得装饰装修。

对严重损坏和有险情的房屋,应当先修缮加固,达到居住和使用安全条件后,方可进行装饰装修。

第十九条　建筑装饰装修设计、施工和材料使用,必须严格遵守建筑装饰装修防火规范。完成装饰装修施工图纸设计后,建设单位必须持《施工许可证》和施工设计图纸,报公安消防部门进行消防安全核准。

第二十条　建筑装饰装修企业必须采取措施,控制施工现场的各种粉尘、废气、固体废弃物以及噪声、振动对环境的污染和危害,保护人们的正常生活、工作和人身安全。

第二十一条　质量安全监督机构应当按照有关标准,对建筑装饰装修工程进行质量和安全监督。

建筑装饰装修工程竣工后,必须经质量监督机构认证合格,否则不予验收。

第二十二条　实行初装饰的住宅工程,要严格按照建设部颁发的《住宅工程初装饰竣工验收办法》验收评定。

第二十三条　建筑装饰装修工程发生重大事故的,由县级以上地方人民政府建设行政主管部门会同有关部门调查处理。

第五章　法　律　责　任

第二十四条　建筑装饰装修工程发包方违反本规定有关条款,有下列行为之一的,由县级以上地方人民政府建设行政主管部门或其授权的部门给予警告、通报批评、限期改正、责令停止施工的处罚,并可处以装饰装修工程造价3%以下的罚款;因责令停止施工而造成的经济损失,由发包方承担。

（一）未按照规定进行报建的;

（二）该招标的工程未按照规定进行招标的;

（三）未按照规定办理质量监督手续的;

（四）发包给无资质证书的或承包任务与资质证书等级不符的企业的;

（五）使用未验收工程的。

第二十五条　建筑装饰装修工程承包方违反本规定有关条款,有下列行为之一的,由县级以上人民政府建设行政主管部门给予警告、通报批评、停止施工、停业整顿、降低资质、吊销资质证书、没收非法所得的处罚,并可处以装饰装修工程造价3%以下的罚款:

（一）未取得建筑装饰装修资质证书而进行建筑装饰装修设计、施工的;

（二）擅自超越资质证书许可范围承包工程的;

（三）未按设计方案进行施工的;

（四）拒绝接受质量安全监督机构监督检查、验收的;

（五）将不合格的材料、设备用于建筑装饰装修工程的;

（六）破坏环境、危及人身安全的;

（七）出卖、转让、出借、涂改、复制、伪造资质证书的。

第二十六条　对未按规定申请批准、未进行房屋安全性能鉴定、擅自拆改房屋结构或明显加大荷载,对原有房屋进行装饰装修的,由房地产行政主管部门或有关部门责令修复或赔偿,并给予行政处罚。

第二十七条　房屋安全鉴定单位工作人员不如实对装饰装修方案的使用安全性能出具结论的,由其所在单位或行政主管部门给予行政处分。

第二十八条　房屋所有权人或使用人因装饰装修损坏毗连房屋的,应负责修复或赔偿。

第二十九条　因装饰装修原有房屋发生纠纷的,当事人可以向房屋所在地的房地产行政主管部门申请调解或者向人民法院起诉。

第三十条　有本规定第二十四条、第二十五条、第二十六条、第二十七条所列行为,情节严重、构成犯罪的,由司法机关依法追究刑事责任。

第六章　附　　则

第三十一条　本规定由国务院建设行政主管部门负责解释。

第三十二条　省、自治区、直辖市人民政府建设行政主管部门,可依据本规定制定实施细则。

第三十三条　本规定自 1995 年 9 月 1 日起实施。

附录九

住宅室内装饰装修管理办法

中华人民共和国建设部令　第 110 号

第一章　总　则

第一条　为加强住宅室内装饰装修管理,保证装饰装修工程质量和安全,维护公共安全和公众利益,根据有关法律、法规,制定本办法。

第二条　在城市从事住宅室内装饰装修活动,实施对住宅室内装饰装修活动的监督管理,应当遵守本办法。

本办法所称住宅室内装饰装修,是指住宅竣工验收合格后,业主或者住宅使用人(以下简称装修人)对住宅室内进行装饰装修的建筑活动。

第三条　住宅室内装饰装修应当保证工程质量和安全,符合工程建设强制性标准。

第四条　国务院建设行政主管部门负责全国住宅室内装饰装修活动的管理工作。

省、自治区人民政府建设行政主管部门负责本行政区域内的住宅室内装饰装修活动的管理工作。

直辖市、市、县人民政府房地产行政主管部门负责本行政区域内的住宅室内装饰装修活动的管理工作。

第二章　一　般　规　定

第五条　住宅室内装饰装修活动,禁止下列行为:

(一)未经原设计单位或者具有相应资质等级的设计单位提出设计方案,变动建筑主体和承重结构;

(二)将没有防水要求的房间或者阳台改为卫生间、厨房间;

(三)扩大承重墙上原有的门窗尺寸,拆除连接阳台的砖、混凝土墙体;

(四)损坏房屋原有节能设施,降低节能效果;

(五)其他影响建筑结构和使用安全的行为。

本办法所称建筑主体,是指建筑实体的结构构造,包括屋盖、楼盖、梁、柱、支撑、墙体、连接接点和基础等。

本办法所称承重结构,是指直接将本身自重与各种外加作用力系统地传递给基础地基的主要结构构件和其连接接点,包括承重墙体、立杆、柱、框架柱、支墩、楼板、梁、屋架、悬索等。

第六条　装修人从事住宅室内装饰装修活动,未经批准,不得有下列行为:

(一)搭建建筑物、构筑物;

(二)改变住宅外立面,在非承重外墙上开门、窗;

(三)拆改供暖管道和设施;

（四）拆改燃气管道和设施。

本条所列第（一）项、第（二）项行为，应当经城市规划行政主管部门批准；第（三）项行为，应当经供暖管理单位批准；第（四）项行为应当经燃气管理单位批准。

第七条 住宅室内装饰装修超过设计标准或者规范增加楼面荷载的，应当经原设计单位或者具有相应资质等级的设计单位提出设计方案。

第八条 改动卫生间、厨房间防水层的，应当按照防水标准制订施工方案，并做闭水试验。

第九条 装修人经原设计单位或者具有相应资质等级的设计单位提出设计方案变动建筑主体和承重结构的，或者装修活动涉及本办法第六条、第七条、第八条内容的，必须委托具有相应资质的装饰装修企业承担。

第十条 装饰装修企业必须按照工程建设强制性标准和其他技术标准施工，不得偷工减料，确保装饰装修工程质量。

第十一条 装饰装修企业从事住宅室内装饰装修活动，应当遵守施工安全操作规程，按照规定采取必要的安全防护和消防措施，不得擅自动用明火和进行焊接作业，保证作业人员和周围住房及财产的安全。

第十二条 装修人和装饰装修企业从事住宅室内装饰装修活动，不得侵占公共空间，不得损害公共部位和设施。

第三章　开工申报与监督

第十三条 装修人在住宅室内装饰装修工程开工前，应当向物业管理企业或者房屋管理机构（以下简称物业管理单位）申报登记。

非业主的住宅使用人对住宅室内进行装饰装修，应当取得业主的书面同意。

第十四条 申报登记应当提交下列材料：

（一）房屋所有权证（或者证明其合法权益的有效凭证）；

（二）申请人身份证件；

（三）装饰装修方案；

（四）变动建筑主体或者承重结构的，需提交原设计单位或者具有相应资质等级的设计单位提出的设计方案；

（五）涉及本办法第六条行为的，需提交有关部门的批准文件，涉及本办法第七条、第八条行为的，需提交设计方案或者施工方案；

（六）委托装饰装修企业施工的，需提供该企业相关资质证书的复印件。

非业主的住宅使用人，还需提供业主同意装饰装修的书面证明。

第十五条 物业管理单位应当将住宅室内装饰装修工程的禁止行为和注意事项告知装修人和装修人委托的装饰装修企业。

装修人对住宅进行装饰装修前，应当告知邻里。

第十六条 装修人，或者装修人和装饰装修企业，应当与物业管理单位签订住宅室内装饰装修管理服务协议。

住宅室内装饰装修管理服务协议应当包括下列内容：

（一）装饰装修工程的实施内容；

（二）装饰装修工程的实施期限；

（三）允许施工的时间；

（四）废弃物的清运与处置；

（五）住宅外立面设施及防盗窗的安装要求；

（六）禁止行为和注意事项；

（七）管理服务费用；

（八）违约责任；

（九）其他需要约定的事项。

第十七条 物业管理单位应当按照住宅室内装饰装修管理服务协议实施管理，发现装修人或者装饰装修企业有本办法第五条行为的，或者未经有关部门批准实施本办法第六条所列行为的，或者有违反本办法第七条、第八条、第九条规定行为的，应当立即制止；已造成事实后果或者拒不改正的，应当及时报告有关部门依法处理。对装修人或者装饰装修企业违反住宅室内装饰装修管理服务协议的，追究违约责任。

第十八条 有关部门接到物业管理单位关于装修人或者装饰装修企业有违反本办法行为的报告后，应当及时到现场检查核实，依法处理。

第十九条 禁止物业管理单位向装修人指派装饰装修企业或者强行推销装饰装修材料。

第二十条 装修人不得拒绝和阻碍物业管理单位依据住宅室内装饰装修管理服务协议的约定，对住宅室内装饰装修活动的监督检查。

第二十一条 任何单位和个人对住宅室内装饰装修中出现的影响公众利益的质量事故、质量缺陷以及其他影响周围住户正常生活的行为，都有权检举、控告、投诉。

第四章 委 托 与 承 接

第二十二条 承接住宅室内装饰装修工程的装饰装修企业，必须经建设行政主管部门资质审查，取得相应的建筑业企业资质证书，并在其资质等级许可的范围内承揽工程。

第二十三条 装修人委托企业承接其装饰装修工程的，应当选择具有相应资质等级的装饰装修企业。

第二十四条 装修人与装饰装修企业应当签订住宅室内装饰装修书面合同，明确双方的权利和义务。

住宅室内装饰装修合同应当包括下列主要内容：

（一）委托人和被委托人的姓名或者单位名称、住所地址、联系电话；

（二）住宅室内装饰装修的房屋间数、建筑面积，装饰装修的项目、方式、规格、质量要求以及质量验收方式；

（三）装饰装修工程的开工、竣工时间；

（四）装饰装修工程保修的内容、期限；

（五）装饰装修工程价格，计价和支付方式、时间；

（六）合同变更和解除的条件；

（七）违约责任及解决纠纷的途径；

（八）合同的生效时间；

（九）双方认为需要明确的其他条款。

第二十五条　住宅室内装饰装修工程发生纠纷的，可以协商或者调解解决。不愿协商、调解或者协商、调解不成的，可以依法申请仲裁或者向人民法院起诉。

第五章　室内环境质量

第二十六条　装饰装修企业从事住宅室内装饰装修活动，应当严格遵守规定的装饰装修施工时间，降低施工噪声，减少环境污染。

第二十七条　住宅室内装饰装修过程中所形成的各种固体、可燃液体等废物，应当按照规定的位置、方式和时间堆放和清运。严禁违反规定将各种固体、可燃液体等废物堆放于住宅垃圾道、楼道或者其他地方。

第二十八条　住宅室内装饰装修工程使用的材料和设备必须符合国家标准，有质量检验合格证明和有中文标识的产品名称、规格、型号、生产厂厂名、厂址等。禁止使用国家明令淘汰的建筑装饰装修材料和设备。

第二十九条　装修人委托企业对住宅室内进行装饰装修的，装饰装修工程竣工后，空气质量应当符合国家有关标准。装修人可以委托有资格的检测单位对空气质量进行检测。检测不合格的，装饰装修企业应当返工，并由责任人承担相应损失。

第六章　竣工验收与保修

第三十条　住宅室内装饰装修工程竣工后，装修人应当按照工程设计合同约定和相应的质量标准进行验收。验收合格后，装饰装修企业应当出具住宅室内装饰装修质量保修书。

物业管理单位应当按照装饰装修管理服务协议进行现场检查，对违反法律、法规和装饰装修管理服务协议的，应当要求装修人和装饰装修企业纠正，并将检查记录存档。

第三十一条　住宅室内装饰装修工程竣工后，装饰装修企业负责采购装饰装修材料及设备的，应当向业主提交说明书、保修单和环保说明书。

第三十二条　在正常使用条件下，住宅室内装饰装修工程的最低保修期限为2年，有防水要求的厨房、卫生间和外墙面的防渗漏为5年。保修期自住宅室内装饰装修工程竣工验收合格之日起计算。

第七章　法　律　责　任

第三十三条　因住宅室内装饰装修活动造成相邻住宅的管道堵塞、渗漏水、停水停电、物品毁坏等，装修人应当负责修复和赔偿；属于装饰装修企业责任的，装修人可以向装饰装修企业追偿。

装修人擅自拆改供暖、燃气管道和设施造成损失的，由装修人负责赔偿。

第三十四条　装修人因住宅室内装饰装修活动侵占公共空间，对公共部位和设施造成损害的，由城市房地产行政主管部门责令改正，造成损失的，依法承担赔偿责任。

第三十五条　装修人未申报登记进行住宅室内装饰装修活动的，由城市房地产行政主管部门责令改正，处500元以上1000元以下的罚款。

第三十六条　装修人违反本办法规定，将住宅室内装饰装修工程委托给不具有相应资质等级企业的，由城市房地产行政主管部门责令改正，处500元以上1000元以下的罚款。

第三十七条　装饰装修企业自行采购或者向装修人推荐使用不符合国家标准的装饰装修材料,造成空气污染超标的,由城市房地产行政主管部门责令改正,造成损失的,依法承担赔偿责任。

第三十八条　住宅室内装饰装修活动有下列行为之一的,由城市房地产行政主管部门责令改正,并处罚款:

(一)将没有防水要求的房间或者阳台改为卫生间、厨房间的,或者拆除连接阳台的砖、混凝土墙体的,对装修人处 500 元以上 1000 元以下的罚款,对装饰装修企业处 1000 元以上 1 万元以下的罚款;

(二)损坏房屋原有节能设施或者降低节能效果的,对装饰装修企业处 1000 元以上 5000 元以下的罚款;

(三)擅自拆改供暖、燃气管道和设施的,对装修人处 500 元以上 1000 元以下的罚款;

(四)未经原设计单位或者具有相应资质等级的设计单位提出设计方案,擅自超过设计标准或者规范增加楼面荷载的,对装修人处 500 元以上 1000 元以下的罚款,对装饰装修企业处 1000 元以上 1 万元以下的罚款。

第三十九条　未经城市规划行政主管部门批准,在住宅室内装饰装修活动中搭建建筑物、构筑物的,或者擅自改变住宅外立面、在非承重外墙上开门、窗的,由城市规划行政主管部门按照《城市规划法》及相关法规的规定处罚。

第四十条　装修人或者装饰装修企业违反《建设工程质量管理条例》的,由建设行政主管部门按照有关规定处罚。

第四十一条　装饰装修企业违反国家有关安全生产规定和安全生产技术规程,不按照规定采取必要的安全防护和消防措施,擅自动用明火作业和进行焊接作业的,或者对建筑安全事故隐患不采取措施予以消除的,由建设行政主管部门责令改正,并处 1000 元以上 1 万元以下的罚款;情节严重的,责令停业整顿,并处 1 万元以上 3 万元以下的罚款;造成重大安全事故的,降低资质等级或者吊销资质证书。

第四十二条　物业管理单位发现装修人或者装饰装修企业有违反本办法规定的行为不及时向有关部门报告的,由房地产行政主管部门给予警告,可处装饰装修管理服务协议约定的装饰装修管理服务费 2 至 3 倍的罚款。

第四十三条　有关部门的工作人员接到物业管理单位对装修人或者装饰装修企业违法行为的报告后,未及时处理,玩忽职守的,依法给予行政处分。

第八章　附　　则

第四十四条　工程投资额在 30 万元以下或者建筑面积在 $300m^2$ 以下,可以不申请办理施工许可证的非住宅装饰装修活动参照本办法执行。

第四十五条　住宅竣工验收合格前的装饰装修工程管理,按照《建设工程质量管理条例》执行。

第四十六条　省、自治区、直辖市人民政府建设行政主管部门可以依据本办法,制定实施细则。

第四十七条　本办法由国务院建设行政主管部门负责解释。

第四十八条　本办法自 2002 年 5 月 1 日起施行。

附录十

物业管理企业资质管理办法

中华人民共和国建设部令　第 125 号

第一条　为了加强对物业管理活动的监督管理,规范物业管理市场秩序,提高物业管理服务水平,根据《物业管理条例》,制定本办法。

第二条　在中华人民共和国境内申请物业管理企业资质,实施对物业管理企业资质管理,适用本办法。

本办法所称物业管理企业,是指依法设立、具有独立法人资格,从事物业管理服务活动的企业。

第三条　物业管理企业资质等级分为一、二、三级。

第四条　国务院建设主管部门负责一级物业管理企业资质证书的颁发和管理。

省、自治区人民政府建设主管部门负责二级物业管理企业资质证书的颁发和管理,直辖市人民政府房地产主管部门负责二级和三级物业管理企业资质证书的颁发和管理,并接受国务院建设主管部门的指导和监督。

设区的市的人民政府房地产主管部门负责三级物业管理企业资质证书的颁发和管理,并接受省、自治区人民政府建设主管部门的指导和监督。

第五条　各资质等级物业管理企业的条件如下:

(一)一级资质

1. 注册资本人民币 500 万元以上;

2. 物业管理专业人员以及工程、管理、经济等相关专业类的专职管理和技术人员不少于 30 人。其中,具有中级以上职称的人员不少于 20 人,工程、财务等业务负责人具有相应专业中级以上职称;

3. 物业管理专业人员按照国家有关规定取得职业资格证书;

4. 管理两种类型以上物业,并且管理各类物业的房屋建筑面积分别占下列相应计算基数的百分比之和不低于 100%:

(1) 多层住宅 200 万 m²;

(2) 高层住宅 100 万 m²;

(3) 独立式住宅(别墅)15 万 m²;

(4) 办公楼、工业厂房及其他物业 50 万 m²。

5. 建立并严格执行服务质量、服务收费等企业管理制度和标准,建立企业信用档案系统,有优良的经营管理业绩。

(二)二级资质

1. 注册资本人民币 300 万元以上;

2. 物业管理专业人员以及工程、管理、经济等相关专业类的专职管理和技术人员不少于 20 人。其中,具有中级以上职称的人员不少于 10 人,工程、财务等业务负责人具有相应

专业中级以上职称;

3. 物业管理专业人员按照国家有关规定取得职业资格证书;

4. 管理两种类型以上物业,并且管理各类物业的房屋建筑面积分别占下列相应计算基数的百分比之和不低于100%:

(1) 多层住宅 100 万 m^2;

(2) 高层住宅 50 万 m^2;

(3) 独立式住宅(别墅)8 万 m^2;

(4) 办公楼、工业厂房及其他物业 20 万 m^2。

5. 建立并严格执行服务质量、服务收费等企业管理制度和标准,建立企业信用档案系统,有良好的经营管理业绩。

(三) 三级资质

1. 注册资本人民币 50 万元以上;

2. 物业管理专业人员以及工程、管理、经济等相关专业类的专职管理和技术人员不少于 10 人。其中,具有中级以上职称的人员不少于 5 人,工程、财务等业务负责人具有相应专业中级以上职称;

3. 物业管理专业人员按照国家有关规定取得职业资格证书;

4. 有委托的物业管理项目;

5. 建立并严格执行服务质量、服务收费等企业管理制度和标准,建立企业信用档案系统。

第六条 新设立的物业管理企业应当自领取营业执照之日起 30 日内,持下列文件向工商注册所在地直辖市、设区的市的人民政府房地产主管部门申请资质:

(一) 营业执照;

(二) 企业章程;

(三) 验资证明;

(四) 企业法定代表人的身份证明;

(五) 物业管理专业人员的职业资格证书和劳动合同,管理和技术人员的职称证书和劳动合同。

第七条 新设立的物业管理企业,其资质等级按照最低等级核定,并设一年的暂定期。

第八条 一级资质物业管理企业可以承接各种物业管理项目。

二级资质物业管理企业可以承接 30 万 m^2 以下的住宅项目和 8 万 m^2 以下的非住宅项目的物业管理业务。

三级资质物业管理企业可以承接 20 万 m^2 以下住宅项目和 5 万 m^2 以下的非住宅项目的物业管理业务。

第九条 申请核定资质等级的物业管理企业,应当提交下列材料:

(一) 企业资质等级申报表;

(二) 营业执照;

(三) 企业资质证书正、副本;

(四) 物业管理专业人员的职业资格证书和劳动合同,管理和技术人员的职称证书和劳动合同,工程、财务负责人的职称证书和劳动合同;

（五）物业服务合同复印件；

（六）物业管理业绩材料。

第十条 资质审批部门应当自受理企业申请之日起 20 个工作日内，对符合相应资质等级条件的企业核发资质证书；一级资质审批前，应当由省、自治区人民政府建设主管部门或者直辖市人民政府房地产主管部门审查，审查期限为 20 个工作日。

第十一条 物业管理企业申请核定资质等级，在申请之日前一年内有下列行为之一的，资质审批部门不予批准：

（一）聘用未取得物业管理职业资格证书的人员从事物业管理活动的；

（二）将一个物业管理区域内的全部物业管理业务一并委托给他人的；

（三）挪用专项维修资金的；

（四）擅自改变物业管理用房用途的；

（五）擅自改变物业管理区域内按照规划建设的公共建筑和共用设施用途的；

（六）擅自占用、挖掘物业管理区域内道路、场地，损害业主共同利益的；

（七）擅自利用物业共用部位、共用设施设备进行经营的；

（八）物业服务合同终止时，不按规定移交物业管理用房和有关资料的；

（九）与物业管理招标人或者其他物业管理投标人相互串通，以不正当手段谋取中标的；

（十）不履行物业服务合同，业主投诉较多，经查证属实的；

（十一）超越资质等级承接物业管理业务的；

（十二）出租、出借、转让资质证书的；

（十三）发生重大责任事故的。

第十二条 资质证书分为正本和副本，由国务院建设主管部门统一印制，正、副本具有同等法律效力。

第十三条 任何单位和个人不得伪造、涂改、出租、出借、转让资质证书。

企业遗失资质证书，应当在新闻媒体上声明后，方可申请补领。

第十四条 企业发生分立、合并的，应当在向工商行政管理部门办理变更手续后 30 日内，到原资质审批部门申请办理资质证书注销手续，并重新核定资质等级。

第十五条 企业的名称、法定代表人等事项发生变更的，应当在办理变更手续后 30 日内，到原资质审批部门办理资质证书变更手续。

第十六条 企业破产、歇业或者因其他原因终止业务活动的，应当在办理营业执照注销手续后 15 日内，到原资质审批部门办理资质证书注销手续。

第十七条 物业管理企业资质实行年检制度。

各资质等级物业管理企业的年检由相应资质审批部门负责。

第十八条 符合原定资质等级条件的，物业管理企业的资质年检结论为合格。

不符合原定资质等级条件的，物业管理企业的资质年检结论为不合格，原资质审批部门应当注销其资质证书，由相应资质审批部门重新核定其资质等级。

资质审批部门应当将物业管理企业资质年检结果向社会公布。

第十九条 物业管理企业取得资质证书后，不得降低企业的资质条件，并应当接受资质审批部门的监督检查。

资质审批部门应当加强对物业管理企业的监督检查。

第二十条　有下列情形之一的,资质审批部门或者其上级主管部门,根据利害关系人的请求或者根据职权可以撤销资质证书:

(一)审批部门工作人员滥用职权、玩忽职守作出物业管理企业资质审批决定的;

(二)超越法定职权作出物业管理企业资质审批决定的;

(三)违反法定程序作出物业管理企业资质审批决定的;

(四)对不具备申请资格或者不符合法定条件的物业管理企业颁发资质证书的;

(五)依法可以撤销审批的其他情形。

第二十一条　物业管理企业超越资质等级承接物业管理业务的,由县级以上地方人民政府房地产主管部门予以警告,责令限期改正,并处 1 万元以上 3 万元以下的罚款。

第二十二条　物业管理企业无正当理由不参加资质年检的,由资质审批部门责令其限期改正,可处 1 万元以上 3 万元以下的罚款。

第二十三条　物业管理企业出租、出借、转让资质证书的,由县级以上地方人民政府房地产主管部门予以警告,责令限期改正,并处 1 万元以上 3 万元以下的罚款。

第二十四条　物业管理企业不按照本办法规定及时办理资质变更手续的,由县级以上地方人民政府房地产主管部门责令限期改正,可处 2 万元以下的罚款。

第二十五条　资质审批部门有下列情形之一的,由其上级主管部门或者监察机关责令改正,对直接负责的主管人员和其他直接责任人员依法给予行政处分;构成犯罪的,依法追究刑事责任:

(一)对不符合法定条件的企业颁发资质证书的;

(二)对符合法定条件的企业不予颁发资质证书的;

(三)对符合法定条件的企业未在法定期限内予以审批的;

(四)利用职务上的便利,收受他人财物或者其他好处的;

(五)不履行监督管理职责,或者发现违法行为不予查处的。

第二十六条　本办法自 2004 年 5 月 1 日起施行。

附录十一

城市房屋租赁管理办法

中华人民共和国建设部令　第42号

第一章　总　　则

第一条　为加强城市房屋租赁管理,维护房地产市场秩序,保障房屋租赁当事人的合法权益,根据《中华人民共和国城市房地产管理法》,制定本办法。

第二条　本办法适用于直辖市、市、建制镇的房屋租赁。

第三条　房屋所有权人将房屋出租给承租人居住或提供给他人从事经营活动及以合作方式与他人从事经营活动的,均应遵守本办法。

承租人经出租人同意,可以依照本办法将承租房屋转租。

第四条　公民、法人或其他组织对享有所有权的房屋和国家授权管理和经营的房屋可以依法出租。

第五条　房屋租赁当事人应当遵循自愿、平等、互利的原则。

第六条　有下列情形之一的房屋不得出租:

(一) 未依法取得房屋所有权证的;

(二) 司法机关和行政机关依法裁定、决定查封或者以其他形式限制房地权利的;

(三) 共有房屋未取得共有人同意的;

(四) 权属有争议的;

(五) 属于违法建筑的;

(六) 不符合安全标准的;

(七) 已抵押,未经抵押权人同意的;

(八) 不符合公安、环保、卫生等主管部门有关规定的;

(九) 有关法律、法规规定禁止出租的其他情形。

第七条　住宅用房的租赁,应当执行国家的房屋所在地城市人民政府规定的租赁政策。

租用房屋从事生产、经营活动的,由租赁双方协商议定租金和其他租赁条款。

第八条　国务院建设行政主管部门主管全国城市房屋租赁管理工作。

省、自治区建设行政主管部门主管本行政区域内城市房屋租赁管理工作。

直辖市、县人民政府房地产行政主管部门(以下简称房地产管理部门)主管本行政区域内的城市房屋租赁管理工作。

第二章　租　赁　合　同

第九条　房屋租赁,当事人应当签订书面租赁合同,租赁合同应当具备以下条款;

(一) 当事人姓名或者名称及住所;

(二) 房屋的坐落、面积、装修及设施状况;

（三）租赁用途；

（四）租赁期限；

（五）租金及交付方式；

（六）房屋修缮责任；

（七）转租的约定；

（八）变更和解除合同的条件；

（九）违约责任；

（十）当事人约定的其他条款。

第十条 房屋租赁期限届满，租赁合同约止。承租人需要继续租用的，应当在租赁期限届满前 3 个月提出，并经出租人同意，重新签订租赁合同。

第十一条 租赁期限内，房屋出租人转让房屋所有权的，房屋受让人应当继续履行原租赁合同的规定。

出租人在租赁期限内死亡的，其继承人应当继续履行原租赁合同

住宅用房承租人在租赁期限内死亡的，其共同居住两年以上的家庭成员可以继续承租。

第十二条 有下列情形之一的，房屋租赁当事人可以变更或者解除租赁合同：

（一）符合法律规定或者合同约定可以变更或解除合同条款的；

（二）因不可抗力致使租赁合同不能继续履行的；

（三）当事人协商一致的。

因变更或者解除租赁合同使一方当事人遭受损失的，除依法可以免除责任的以外，应当由责任方负责赔偿。

第三章 租 赁 登 记

第十三条 房屋租赁实行登记备案制度。

签订、变更、终止租赁合同的，当事人应当向房屋所在地直辖市、市、县人民政府房地产管理部门登记备案。

第十四条 房屋租赁当事人应当在租赁合同签订后 30 日内，持本办法第十五条规定的文件到直辖市、市、县人民政府房地产管理部门办理登记备案手续。

第十五条 申请房屋租赁登记备案应当提交下列文件：

（一）书面租赁合同；

（二）房屋所有权证书；

（三）当事人的合法证件；

（四）城市人民政府规定的其他文件。

出租共有房屋，还须提交其他共有人同意出租的证明。

出租委托代管房屋，还须提交委托代管人授权出租的证明。

第十六条 房屋租赁申请经直辖市、市、县人民政府房地产管理部门审查合格后，颁发《房屋租赁证》。

县人民政府所在地以外的建制镇的房屋租赁申请，可由直辖市、市、县人民政府房地产管理部门委托的机构审查，并颁发《房屋租赁证》。

第十七条 《房屋租赁证》是租赁行为合法有效的凭证。租用房屋从事生产、经营活动

的,《房屋租赁证》作为经营场所合法的凭证。租用房屋用于居住的,《房屋租赁凭证》可作为公安部门办理户口登记的凭证之一。

第十八条　严禁伪造、涂改、转借、转让《房屋租赁证》。遗失《房屋租赁证》应当向原发证机关申请补发。

第四章　当事人的权利和义务

第十九条　房屋租赁当事人按照租赁合同的约定,享有权利,并承担相应的义务。

出租人在租赁期限内,确需提前收回房屋时,应当事先商得承租人同意,给承租人造成损失的,应当予以赔偿。

第二十条　出租人应当依照租赁合同约定的期限将房屋交付承租人,不能按期交付的,应当支付违约金,给承租人造成损失的,应当承担赔偿责任。

第二十一条　出租住宅用房的自然损坏或合同约定由出租人修缮的,由出租人负责修复。不及时修复,致使房屋发生破坏性事故,造成承租人财产损失或者人身伤害的,应当承担赔偿责任。

租用房屋从事生产、经营活动的,修缮责任由双方当事人在租赁合同中约定。

第二十二条　承租人必须按期缴纳租金,违约的,应当支付违约金。

第二十三条　承租人应当爱护并合理使用所承租的房屋及附属设施,不得擅自拆改、扩建或增添。确需变动的,必须征得出租人的同意,并签订书面合同。

因承租人过错造成房屋损坏的,由承租人负责修复或者赔偿。

第二十四条　承租人有下列行为之一的,出租人有权终止合同,收回房屋,因此而造成损失的,由承租人赔偿:

(一)将承租的房屋擅自转租的;

(二)将承租的房屋擅自转让、转借他人或擅自调换使用的;

(三)将承租的房屋擅自拆改结构或改变用途的;

(四)拖欠租金累计六个月以上的;

(五)公用住宅用房无正当理由闲置6个月以上的;

(六)租用承租房屋进行违法活动的;

(七)故意损坏承租房屋的;

(八)法律、法规规定其他可以收回的。

第二十五条　以营利为目的,房屋所有权人将以划拨方式取得使用权的国有土地上建成的房屋出租的,应当将租金中所含土地收益上缴国家。土地收益的上缴办法,应当按照财政部《关于国有土地使用权有偿使用收入征收管理的暂行办法》和《关于国有土地使用权有偿使用收入若干财政问题的暂行规定》的规定,由直辖市、市、县人民政府房地产管理部门代收代缴。国务院颁布有新的规定时,从其规定。

第五章　转　　租

第二十六条　房屋转租,是指房屋承租人将承租的房屋再出租的行为。

第二十七条　承租人在租赁期限内,征得出租人同意,可以将承租房屋的部分或全部转租给他人。

出租人可以从转租中获得收益。

第二十八条　房屋转租,应当订立转租合同。转租合同必须经原出租人书面同意,并按照本办法的规定办理登记备案手续。

第二十九条　转租合同的终止日期不得超过原租赁合同规定的终止日期,但出租人与转租双方协商约定的除外。

第三十条　转租合同生效后,转租人享有并承担转租合同规定的出租人的权利和义务,并且应当履行原租赁合同规定的承租人的义务,但出租人与转租双方另有约定的除外。

第三十一条　转租期间,原租赁合同变更、解除或者终止,转租合同也随之相应的变更、解除或者终止。

第六章　法　律　责　任

第三十二条　违反本办法有下列行为之一的,由直辖市、市、县人民政府房地产管理部门对责任者给予行政处罚;

(一)伪造、涂改《房屋租赁证》的,注销其证书,并可处以罚款;

(二)不按期申报、领取《房屋租赁证》的,责令限期补办手续,并可处以罚款;

(三)未征得出租人同意和未办理登记备案,擅自转租房屋的,其租赁行为无效,没收其非法所得,并可处以罚款。

第三十三条　违反本办法,情节严重,构成犯罪的,由司法机关依法追究刑事责任。

第三十四条　房屋租赁管理工作人员徇私舞弊、贪污受贿的,由所在机关给予行政处分;情节严重、构成犯罪的,由司机机关依法追究刑事责任。

第七章　附　　则

第三十五条　未设镇建制的工矿区、国有农场。林场等房屋租赁,参照本办法执行。

第三十六条　省、自治区建设行政主管部门,直辖市人民政府房地产管理部门可以根据本办法制定实施细则。

第三十七条　本办法由建设部负责解释。

第三十八条　本办法自 1995 年 6 月 1 日起施行。

附录十二

城市房地产中介服务管理规定

中华人民共和国建设部令 第 97 号

(1996 年 1 月 8 日建设部令第 50 号发布,2001 年 8 月 15 日根据
《建设部关于修改＜城市房地产中介服务管理规定＞的决定》修正)

第一章 总 则

第一条 为了加强房地产中介服务管理,维护房地产市场秩序,保障房地产活动当事人的合法权益,根据《中华人民共和国城市房地产管理法》,制定本规定。

第二条 凡从事城市房地产中介服务的,应遵守本规定。

本规定所称房地产中介服务,是指房地产咨询、房地产价格评估、房地产经纪等活动的总称。

本规定所称房地产咨询,是指为房地产活动当事人提供法律法规、政策、信息、技术等方面服务的经营活动。

本规定所称房地产价格评估,是指对房地产进行测算,评定其经济价值和价格的经营活动。

本规定所称房地产经纪,是指为委托人提供房地产信息和居间代理业务的经营活动。

第三条 国务院建设行政主管部门归口管理全国房地产中介服务工作。

省、自治区建设行政主管部门归口管理本行政区域内的房地产中介服务工作。

直辖市、市、县人民政府房地产行政主管部门(以下简称房地产管理部门)管理本行政区域内的房地产中介服务工作。

第二章 中介服务人员资格管理

第四条 从事房地产咨询业务的人员,必须是具有房地产及相关专业中等以上学历,有与房地产咨询业务相关的初级以上专业技术职称并取得考试合格证书的专业技术人员。

房地产咨询人员的考试办法,由省、自治区人民政府建设行政主管部门和直辖市房地产管理部门制订。

第五条 国家实行房地产价格评估人员资格认证制度。

房地产价格评估人员分为房地产估价师和房地产估价员。

第六条 房地估价师必须是经国家统一考试、执业资格认证,取得《房地产估价师执业资格证书》,并经注册登记取得《房地产估价师注册证》的人员。未取得《房地产估价师注册证》的人员,不得以房地产估价师的名义从事房地产估价业务。

房地产估价师的考试办法,由国务院建设行政主管部门和人事主管部门共同制定。

第七条 房地产估价员必须是经过考试并取得《房地产估价员岗位合格证》的人员。未取得《房地产估价员岗位合格证》的人员,不得从事房地产估价业务。

房地产估价员的考试办法,由省、自治区人民政府建设行政主管部门和直辖市房地产管理部门制订。

第八条 房地产经纪人必须是经过考试、注册并取得《房地产经纪人资格证》的人员。未取得《房地产经纪人资格证》的人员,不得从事房地产经纪业务。

房地产经纪人的考试和注册办法另行制定。

第九条 严禁伪造、涂改、转让《房地产估价师执业资格证书》、《房地产估价师注册证》、《房地产估价员岗位合格证》、《房地产经纪人资格证》。

遗失《房地产估价师执业资格证书》、《房地产估价师注册证》、《房地产估价员岗位合格证》、《房地产经纪人资格证》的,应当向原发证机关申请补发。

第三章 中介服务机构管理

第十条 从事房地产中介业务,应当设立相应的房地产中介服务机构。

房地产中介服务机构,应是具有独立法人资格的经济组织。

第十一条 设立房地产中介服务机构应具备下列条件:

(一)有自己的名称、组织机构;

(二)有固定的服务场所;

(三)有规定数量的财产和经费;

(四)从事房地产咨询业务的,具有房地产及相关专业中等以上学历、初级以上专业技术职称人员须占总人数的50％以上;从事房地产评估业务的,须有规定数量的房地产估价师;从事房地产经纪业务的,须有规定数量的房地产经纪人。

跨省、自治区、直辖市从事房地产估价业务的机构,应到该业务发生地省、自治区人民政府建设行政主管部门或者直辖市人民政府房地产行政主管部门备案。

第十二条 设立房地产中介服务机构,应当向当地的工商行政管理部门申请设立登记。房地产中介服务机构在领取营业执照后的一个月内,应当到登记机关所在地的县级以上人民政府房地产管理部门备案。

第十三条 房地产管理部门应当每年对房地产中介服务机构的专业人员条件进行一次检查,并于每年年初公布检查合格的房地产中介服务机构名单。检查不合格的,不得从事房地产中介业务。

第十四条 房地产中介服务机构必须履行下列义务:

(一)遵守有关的法律、法规和政策;

(二)遵守自愿、公平、诚实信用的原则;

(三)按照核准的业务范围从事经营活动;

(四)按规定标准收取费用;

(五)依法交纳税费;

(六)接受行业主管部门及其他有关部门的指导、监督和检查。

第四章 中介业务管理

第十五条 房地产中介服务人员承办业务,由其所在中介机构统一受理并与委托人签订书面中介服务合同。

第十六条 经委托人同意,房地产中介服务机构可以将委托的房地产中介业务转让委托给具有相应资格的中介服务机构代理,但不得增加佣金。

第十七条 房地产中介服务合同应当包括下列主要内容:

(一)当事人姓名或者名称、住所;

(二)中介服务项目的名称、内容、要求和标准;

(三)合同履行期限;

(四)收费金额和支付方式、时间;

(五)违约责任和纠纷解决方式;

(六)当事人约定的其他内容。

第十八条 房地产中介服务费用由房地产中介服务机构统一收取,房地产中介服务机构收取费用应当开具发票,依法纳税。

第十九条 房地产中介服务机构开展业务应当建立业务记录,设立业务台账。业务记录和业务台账应当载明业务活动中的收入、支出等费用,以及省、自治区建设行政主管部门和直辖市房地产管理部门要求的其他内容。

第二十条 房地产中介服务人员执行业务,可以根据需要查阅委托人的有关资料和文件,查看现场。委托人应当协助。

第二十一条 房地产中介服务人员在房地产中介活动中不得有下列行为:

(一)索取、收受委托合同以外的酬金或其他财物,或者利用工作之便,牟取其他不正当的利益;

(二)允许他人以自己的名义从事房地产中介业务;

(三)同时在两个或两个以上中介服务机构执行业务;

(四)与一方当事人串通损害另一方当事人利益;

(五)法律、法规禁止的其他行为。

第二十二条 房地产中介服务人员与委托人有利害关系的,应当回避。委托人有权要求其回避。

第二十三条 因房地产中介服务人员过失,给当事人造成经济损失的,由所在中介服务机构承担赔偿责任。所在中介服务机构可以对有关人员追偿。

第五章 罚 则

第二十四条 违反本规定,有下列行为之一的,由直辖市、市、县人民政府房地产管理部门会同有关部门对责任者给予处罚:

(一)未取得房地产中介资格擅自从事房地产中介业务的,责令停止房地产中介业务,并可处以 1 万元以上 3 万元以下的罚款;

(二)违反本规定第九条第一款规定的,收回资格证书或者公告资格证书作废,并可处以 1 万元以下的罚款;

(三)违反本规定第二十一条规定的,收回资格证书或者公告资格证书作废,并可处以 1 万元以上 3 万元以下的罚款;

(四)超过营业范围从事房地产中介活动的,处以 1 万元以上 3 万元以下的罚款。

第二十五条 因委托人的原因,给房地产中介服务机构或人员造成经济损失的,委托人应当承担赔偿责任。

第二十六条 房地产中介服务人员违反本规定,构成犯罪的,依法追究刑事责任。

第二十七条 房地产管理部门工作人员在房地产中介服务管理中以权谋私、贪污受贿的,依法给予行政处分;构成犯罪的,依法追究刑事责任。

第六章 附 则

第二十八条 省、自治区建设行政主管部门、直辖市房地产行政主管部门可以根据本规定制定实施细则。

第二十九条 本规定由国务院建设行政主管部门负责解释。

第三十条 本规定自 1996 年 2 月 1 日起施行。

附录十三

城市房屋修缮管理规定

（中华人民共和国建设部部令　第 11 号）

第一章　总　　则

第一条　为加强城市房屋修缮的管理，保障房屋住用安全，保持和提高房屋的完好程度与使用功能，制定本规定。

第二条　本规定适用于城市（指国家按行政建制设立的直辖市、市、镇）房屋的修缮管理。

公有住宅向个人出售后的维修养护管理办法另行制定。

第三条　本规定所称房屋修缮，是指对已建成的房屋进行拆改、翻修和维护。

本规定所称房屋所有人，是指持有房屋产权证的直管公房管理单位、自管房单位和私房所有人。

第四条　城市房屋的所有人、使用人和房屋修缮企事业单位，均应遵守本规定。

第五条　城市房屋的修缮，应当根据地区和季节的特点，与抗震加固、白蚁防治、抗洪、防风、防霉等相结合。

对于文物保护建筑，古建筑和优秀近代建筑等有保护价值房屋的修缮，应当依照有关规定执行。

对于工业建筑、公共建筑的修缮，还应当参照其他有关规定执行。

第二章　房屋修缮管理机构的职责

第六条　国务院建设行政主管部门主管全国城市房屋修缮管理工作。

县级以上地方人民政府房地产行政主管部门负责本行政区域城市房屋修缮管理工作。

第七条　县级以上人民政府房地产行政主管部门对于城市房屋修缮的管理，应当履行下列主要职责：

（一）贯彻执行国家和地方有关城市房屋修缮的法规、标准和方针、政策，组织编制城市房屋修缮的长期规划和近期计划，并督促实施；

（二）按照管理权限对房屋修缮企事业单位进行资质管理；

（三）组织或参与房屋修缮定额的编制、修订，并监督检查执行情况；

（四）指导并督促房屋所有人落实房屋修缮资金；

（五）负责房屋修缮工程的安全、质量监督管理；

（六）组织房屋修缮业务、技术的培训和房屋修缮新技术、新工艺、新设备的推广应用；

（七）依法调解和处理有关房屋修缮的争议和纠纷。

第八条　自管房单位的房屋修缮管理机构的职责，由其主管部门制定。其房屋修缮管理工作，应当接受当地人民政府房地产行政主管部门的指导。

第三章　房屋修缮责任

第九条　依照国家和地方的有关规定修缮房屋,是房屋所有人应当履行的责任。

异产毗连房屋的修缮,其所有人依照《城市异产毗连房屋管理规定》承担责任。

第十条　租赁房屋的修缮,由租赁双方依法约定修缮责任。

第十一条　因使用不当或者人为造成房屋损坏的,由其行为人负责修复或者给予赔偿。

第十二条　在已经批准的建设用地范围内,产权已经转移给建设单位的危险房屋,其拆除前的修缮由建设单位负责。

第十三条　房屋所有人和其他负有房屋修缮责任的人(以下简称修缮责任人),应当定期查勘房屋,掌握房屋完损情况,发现损坏及时修缮;在暴风、雨、雪等季节,应当做好预防工作,发现房屋险情及时抢险修复。

在房屋修缮时,该房屋的使用人和相邻人应当给予配合,不得借故阻碍房屋的修缮。

第十四条　对于房屋所有人或者修缮责任人不及时修缮房屋,或者因他人阻碍,有可能导致房屋发生危险的,当地人民政府房地产行政主管部门可以采取排险解危的强制措施。排险解危的费用由当事人承担。

第四章　房屋修缮计划管理

第十五条　县级以上地方人民政府房地产行政主管部门组织编制的房屋修缮长期规划和近期计划,应当规定规划或者计划期内改善房屋完损状况和使用条件的总目标及实施步骤。

房屋修缮近期计划应当纳入当地的城市建设计划,进行资金和材料平衡。

第十六条　县级以上地方人民政府房地产行政主管部门应当指导和监督直管公房管理单位、自管房单位编制年度房屋修缮计划,并检查其执行情况。年度房屋修缮计划应当包括下列主要内容:

(一)房屋结构类型;

(二)修缮面积;

(三)修缮分类;

(四)修缮费用;

(五)计划期内房屋完好率、危房率;

第十七条　直管公房管理单位和自管房单位应当对年度房屋修缮计划的执行情况进行定期统计,并报送当地人民政府房地产行政主管部门。

第五章　房屋修缮资金管理

第十八条　房屋修缮资金的安排应当与下列要求相适应:

(一)保证住用安全;

(二)翻修危险房屋;

(三)具备正常的使用功能;

(四)在可能的情况下改善住房条件。

第十九条　直管公房修缮资金的筹措,可以通过下列途径:

（一）房租收入中应当用于房屋修缮的部分；

（二）从城市维护建设资金中适当划拨；

（三）本系统多种经营收入的部分盈余；

（四）法规和政策允许用于房屋修缮的其他资金。

第二十条 单位自管房的修缮资金,由单位自行解决。

第二十一条 私有房屋的修缮资金,由房屋所有人自行解决。用于出租的私有房屋,其所有人筹集修缮资金确有困难的,按照《城市私有房屋管理条例》的有关规定执行。

第六章 房屋修缮质量管理

第二十二条 对于中修以上的房屋修缮工程,房屋所有人或者修缮责任人必须向房屋所在地的有关质量监督机构办理质量监督手续;未办理质量监督手续的,不得施工。

房屋修缮工程的分类,按照《房屋修缮范围和标准》执行。

第二十三条 中修以上的房屋修缮工程,应当先进行查勘设计,并严格按照设计组织施工。

中修以上的房屋修缮工程竣工后,由房屋管理部门或者房屋所在地的县级以上地方人民政府房地产行政主管部门依照《房屋修缮工程质量检验评定标准》组织质量检验评定。凡检验评定不合格的,不得交付使用。

第二十四条 房屋修缮工程实行质量保修制度。质量保修的内容和期限,应当在工程合同中载明。

第二十五条 房屋修缮工程发生重大事故的,由县级以上地方人民政府房地产行政主管部门会同有关部门调查处理。

第七章 房屋修缮定额管理

第二十六条 各级人民政府房地产行政主管部门必须建立、健全房屋修缮工程定额管理制度,对房屋修缮工程定额实行归口管理。

第二十七条 房屋修缮工程定额,应当做到项目设置恰当,结构合理,平均先进,简明适用,并考虑下列因素。

（一）施工场地和修、用并存的限制；

（二）拆卸、修补与原有结构的结合；

（三）旧材料的加工及其他合理利用；

（四）手工操作为主和工程零星分散的特性。

第二十八条 县级以上地方人民政府房地产行政主管部门应当对房屋修缮工程定额的执行情况进行检查,并组织对房屋修缮工程定额进行测定,为修订定额积累资料。

第八章 房屋修缮企事业单位管理

第二十九条 县级以上地方人民政府房地产行政主管部门对房屋修缮企事业单位实行归口管理。

第三十条 从事房屋修缮业务的企事业单位,应当向当地人民政府房地产行政主管部门申请办理资质登记,并按照批准的资质等级承接修缮任务。

已取得施工企业《资质等级证书》或《资质审查证书》的单位,凡从事房屋修缮业务的,可以不另行领取资质证书,但应当向当地人民政府房地产行政主管部门办理核准等级手续。

第三十一条 房屋修缮企事业单位应当健全各项管理制度,严格遵守国家和地方有关房屋修缮的规定、标准和服务纪律,保证工程质量和服务质量。

第九章 法 律 责 任

第三十二条 凡违反本规定,有下列行为之一的,县级以上地方人民政府房地产行政主管部门可以给予行政处罚:

(一)房屋所有人或者修缮责任人不按照国家和地方有关规定修缮房屋,造成房屋严重损坏或者危害他人生命财产的;

(二)无故阻碍房屋修缮,造成严重后果的;

(三)无证或者越级承担房屋修缮任务的;

(四)中修以上的房屋修缮工程,不办理质量监督手续的;

(五)房屋修缮工程发生质量、安全事故的。

具体处罚办法由省、自治区、直辖市人民政府房地产行政主管部门制订,报同级人民政府批准后执行。

第三十三条 当事人对行政处罚决定不服的,可以依照《中华人民共和国行政诉讼法》和《行政复议条例》的有关规定,申请行政复议或者向人民法院起诉。逾期不申请复议或者不向人民法院起诉,又不履行处罚决定的,由作出处罚决定的机关申请人民法院强行执行。

第十章 附 则

第三十四条 未设镇建制的工矿区,可以参照本规定执行。建制镇的房屋修缮管理有特殊要求而不适用于本规定的,由省、自治区、直辖市人民政府房地产行政主管部门另行规定。

第三十五条 省、自治区、直辖市人民政府房地产行政主管部门可以依照本规定制订实施细则。

第三十六条 本规定由国务院建设行政主管部门负责解释。

第三十七条 本规定自 1991 年 8 月 1 日起施行。

附录十四

物业管理企业财务管理规定

(1998年3月12日中华人民共和国财政部财基字[1998]7号文发布)

第一章 总 则

第一条 为了规范物业管理企业财务行为,有利于企业公平竞争,加强财务管理和经济核算,结合物业管理企业的特点及其管理要求,制定本规定。

除本规定另有规定外,物业管理企业执行《施工、房地产开发企业财务制度》。

第二条 本规定适用于中华人民共和国境内的各类物业管理企业(以下简称企业),包括国有集体企业、私营企业、外商投资企业等各类经济性质的企业;有限责任公司、股份有限公司等各类组织形式的企业。

其他行业独立核算的物业管理企业也适用本规定。

第二章 代 管 基 金

第三条 代管基金是指企业接受业主管理委员会或者物业产权人、使用人委托代管的房屋共用部位维修基金和共用设施设备维修基金。

房屋共用部位维修基金是指专项用于房屋共用部门大修理的资金。房屋的共用部位,是指承重结构部位(包括楼盖、屋顶、梁、柱、内外墙体和基础等)、外墙面、楼梯间、走廊通道、门厅、楼内存车库等。

共用设施设备维修基金是指专项用于共用设施和共用设备大修理的资金。

共用设施设备是指共用的上下水管道、公用水箱、加压水泵、电梯、公用天线、供电干线、共用照明、暖气干线、消防设施、住宅区的道路、路灯、沟渠、池、井、室外停车场、游泳池、各类球场等。

第四条 代管基金作为企业长期负债管理。

代管基金应当专户存储,专款专用,并定期接受业主管理委员会或者物业产权人、使用人的检查与监督。

代管基金利息净收入应当经业主管理委员会或者物业产权人、使用人认可后转作代管基金滚存使用和管理。

第五条 企业有偿使用业主管理委员会或者物业产权人、使用人提供的管理用房、商业用房和共用设施设备,应当设立备查账簿单独进行实物管理,并按照国家法律、法规的规定或者双方签订的合同、协议支付有关费用(如租赁费、承包费等)。

管理用房是指业主管理委员会或者物业产权人、使用人向企业提供的办公用房。

商业用房是指业主管理委员会或者物业产权人、使用人向企业提供的经营用房。

第六条 企业支付的管理用房和商业用房有偿使用费,经业主管理委员会或者物业产权人、使用人认可后转作企业代管的房屋共用部位维修基金;企业支付的共用设施设备有偿使用费,经业主管理委员会或者物业产权人、使用人认可后转作企业代管的共用设施设备维修基金。

第三章 成 本 和 费 用

第七条 企业在从事物业管理活动中,为物业产权人、使用人提供维修、管理和服务等过程中发生的各项支出,按照国家规定计入成本、费用。

第八条 企业在从事物业管理活动中发生的各项直接支出,计入营业成本。营业成本包括直接人工费、直接材料费和间接费用等。实行一级成本核算的企业,可不设间接费用,有关支出直接计入管理费用。

直接人工费包括企业直接从事物业管理活动等人员的工资奖金及职工福利费等。

直接材料费包括企业在物业管理活动中直接消耗的各种材料、辅助材料、燃料和动力、构配件、零件、低值易耗品、包装物等。

间接费用包括企业所属物业管理单位管理人员的工资、奖金及职工福利费、固定资产折旧费及修理费、水电费、取暖费、办公费、差旅费、邮电通讯费、交通运输费、租赁费、财产保险费、劳动保护费、保安费、绿化维护费、低值易耗品摊销及其他费用等。

第九条 企业经营共用设施设备,支付的有偿使用费,计入营业成本。

第十条 企业支付的管理用房有偿使用费,计入营业成本或者管理费用。

第十一条 企业对管理用房进行装饰装修发生的支出,计入递延资产,在有效使用期限内,分期摊入营业成本或者管理费用。

第十二条 企业可以于年度终了,按照年末应收账款余额的 0.3%～0.5% 计提坏账准备金,计入管理费用。

企业发生的坏账损失,冲减坏账准备金。收回已核销的坏账,增加坏账准备金。

不计提取坏账准备金的企业,发生的坏账损失,计入管理费用。收回已核销的坏账,冲减管理费用。

第四章 营业收入及利润

第十三条 营业收入是指企业从事物业管理和其他经营活动所取得的各项收入,包括主营业务收入和其他业务收入。

第十四条 主营业务收入是指企业在从事物业管理活动中,为物业产权人、使用人提供维修、管理和服务所取得的收入,包括物业管理收入、物业经营收入和物业大修收入。

物业管理收入是指企业向物业产权人、使用人收取的公共性服务费收入、公众代办性服务费收入和特约服务收入。

物业经营收入是指企业经营业主管理委员会或者物业产权人、使用人提供的房屋建筑物和共用设施取得的收入,如房屋出租收入和经营停车场、游泳池、各类球场等共用设施收入。

物业大修收入是指企业接受业主管理委员会或者物业产权人、使用人的委托,对房屋共用部位、共用设施设备进行大修取得的收入。

第十五条 企业应当在劳务已经提供,同时收取价款或取得收取价款的凭证时确认为营业收入的实现。

物业大修收入应当经业主管理委员会或者物业产权人、使用人签证认可后,确认为营业收入的实现。

企业与业主管理委员会或者物业产权人、使用人双方签订付款合同或协议的,应当根据合同或者协议所规定的付款日期确认为营业收入的实现。

第十六条 企业利润总额包括营业利润、投资净收益、营业外收支净额以及补贴收入。

第十七条 补贴收入是指国家拨给企业的政策性亏损补贴和其他补贴。

第十八条 营业利润包括主营业务利润和其他业务利润。

主营业务利润是指主营业务收入减去营业税金及附加,再减去营业成本、管理费用及财务费用后的净额。

营业税金及附加包括营业税、城市维护建设税和教育费附加。

其他业务利润是指其他业务收入减去其他业务支出和其他业务缴纳的税金及附加后的净额。

第十九条 其他业务收入是指企业从事主营业务以外的其他业务活动所取得的收入,包括房屋中介代销手续费收入、材料物资销售收入、废品回收收入、商业用房经营收入及无形资产转让收入等。

商业用房经营收入是指企业利用业主管理委员会或者物业产权人、使用人提供的商业用房,从事经营活动取得的收入,如开办健身房、歌舞厅、美容美发屋、商店、饮食店等经营收入。

第二十条 其他业务支出是指企业从事其他业务活动所发生的有关成本和费用支出。

企业支付的商业用房有偿使用费,计入其他业务支出。

企业对商业用房进行装饰装修发生的支出,计入递延资产,在有效使用期限内,分期摊入其他业务支出。

第五章 附 则

第二十一条 本规定自 1998 年 1 月 1 日施行。

第二十二条 本规定由财政部负责解释和修订。

附录十五

普通住宅小区物业管理服务等级标准（试行）

中物协［2004］1 号

一　级

项　目	内　容　与　标　准
（一）基本要求	1. 服务与被服务双方签订规范的物业服务合同，双方权利义务关系明确。 2. 承接项目时，对住宅小区共用部位、共用设施设备进行认真查验，验收手续齐全。 3. 管理人员、专业操作人员按照国家有关规定取得物业管理职业资格证书或者岗位证书。 4. 有完善的物业管理方案，质量管理、财务管理、档案管理等制度健全。 5. 管理服务人员统一着装、佩带标志，行为规范，服务主动、热情。 6. 设有服务接待中心，公示 24 小时服务电话。急修半小时内、其他报修按双方约定时间到达现场，有完整的报修、维修和回访记录。 7. 根据业主需求，提供物业服务合同之外的特约服务和代办服务的，公示服务项目与收费价目。 8. 按有关规定和合同约定公布物业服务费用或者物业服务资金的收支情况。 9. 按合同约定规范使用住房专项维修资金。 10. 每年至少 1 次征询业主对物业服务的意见，满意率 80% 以上
（二）房屋管理	1. 对房屋共用部位进行日常管理和维修养护，检修记录和保养记录齐全。 2. 根据房屋实际使用年限，定期检查房屋共用部位的使用状况，需要维修，属于小修范围的，及时组织修复；属于大、中修范围的，及时编制维修计划和住房专项维修资金使用计划，向业主大会或者业主委员会提出报告与建议，根据业主大会的决定，组织维修。 3. 每日巡查 1 次小区房屋单元门、楼梯通道以及其他共用部位的门窗、玻璃等，做好巡查记录，并及时维修养护。 4. 按照住宅装饰装修管理有关规定和业主公约（业主临时公约）要求，建立完善的住宅装饰装修管理制度。装修前，依规定审核业主（使用人）的装修方案，告知装修人有关装饰装修的禁止行为和注意事项。每日巡查 1 次装修施工现场，发现影响房屋外观、危及房屋结构安全及拆改共用管线等损害公共利益现象的，及时劝阻并报告业主委员会和有关主管部门。 5. 对违反规划私搭乱建和擅自改变房屋用途的行为及时劝阻，并报告业主委员会和有关主管部门。 6. 小区主出入口设有小区平面示意图，主要路口设有路标。各组团、栋及单元（门）、户和公共配套设施、场地有明显标志
（三）共用设施设备维修养护	1. 对共用设施设备进行日常管理和维修养护（依法应由专业部门负责的除外）。 2. 建立共用设施设备档案（设备台账），设施设备的运行、检查、维修、保养等记录齐全。 3. 设施设备标志齐全、规范，责任人明确；操作维护人员严格执行设施设备操作规程及保养规范；设施设备运行正常。 4. 对共用设施设备定期组织巡查，做好巡查记录，需要维修，属于小修范围的，及时组织修复；属于大、中修范围或者需要更新改造的，及时编制维修、更新改造计划和住房专项维修资金使用计划，向业主大会或业主委员会提出报告与建议，根据业主大会的决定，组织维修或者更新改造。 5. 载人电梯 24 小时正常运行。 6. 消防设施设备完好，可随时启用；消防通道畅通。 7. 设备房保持整洁、通风，无跑、冒、滴、漏和鼠害现象。

项　　目	内　容　与　标　准
（三）共用设施设备维修养护	8. 小区道路平整，主要道路及停车场交通标志齐全、规范。 9. 路灯、楼道灯完好率不低于95%。 10. 容易危及人身安全的设施设备有明显警示标志和防范措施；对可能发生的各种突发设备故障有应急方案
（四）协助维护公共秩序	1. 小区主出入口24小时站岗值勤。 2. 对重点区域、重点部位每1小时至少巡查1次；配有安全监控设施的，实施24小时监控。 3. 对进出小区的车辆实施证、卡管理，引导车辆有序通行、停放。 4. 对进出小区的装修、家政等劳务人员实行临时出入证管理。 5. 对火灾、治安、公共卫生等突发事件有应急预案，事发时及时报告业主委员会和有关部门，并协助采取相应措施
（五）保洁服务	1. 高层按层、多层按幢设置垃圾桶，每日清运2次。垃圾袋装化，保持垃圾桶清洁、无异味。 2. 合理设置果壳箱或者垃圾桶，每日清运2次。 3. 小区道路、广场、停车场、绿地等每日清扫2次；电梯厅、楼道每日清扫2次，每周拖洗1次；一层共用大厅每日拖洗1次；楼梯扶手每日擦洗1次；共用部位玻璃每周清洁1次；路灯、楼道灯每月清洁1次。及时清除道路积水、积雪。 4. 共用雨、污水管道每年疏通1次；雨、污水井每月检查1次，视检查情况及时清掏；化粪池每月检查1次，每半年清掏1次，发现异常及时清掏。 5. 二次供水水箱按规定清洗，定时巡查，水质符合卫生要求。 6. 根据当地实际情况定期进行消毒和灭虫除害
（六）绿化养护管理	1. 有专业人员实施绿化养护管理。 2. 草坪生长良好，及时修剪和补栽补种，无杂草、杂物。 3. 花卉、绿篱、树木应根据其品种和生长情况，及时修剪整形，保持观赏效果。 4. 定期组织浇灌、施肥和松土，做好防涝、防冻。 5. 定期喷洒药物，预防病虫害

二　　级

项　　目	内　容　与　标　准
（一）基本要求	1. 服务与被服务双方签订规范的物业服务合同，双方权利义务关系明确。 2. 承接项目时，对住宅小区共用部位、共用设施设备进行认真查验，验收手续齐全。 3. 管理人员、专业操作人员按照国家有关规定取得物业管理职业资格证书或者岗位证书。 4. 有完善的物业管理方案，质量管理、财务管理、档案管理等制度健全。 5. 管理服务人员统一着装、佩带标志，行为规范，服务主动、热情。 6. 公示16小时服务电话。急修1h内，其他报修按双方约定时间到达现场，有报修、维修和回访记录。 7. 根据业主需求，提供物业服务合同之外的特约服务和代办服务的，公示服务项目与收费价目。 8. 按有关规定和合同约定公布物业服务费用或者物业服务资金的收支情况。 9. 按合同约定规范使用住房专项维修资金。 10. 每年至少1次征询业主对物业服务的意见，满意率75%以上
（二）房屋管理	1. 对房屋共用部位进行日常管理和维修养护，检修记录和保养记录齐全。 2. 根据房屋实际使用年限，适时检查房屋共用部位的使用状况，需要维修，属于小修范围的，及时组织修复；属于大、中修范围的，及时编制维修计划和住房专项维修资金使用计划，向业主大会或者业主委员会提出报告与建议，根据业主大会的决定，组织维修。 3. 每3日巡查1次小区房屋单元门、楼梯通道以及其他共用部位的门窗、玻璃等，做好巡查记录，并及时维修养护。 4. 按照住宅装饰装修管理有关规定和业主公约（业主临时公约）要求，建立完善的住宅装饰装修管理制度。装修前，依规定审核业主（使用人）的装修方案，告知装修人有关装饰装修的禁止行为和注意事项。每3日巡查1次装修施工现场，发现影响房屋外观、危及房屋结构安全及拆改共用管线等损害公共利益现象的，及时劝阻并报告业主委员会和有关主管部门。

项　　目	内　容　与　标　准
（二）房屋管理	5. 对违反规划私搭乱建和擅自改变房屋用途的行为及时劝阻,并报告业主委员会和有关主管部门。 6. 小区主出入口设有小区平面示意图,各组团、栋及单元(门)、户有明显标志
（三）共用设施设备维修养护	1. 对共用设施设备进行日常管理和维修养护(依法应由专业部门负责的除外)。 2. 建立共用设施设备档案(设备台账),设施设备的运行、检查、维修、保养等记录齐全。 3. 设施设备标志齐全、规范,责任人明确;操作维护人员严格执行设施设备操作规程及保养规范;设施设备运行正常。 4. 对共用设施设备定期组织巡查,做好巡查记录,需要维修,属于小修范围的,及时组织修复;属于大、中修范围或者需要更新改造的,及时编制维修、更新改造计划和住房专项维修资金使用计划,向业主大会或业主委员会提出报告与建议,根据业主大会的决定,组织维修或者更新改造。 5. 载人电梯早6点至晚12点正常运行。 6. 消防设施设备完好,可随时启用;消防通道畅通。 7. 设备房保持整洁、通风,无跑、冒、滴、漏和鼠害现象。 8. 小区主要道路及停车场交通标志齐全。 9. 路灯、楼道灯完好率不低于90%。 10. 容易危及人身安全的设施设备有明显警示标志和防范措施;对可能发生的各种突发设备故障有应急方案
（四）协助维护公共秩序	1. 小区主出入口24小时值勤。 2. 对重点区域、重点部位每2小时至少巡查1次。 3. 对进出小区的车辆进行管理,引导车辆有序通行、停放。 4. 对进出小区的装修等劳务人员实行登记管理。 5. 对火灾、治安、公共卫生等突发事件有应急预案,事发时及时报告业主委员会和有关部门,并协助采取相应措施
（五）保洁服务	1. 按幢设置垃圾桶,生活垃圾每天清运1次。 2. 小区道路、广场、停车场、绿地等每日清扫1次;电梯厅、楼道每日清扫1次,半月拖洗1次;楼梯扶手每周擦洗2次;共用部位玻璃每月清洁1次;路灯、楼道灯每季度清洁1次。及时清除区内主要道路积水、积雪。 3. 区内公共雨、污水管道每年疏通1次;雨、污水井每季度检查1次,并视检查情况及时清掏;化粪池每2个月检查1次,每年清掏1次,发现异常及时清掏。 4. 二次供水水箱按规定期清洗,定时巡查,水质符合卫生要求。 5. 根据当地实际情况定期进行消毒和灭虫除害
（六）绿化养护管理	1. 有专业人员实施绿化养护管理。 2. 对草坪、花卉、绿篱、树木定期进行修剪、养护。 3. 定期清除绿地杂草、杂物。 4. 适时组织浇灌、施肥和松土,做好防涝、防冻。 5. 适时喷洒药物,预防病虫害

三　　级

项　　目	内　容　与　标　准
（一）基本要求	1. 服务与被服务双方签订规范的物业服务合同,双方权利义务关系明确。 2. 承接项目时,对住宅小区共用部位、共用设施设备进行认真查验,验收手续齐全。 3. 管理人员、专业操作人员按照国家有关规定取得物业管理职业资格证书或者岗位证书。 4. 有完善的物业管理方案,质量管理、财务管理、档案管理等制度健全。 5. 管理服务人员佩带标志,行为规范,服务主动、热情。 6. 公示8小时服务电话。报修按双方约定时间到达现场,有报修、维修记录。 7. 按有关规定和合同约定公布物业服务费用或者物业服务资金的收支情况。 8. 按合同约定规范使用住房专项维修资金。 9. 每年至少1次征询业主对物业服务的意见,满意率70%以上

项　　目	内　容　与　标　准
（二）房屋管理	1. 对房屋共用部位进行日常管理和维修养护，检修记录和保养记录齐全。 2. 根据房屋实际使用年限，检查房屋共用部位的使用状况，需要维修，属于小修范围的，及时组织修复；属于大、中修范围的，及时编制维修计划和住房专项维修资金使用计划，向业主大会或者业主委员会提出报告与建议，根据业主大会的决定，组织维修。 3. 每周巡查1次小区房屋单元门、楼梯通道以及其他共用部位的门窗、玻璃等，定期维修养护。 4. 按照住宅装饰装修管理有关规定和业主公约（业主临时公约）要求，建立完善的住宅装饰装修管理制度。装修前，依规定审核业主（使用人）的装修方案，告知装修人有关装饰装修的禁止行为和注意事项。至少两次巡查装修施工现场，发现影响房屋外观、危及房屋结构安全及拆改共用管线等损害公共利益现象的，及时劝阻并报告业主委员会和有关主管部门。 5. 对违反规划私搭乱建和擅自改变房屋用途的行为及时劝阻，并报告业主委员会和有关主管部门。 6. 各组团、栋、单元（门）、户有明显标志
（三）共用设施设备维修养护	1. 对共用设施设备进行日常管理和维修养护（依法应由专业部门负责的除外）。 2. 建立共用设施设备档案（设备台账），设施设备的运行、检修等记录齐全。 3. 操作维护人员严格执行设施设备操作规程及保养规范，设施设备运行正常。 4. 对共用设施设备定期组织巡查，做好巡查记录，需要维修，属于小修范围的，及时组织修复；属于大、中修范围或者需要更新改造的，及时编制维修、更新改造计划和住房专项维修资金使用计划，向业主大会或业主委员会提出报告与建议，根据业主大会的决定，组织维修或者更新改造。 5. 载人电梯早6点至晚12点正常运行。 6. 消防设施设备完好，可随时启用；消防通道畅通。 7. 路灯、楼道灯完好率不低于80%。 8. 容易危及人身安全的设施设备有明显警示标志和防范措施；对可能发生的各种突发设备故障有应急方案
（四）协助维护公共秩序	1. 小区24h值勤。 2. 对重点区域、重点部位每3h至少巡查1次。 3. 车辆停放有序。 4. 对火灾、治安、公共卫生等突发事件有应急预案，事发时及时报告业主委员会和有关部门，并协助采取相应措施
（五）保洁服务	1. 小区内设有垃圾收集点，生活垃圾每天清运1次。 2. 小区公共场所每日清扫1次；电梯厅、楼道每日清扫1次；共用部位玻璃每季度清洁1次；路灯、楼道灯每半年清洁1次。 3. 区内公共雨、污水管道每年疏通1次；雨、污水井每半年检查1次，并视检查情况及时清掏；化粪池每季度检查1次，每年清掏1次，发现异常及时清掏。 4. 二次供水水箱按规定清洗，水质符合卫生要求
（六）绿化养护管理	1. 对草坪、花卉、绿篱、树木定期进行修剪、养护。 2. 定期清除绿地杂草、杂物。 3. 预防花草、树木病虫害

《普通住宅小区物业管理服务等级标准》（试行）的使用说明

2004年1月6日

1. 本《标准》为普通商品住房、经济适用住房、房改房、集资建房、廉租住房等普通住宅小区物业服务的试行标准。物业服务收费实行市场调节价的高档商品住宅的物业服务不适用本标准。

2. 本《标准》根据普通住宅小区物业服务需求的不同情况，由高到低设定为一级、二级、三级三个服务等级，级别越高，表示物业服务标准越高。

3. 本《标准》各等级服务分别由基本要求、房屋管理、共用设施设备维修养护、协助维护公共秩序、保洁服务、绿化养护管理等六大项主要内容组成。本《标准》以外的其他服务项目、内容及标准,由签订物业服务合同的双方协商约定。

4. 选用本《标准》时,应充分考虑住宅小区的建设标准、配套设施设备、服务功能及业主(使用人)的居住消费能力等因素,选择相应的服务等级。

附录十六

房屋接管验收标准

（1991 年 7 月 1 日起施行）

【颁布单位】 建设部

【颁布日期】 910204

【实施日期】 910701

【失效日期】

【内容分类】 房地产管理

【文号】

【名称】 房屋接管验收标准

【题注】 （1991 年 2 月 4 日建设部发布）

【章名】 中华人民共和国行业标准房屋接管验收标准 ZBP 30001—90

1. 主题内容与适用范围

1.1 为确保房屋住用的安全和正常的使用功能。明确在房屋接管验收中交接双方应遵守的事项，特制定本标准。

1.2 凡按规定交房管部门接管的房屋，应按本标准执行；依法代管。依约托管和单位自有房屋的接管，可参照本标准执行。

1.3 本标准主要适用于一般民用建筑的接管验收。工业建筑、大型公共建筑、文物保护建筑及某些有特殊设备和使用要求的建筑的接管验收可参照使用。

2. 引用标准

GBJ 7《建筑地基基础设计规范》

GBJ 10《钢筋混凝土结构设计规范》

GBJ 11《建筑抗震设计规范》

GBJ 14《室外排水设计规范》

GBJ 16《建筑设计防火规范》

GBJ 45《高层民用建筑设计防火规范》

GBJ 206《木结构工程施工及验收规范》

GBJ 207《屋面工程施工及验收规范》

GBJ 232《电气装置安装工程施工及验收规范》

GBJ 242《采暖与卫生工程施工及验收规范》

CJ 13《危险房屋鉴定标准》

3. 术语和定义

3.1 接管验收　地方政府设置的房屋管理部门（以下简称"房管部门"）接管建设单位移交的新建房屋和实行产权转移的原有房屋进行的验收。

3.2 按规定交房管部门接管的房屋　指中央或地方政府投资建造并决定由房管部门

直接管理的房屋。市、县政府用收取的住宅建设配套费建造的房屋、征（拨）地拆迁安置中按规定把产权划归政府的房屋，人民法院依法判决没收并通知接管的房屋，以及其他应由政府接收并决定交房管部门接管的房屋。

3.3 新建房屋　建成后未经确认产权的房屋。

3.4 原有房屋　已取得房屋所有权证，并已投入使用的房屋。

4. 新建房屋的接管验收

4.1 新建房屋的接管验收，是在竣工验收合格的基础上，以主体结构安全和满足使用功能为主要内容的再检验。

4.2 接管验收应具备的条件：

a. 建设工程全部施工完毕，并业经竣工验收合格；

b. 供电、采暖、给水排水、卫生、道路等设备和设施能正常使用；

c. 房屋幢、户编号业经有关部门确认。

4.3 接管验收应检索提交的资料

4.3.1 产权资料：

a. 项目批准文件；

b. 用地批准文件；

c. 建筑执照；

d. 拆迁安置资料。

4.3.2 技术资料：

a. 竣工图——包括总平面、建筑、结构、设备、附属工程及隐蔽管线的全套图纸；

b. 地质勘察报告；

c. 工程合同及开、竣工报告；

d. 工程预决算；

e. 图纸会审记录；

f. 工程设计变更通知及技术核定单（包括质量事故处理记录）；

g. 隐蔽工程验收签证；

h. 沉降观察记录；

i. 竣工验收证明书；

j. 钢材、水泥等主要材料的质量保证书；

k. 新材料、构配件的鉴定合格证书；

l. 水、电、采暖、卫生器具、电梯等设备的检验合格证书；

m. 砂浆、混凝土试块试压报告；

n. 供水、供暖的试压报告。

4.4 接管验收程序

4.4.1 建设单位书面提请接管单位接管验收。

4.4.2 接管单位按"4.2"和"4.3"条进行审核，对具备条件的，应在15日内签发验收通知并约定验收时间。

4.4.3 接管单位会同建设单位按"4.5"条进行检验。

4.4.4 对验收中发现的质量问题，按"4.6.1"和"4.6.2"条处理。

4.4.5 经检验符合要求的房屋,接管单位应签属验收合格凭证,签发接管文件。

4.5 质量与使用功能的检验

4.5.1 主体结构

4.5.1.1 地基基础的沉降不得超过 GBJ 7 的允许变形值;不得引起上部结构的开裂或相邻房屋的损坏。

4.5.1.2 钢筋混凝土构件产生变形、裂缝,不得超过 GBJ 10 的规定值。

4.5.1.3 砖石结构必须有足够的强度和刚度,不允许有明显裂缝。

4.5.1.4 木结构应节点牢固,支撑系统可靠,无蚁害,其构件的选材必须符合 GBJ 206 中 2.1.1 条的有关规定。

4.5.1.5 凡应抗震设防的房屋,必须符合 GBJ 11 的有关规定。

4.5.2 外墙不得渗水。

4.5.3 屋面

4.5.3.1 各类屋面必须符合 GBJ 207 中 4.0.6 条的规定,排水畅通,无积水,不渗漏。

4.5.3.2 平屋面应有隔热保温措施,三层以上房屋在公用部位应设置屋 面检修孔。

4.5.3.3 阳台和三层以上房屋的屋面应有组织排水,出水口、檐沟、落水管应安装牢固、接口平密、不渗漏。

4.5.4 楼地面

4.5.4.1 面层与基层必须粘结牢固,不空鼓。整体面层平整,不允许有裂缝、脱皮和起砂等缺陷;块料面层应表面平正、接缝均匀顺直,无缺棱掉角。

4.5.4.2 卫生间、阳台、盥洗间地面与相邻地面的相对标高应符合设计要求,不应有积水,不允许倒泛水和渗漏。

4.5.4.3 木楼地面应平整牢固,接缝密合。

4.5.5 装修

4.5.5.1 钢木门窗应安装平正牢固,无翘曲变形,开关灵活,零配件装配齐全,位置准确,钢门窗缝隙严密,木门窗缝隙适度。

4.5.5.2 进户门不得使用胶合板制作,门锁应安装牢固,底层外窗、楼层公共走道窗、进户门上的亮子均应装设铁栅栏。

4.5.5.3 木装修工程应表面光洁,线条顺直,对缝严密,不露钉帽,与基层必须钉牢。

4.5.5.4 门窗玻璃应安装平整,油灰饱满,粘贴牢固。

4.5.5.5 抹灰应表面平整,不应有空鼓、裂缝和起泡等缺陷。

4.5.5.6 饰面砖应表面洁净,粘贴牢固,阴阳角与线脚顺直,无缺棱掉角。

4.5.5.7 油漆、刷浆应色泽一致。表面不应有脱皮、漏刷现象

4.5.6 电气

4.5.6.1 电气线路安装应平整、牢固、顺直,过墙应有导管。导线连接必须紧密,铝导线连接不得采用绞接或绑接。采用管子配线时,连接点必须紧密、可靠,使管路在结构上和电气上均连成整体并有可靠的接地。每回路导线间和对地绝缘电阻值不得小于 $1M\Omega/kV$。

4.5.6.2 应按套安装电表或预留表位,并有电器接地装置。

4.5.6.3 照明器具等低压电器安装支架必须牢固,部件齐全,接触良好,位置正确。

4.5.6.4 各种避雷装置的所有连接点必须牢固可靠,接地电阻值必须答合 GBJ 232 的

要求。

4.5.6.5 电梯应能准确启动运行、选层、平层、停层,曳引机的噪声和震动声不得超过 GBJ 232 的规定值。制动器、限速器及其他安全设备应动作灵敏可靠。安装的隐蔽工程、试运转记录、性能检测记录及完整的图纸资料均应符合要求。

4.5.6.6 对电视信号有屏蔽影响的住宅,电视信号场强微弱或被高层建筑遮挡及反射波复杂地区的住宅,应设置电视共用天线。

4.5.6.7 除上述要求外,同时应符合地区性"低压电气装置规程"的有关要求。

4.5.7 水、卫、消防

4.5.7.1 管道应安装牢固、控制部件启闭灵活、无滴漏。水压试验及保温、防腐措施必须符合 GBJ 242 的要求。应按套安装水表或预留表位。

4.5.7.2 高位水箱进水管与水箱检查口的设置应便于检修。

4.5.7.3 卫生间、厨房内的排污管应分设,出户管长不宜超过 8m,并不应使用陶瓷管、塑料管。地漏、排污管接口、检查口不得渗漏,管道排水必须流畅。

4.5.7.4 卫生器具质量良好,接口不得渗漏,安装应平正、牢固、部件齐全、制动灵活。

4.5.7.5 水泵安装应平稳,运行时无较大震动。

4.5.7.6 消防设施必须符合 GBJ 16、GBJ 45 的要求,并且有消防部门检验合格签证。

4.5.8 采暖

4.5.8.1 采暖工程的验收时间,必须在采暖期以前两个月进行。

4.5.8.2 锅炉、箱罐等压力容器应安装平正、配件齐全、不得有变形、裂纹、磨损、腐蚀等缺陷害。安装完毕后,必须有专业部门的检验合格签证。

4.5.8.3 炉排必须进行 12h 以上试运转,炉排之间、炉排与炉铁之间不得互相摩擦,且无杂声,不跑偏,不凸起,不受卡,返转应自如。

4.5.8.4 各种仪器、仪表应齐全精确,安全装置必须灵敏、可靠,控制阀门应开关灵活。

4.5.8.5 炉门、灰门、煤斗闸板、烟、风档板应安装平正、启闭灵活,闭合严密,风室隔墙不得透风漏气。

4.5.8.6 管道的管径、坡度及检查井必须符合 GBJ 242 的要求,管沟大小及管道排列应便于维修,管架、支架、吊架应牢固。

4.5.8.7 设备、管道不应有跑、冒、滴、漏现象。保温、防腐措施必须符合 GBJ 242 的规定。

4.5.8.8 锅炉辅机应运转正常,无杂声。消烟除尘、消声减震设备应齐全,水质、烟尘排放浓度应符合环保要求。

4.5.8.9 经过 48h 连续试运行,锅炉和附属设备的热工、机械性能及采暖区室温必须符合设计要求。

4.5.9 附属工程及其他

4.5.9.1 室外排水系统的标高、窨井(检查井)设置、管道坡度、管径必须符合 GBJ 14 第 2 章第 2.3.4 节的要求。管道应顺直且排水通畅,井盖应搁置稳妥并设置井圈。

4.5.9.2 化粪池按排污量合理设置,池内无垃圾杂物,进出水口高差不得小于 5cm。立管与粪池间的连接管道应有足够坡度,并不应起过两个弯。

4.5.9.3 明沟、散水、落水沟头不得有断裂、积水现象。

4.5.9.4 房屋入口处必须做室外道路。并与主干道相通。路面不应有积水、空鼓和断裂现象。

4.5.9.5 房屋应按单元设置信报箱,其规格、位置须符合有关规定。

4.5.9.6 挂物钩、晒衣架应安装牢固。烟道、通风道、垃圾道应畅通,无阻塞物。

4.5.9.7 单体工程必须做到工完料净场地清、临时设施及过渡用房拆除清理完毕。室外地面平整,室内外高差符合设计要求。

4.5.9.8 群体建筑应检验相应的市政、公建配套工程和服务设施,达到应有的质量和使用功能要求。

4.6 质量问题的处理。

4.6.1 影响房屋结构安全和设备使用安全的质量问题,必须约定期限由建设单位负责进行加固补强返修,直至合格。影响相邻房屋的安全问题,由建设单位负责处理。

4.6.2 对于不影响房屋结构安全和设备使用安全的质量问题,可约定期限由建设单位负责维修,也可采取费用补偿的办法,由接管单位处理。

5. 原有房屋的接管验收

5.1 接管验收应具备的条件

a. 房屋所有权、使用权清楚;

b. 土地使用范围明确。

5.2 接管验收应检索提交的资料

5.2.1 产权资料:

a. 房屋所有权证;

b. 土地使用权证;

c. 有关司法、公证文书和协议;

d. 房屋分户使用清册;

e. 房屋设备及定、附着物清册。

5.2.2 技术资料:

a. 房地产平面图;

b. 房屋分间平面图;

c. 房屋及设备技术资料。

5.3 接管验收程序

5.3.1 移交人书面提请接管单位接管验收。

5.3.2 接管单位按 5.1 和 5.2 条进行审核。对具备条件的,应在 15 日内签发验收通知并约定验收时间。

5.3.3 接管单位会同移交人按 5.4 条进行检验。

5.3.4 对检验中发现的危损问题,按 5.5 条处理。

5.3.5 交接双方共同清点房屋、装修、设备和定、附着物,核实房屋使用状况。

5.3.6 经检验符合要求的房屋,接管单位应签署验收合格凭证,签发接管文件,办理房屋所有权转移登记。

5.3.7 移交人配合接管单位按接管单位的规定与房屋使用人重新建立租赁关系。

5.4 质量与使用功能的检验

5.4.1 以 CJ 13 和国家有关规定作检验依据。

5.4.2 从外观检查建筑物整体的变异状态。

5.4.3 检查房屋结构、装修和设备的完好与损坏程度。

5.4.4 查验房屋使用情况（包括建筑年代、用途变迁、拆改添建、装修和设备情况）。评估房屋现有价值、建立资料档案。

5.5 危险和损坏问题的处理

5.5.1 属有危险的房屋，应由移交人负责排险解危后，始得接管。

5.5.2 属有损坏的房屋，由移交人和接管单位协商解决，既可约定期限由移交人负责维修，也可采用其他补偿形式。

5.5.3 属法院判决没收并通知接管的房屋，按法院判决办理。

6. 交接双方的责任

6.1 为尽快发挥投资效益，建设单位应按 4.2 和 4.3 条的要求提前做好房屋交验准备，房屋竣工后，及时提出接管验收申请。接管单位应在 15 日内审核完毕、及时签发验收通知并约定时间验收。经检验符合要求，接管单位应在 7 日内签署验收合格凭证，并应及时签发接管文件。未经接管的新建房屋一律不得分配使用。

6.2 接管验收时，交接双方均应严格按照本标准执行。验收不合格时，双方协议处理办法，并商定时间复验，建设单位应按约返修合格，组织复验。

6.3 房屋接管交付使用后，如发生隐蔽性的重大质量事故，应由接管单位会同建设单位组织设计、施工等单位，共同分析研究，查明原因，如属设计、施工、材料的原因应由建设单位负责处理，如属使用不当、管理不善的原因，则应由接管单位负责处理。

6.4 新建房屋自验收接管之日起，应执行建筑工程保修的有关规定由建设单位负责保修，并应向接管单位预付保修保证金。接管单位在需要时用于代修。保修期满，按实结算，也可以在验收接管时，双方达成协议。建设单位一次性拨付保修费用，由接管单位负责保修。保修保证金和保修费的标准由各地自定。

6.5 新建房屋一经接管，建设单位应负责在三个月内组织办理承租手续，逾期不办，应承担因房屋空置而产生的经济损失和事故责任。

6.6 执行本标准有争议而又不能协商解决时，双方均得申请市、县房地产管理机关进行协调或裁决。

附加说明

本标准由建设部标准定额研究所提出。

本标准由建设部房地产标准技术归口单位上海市房屋科学研究所归口。

本标准由南京市房产管理局负责起草。

本标准主要起草人：贾胜年、彭欣祥、张志刚、蔡春升、李桂毓。

本标准由潘其源、郑秀娟、王廷琪、湛国楠、雷同顺、左令、金履范、朱伟年、李汝质同志审改。

本标准委托南京市房产管理局负责解释。

参 考 文 献

1　学习贯彻《物业管理条例》文件汇编.天津市房地产管理局,2003

2　陈德豪,杨振标主编.物业管理实务.中山大学出版社,2000

3　柳小玲主编.中国物业管理实务指南.北京燕山出版社,1996

4　王在庚,白丽华主编.物业管理学.中国建材工业出版社,2002

5　中国机械工业教育协会组编.楼宇智能化技术.机械工业出版社,2002

6　陈虹主编.楼宇自动化技术与应用.机械工业出版社,2003

7　段莉秋主编.建筑工程概论.天津市房地产管理局职工大学校内教材,1998

8　张秀萍主编.测量学基础知识.天津市房地产管理局职工大学校内教材,1993

9　孙兰,白丽华主编.物业管理实务与典型案例分析.中国物资出版社,2002

10　盛承懋,郑慧琴,范克危编著.物业管理实习手册.东南大学出版社,2000

11　中国房地产估价师学会编.房地产开发经营与管理.中国物价出版社,2001

12　主编夏善胜.物业管理法.法律出版社,2003

13　胡志勇,邵国良编著.物业管理财务基础.中山大学出版社,2001

14　王东萍主编.建筑设备.哈尔滨工业大学出版社,2002

15　王子茹主编.房屋建筑设备识图.中国建材工业出版社,2001

16　石建武编.建筑设备工程.中国建筑工业出版社,2000